Wirtschaft und Bildung

Forschungsinstitut
Betriebliche Bildung

Studium ohne Abitur

Möglichkeiten der akademischen Qualifizierung für Facharbeiter

zab BayME VBM wbv

Forschungsinstitut Betriebliche Bildung (f-bb) gGmbH

Bibliografische Informationen der Deutschen Nationalbibliothek
Die Deutsche Nationalbibliothek verzeichnet diese Publikation in der Deutschen Nationalbibliografie; detaillierte bibliografische Daten sind im Internet über http://dnb.ddb.de abrufbar.

• Band 54 — Studium ohne Abitur
Möglichkeiten der akademischen Qualifizierung für Facharbeiter
• Herausgeber — Herbert Loebe, Eckart Severing
• Redaktion — Herwig Emmert, Annette Junge
• Verlag — © W. Bertelsmann Verlag GmbH & Co. KG, Bielefeld 2009
• Gesamtherstellung — W. Bertelsmann Verlag, Bielefeld

Printed in Germany

ISBN 978-3-7639-4215-2
Bestell-Nr. 6004018

Inhalt

Grußwort 7
Bertram Brossardt, Hauptgeschäftsführer
BayME – Bayerischer Unternehmensverband Metall und Elektro e.V.
VBM – Verband der Bayerischen Metall- und Elektro-Industrie e.V.

Einleitung

Von der betrieblichen zur Hochschulausbildung:
Eine notwendige Diskussion – auch aus europäischer Sicht 9
Herbert Loebe, Hauptgeschäftsführer
Bildungswerk der Bayerischen Wirtschaft e.V. (bbw)

Steigender Bedarf an (hoch) qualifizierten Fachkräften in der bayerischen Metall- und Elektroindustrie 17
Christof Prechtl, Geschäftsführer und Leiter der Abteilung Bildung
BayME – Bayerischer Unternehmensverband Metall und Elektro e.V.
VBM – Verband der Bayerischen Metall- und Elektro-Industrie e.V.

I. Handlungsstrategien zur Erschließung von „High Potentials“

Technische Fachkräfte dringend gesucht – Ursachen und Handlungsstrategien 31
Lutz Galiläer, Forschungsinstitut Betriebliche Bildung (f-bb)

Ohne Abitur studieren – Aufgaben der Unternehmen, der Politik und der Hochschulen 51
Christoph Anz, BMW Group

Durchlässigkeit in der Arbeitswelt, Abschottung im Bildungssystem? 59
Eckart Severing, Forschungsinstitut Betriebliche Bildung (f-bb)

Im Gespräch 73
Michael Stammberger, Brose Fahrzeugteile

II. Öffnung der Hochschulen für beruflich Qualifizierte: Zwischen Abschottung und Öffnung

Die Hochschulen zwischen Abschottung und Öffnung 81
Michael Braun, Hochschule Bayern
Georg-Simon-Ohm-Hochschule Nürnberg

Berufliche Wege zur (Fach-)Hochschulreife in Bayern 89
Günter Liebl, Bayerisches Staatsministerium für Unterricht und Kultus

Akademische Weiterbildung für Facharbeiter 99
Ernst A. Hartmann, Institut für Innovation und Technik
der VDI/VDE Innovation + Technik

Studium ohne Abitur in Finnland 117
Marjaliisa Hentilä, Finnland-Institut in Deutschland

Validierung nonformalen und informellen Lernens im europäischen
Vergleich – Ansätze und Perspektiven für mehr Durchlässigkeit 125
Gabriele Fietz, Forschungsinstitut Betriebliche Bildung (f-bb)

III. Innovative Angebote und Angebotsformen

Studium ohne Abitur: Was brauchen Unternehmen? 145
Thomas Freiling, Forschungsinstitut Betriebliche Bildung (f-bb)

Erfolgsmodell „duales Studium“ 161
Miriam Weich, Hochschule Bayern

Neue Formen der Kooperation zwischen Wirtschaft und Hochschule
im Bereich wissenschaftlicher Weiterbildung: Die Bayerische
Akademie für Management und Technik (BAMT) 169
Thomas Freiling, Forschungsinstitut Betriebliche Bildung (f-bb)
Ingrid Schmidt, Bildungswerk der Bayerischen Wirtschaft (bbw)

Verbund Ingenieur Qualifizierung, eine Initiative zur Qualifizierung technischer Fach- und Führungskräfte 179
Ursula Baumeister, Verbund IQ

Kooperation von Wirtschaft und Hochschule: Der weiterbildende Masterstudiengang Organisations- und Personalentwicklung 189
Birgit Schulte, Forschungsinstitut Betriebliche Bildung (f-bb)
Nicolas Engel, Friedrich-Alexander-Universität Erlangen-Nürnberg

Autorinnen und Autoren 197

Grußwort

Versetzen wir uns einmal zurück in das Jahr 2001 und den Beginn des neuen Jahrtausends. Damals waren die Zahlen auf dem Ausbildungsmarkt eingebrochen. Die Anzahl der gemeldeten Ausbildungsstellen in Bayern sank, während zugleich die Zahl der Schulabgänger stieg. Es war absehbar, dass es immer mehr Bewerber für weniger Ausbildungsplätze geben würde. Die Metallarbeitgeber BayME – Bayerischer Unternehmensverband Metall und Elektro e.V. und VBM – Verband der Bayerischen Metall- und Elektro-Industrie e.V. haben in dieser kritischen Zeit massiv in Ausbildung und Ausbildungsmarketing investiert. So wurde auch das zab – Zentrum für Ausbildungsmanagement Bayern ins Leben gerufen. Es unterstützt die Mitgliedsunternehmen bei allen Fragen der Ausbildung. In vielfachen Veranstaltungsreihen und Workshops und durch gezielte Beratung hat es Firmen geholfen, geeignete Jugendliche zu finden und die eigenen Ausbildungsprozesse zu optimieren. Und es hat neuen Firmen zum Einstieg in die Ausbildung verholfen.

Die Zukunft der Ausbildung besteht in ihrer Spreizung. Das heißt: Es wird mehr theorieentlastete Ausbildungsberufe an dem einen und mehr duale Studiengänge an dem anderen Ende einer breiten Palette von Ausbildungsmöglichkeiten geben müssen. Mit einer stärkeren Differenzierung können wir das zweifellos vorhandene Potenzial bei den Geringqualifizierten auf der einen Seite und bei den Hochqualifizierten auf der anderen Seite ausschöpfen. Damit die duale Ausbildung auch mittel- und langfristig die zentrale Quelle für den Fachkräftenachwuchs bleibt, braucht sie ein größeres Maß an Flexibilität und Durchlässigkeit zwischen den verschiedenen „Säulen" unseres Bildungssystems. Die Fachtagung „Studium ohne Abitur" des zab – Zentrum für Ausbildungsmanagement Bayern hat sich vor diesem Hintergrund zu Recht mit der zentralen Frage nach neuen Zugängen zur Hochschule und weiterführenden Bildungschancen für Facharbeiter auseinandergesetzt. Der vorliegende Tagungsband versammelt wertvolle Anregungen aus Wirtschaft und Wissenschaft, wie wir die Attraktivität der dualen Ausbildung auch in Zukunft sichern können.

Bertram Brossardt, Hauptgeschäftsführer
BayME – Bayerischer Unternehmensverband Metall und Elektro e.V.
VBM – Verband der Bayerischen Metall- und Elektro-Industrie e.V.

Von der betrieblichen zur Hochschulausbildung: Eine notwendige Diskussion – auch aus europäischer Sicht

Herbert Loebe, Hauptgeschäftsführer Bildungswerk der Bayerischen Wirtschaft e.V. (bbw)

Das Thema „Studium ohne Abitur“, das das Zentrum für Ausbildungsmanagement Bayern für seine Fachtagung 2008 gewählt hat, könnte aktueller nicht sein. Gerade erst haben Meldungen über den „Europäischen Studentenreport“ des Hochschulinformationssystems HIS für Aufsehen gesorgt, der Deutschland im europäischen Vergleich beim Hochschulzugang ganz hinten sieht. Auch der aktuelle Bericht „Bildung in Deutschland 2008“, der im Auftrag der Ständigen Konferenz der Kultusminister der Länder und des Bundesministeriums für Bildung und Forschung erstellt wurde, weist mit Nachdruck darauf hin, dass die deutschen Hochschulen sich vor allem für beruflich Qualifizierte mehr öffnen müssen, um lebenslanges Lernen und die Anpassung beruflicher Qualifikationen an den aktuellen Stand der Wissenschaft zu ermöglichen.

Im Folgenden will ich kurz skizzieren, warum es unumgänglich ist, neue Wege der Öffnung der deutschen Hochschulen für Berufspraktiker zu schaffen.

Zunächst: Diese Diskussion ist natürlich keineswegs nur „aus europäischer Sicht“ notwendig, sondern auch aus deutscher und bayerischer Sicht: Die mit und in Europa im Bildungswesen in Gang gekommene Bewegung hat auch der deutschen Diskussion neue Impulse gegeben. Als Stichworte seien genannt: die Einführung von Bachelor- und Masterstudiengängen im Rahmen des Bologna-Prozesses, die Entwicklung des Leistungspunktesystems ECVET für die berufliche Bildung nach dem Muster des Leistungspunktesystems ECTS für die Hochschulbildung, schließlich die Arbeiten an einem Europäischen und Deutschen Qualifikationsrahmen.

Wir sollten diese Chance zur Umgestaltung nutzen. Denn Gründe für eine grundlegende Reform gibt es im deutschen Bildungswesen selbst zur Genüge.

Über notwendige Umgestaltungen des dualen Systems wurde und wird seit einigen Jahren intensiv und zum Teil auch kontrovers diskutiert – nicht zuletzt auch auf den jährlichen Fachtagungen des **zab – Zentrum für Ausbildungsmanagement Bayern.** Bei diesen Diskussionen wird deutlich: Nicht nur die eine Säule unseres deutschen Bildungssystems – die duale Ausbildung – muss gestärkt und so umgebaut werden, dass sie die berufliche Ausbildung so zuverlässig stützt wie bisher. Ergänzend muss sich auch der tertiäre Bereich des Bildungssystems der beruflichen Bildung stärker öffnen.

Wenige Stichworte und Zahlen genügen, um deutlich zu machen, dass eine stärkere Öffnung der Hochschule auch für Lernende ohne Abitur unbedingt erforderlich ist – nicht zuletzt auch, um die Attraktivität der dualen Ausbildung auch in Zukunft zu erhalten.

1. **Der Mangel an qualifizierten Fachkräften** macht sich in vielen Branchen und Unternehmen bereits heute geltend. Nach einer Untersuchung des Instituts der Deutschen Wirtschaft in Köln konnten im Jahre 2006 etwa 165 000 Stellen für Hochqualifizierte mangels geeigneter Bewerber nicht besetzt werden, drei Viertel davon im technischen Bereich.[1] Am gravierendsten macht sich der Fachkräftemangel in den wirtschaftlich stärksten Regionen Deutschlands geltend – also vor allem auch in Bayern. Am schwersten wiegt der Mangel wiederum in den innovativsten hochtechnisierten Branchen wie etwa der Metall- und Elektroindustrie.
2. **Die Anforderungen an die Qualifikation der Beschäftigten steigen** in unserer Wissensgesellschaft. Beschleunigter technischer Wandel, immer schnellere Innovations- und Produktzyklen lassen die sprichwörtliche „Halbwertszeit des Wissens“ weiter sinken. Die Nachfrage der Unternehmen nach hoch und stets aktuell qualifizierten Mitarbeitern steigt und wird weiter steigen. So lautete denn auch die zentrale Aussage der Fachkräftekonferenz des Instituts für Arbeitsmarkt- und Berufsforschung der Bundesagentur für Arbeit (IAB) im April 2008 wenig überraschend, aber dennoch beunruhigend: Die Lücke zwischen Angebot und Nachfrage auf dem Fachkräftemarkt wird größer werden. Die Schere geht weiter auf.
3. **Denn das Angebot an qualifizierten Fachkräften bleibt aus strukturellen Gründen hinter der steigenden Nachfrage zurück.** Während hoch qualifizierte Kräfte altersbedingt ausscheiden, fließen dem Arbeitsmarkt nicht genügend entsprechend gut qualifizierte junge Menschen zu. Und dieses Problem ist nicht nur der „demografischen Entwicklung“ zuzuschreiben: Das Bildungssystem selbst „produziert“ zu wenig geeignet qualifizierten Fachkräftenachwuchs!

[1] Koppel 2008

Wir vergeben fahrlässig Chancen, wenn wir weiterhin an der Segmentierung unseres Bildungssystems festhalten – hier die berufliche Ausbildung im dualen System, dort die „höhere“ Ausbildung an Hochschulen. Denn die zunehmende Schwierigkeit, geeignet qualifizierte Fachkräfte vor allem im sogenannten MINT-Bereich zu rekrutieren – Stichwort: Ingenieurmangel –, bedeutet ganz konkrete Gefahren für das Wachstum und den Standort Deutschland – insbesondere auch für die bayerische Wirtschaft.

Vorhandene Potenziale zu höherer und besserer Ausbildung dürfen nicht länger deswegen ungenutzt bleiben, weil das Bildungssystem lernfähigen, gut qualifizierten und hoch motivierten Menschen den Zugang zu hochschulischer Bildung erschwert, wenn nicht gar unmöglich macht.

Nach wie vor gilt im deutschen Bildungssystem, überspitzt ausgedrückt, die Devise: *„Was Hänschen nicht gelernt hat – bzw. nicht als Lernberechtigung in frühen Jahren erworben hat –, darf Hans nicht mehr lernen!“* Unsere Hochschulen stehen nach wie vor nur einer Minderheit derjenigen offen, die sich für ihr Berufsleben qualifizieren. Hochschulzugang und -zulassung sind nach wie vor in erster Linie vom Erwerb einer schulischen Studienberechtigung abhängig. Vorhandene Sonderregelungen auf Länderebene haben zu nicht mehr als etwa 1500 Studierenden mit beruflichem Abschluss pro Jahr an deutschen Hochschulen geführt. Mit einem Akademikeranteil von etwas über 20 Prozent eines Altersjahrgangs ist Deutschland laut OECD viertletztes unter 30 untersuchten Ländern.[2]

Im deutschen Bildungssystem gibt es viel zu wenig Möglichkeiten für Menschen, sich nach einem ersten beruflichen Abschluss weiterzuqualifizieren, um ihre Kenntnisse und Qualifikationen den gewachsenen und geänderten Anforderungen an den Arbeitsplätzen anzupassen. Hier können insbesondere die Hochschulen wertvolle Beiträge leisten – in weit größerem Umfang, als dies bisher der Fall ist.

Bei der Frage nach den *Gründen* dafür, dass deutsche Hochschulen und Fachhochschulen von beruflich Qualifizierten bislang sozusagen nur durch die Hintertür betreten werden können, stellen wir fest:

In Deutschland sind – anders als in anderen Ländern Europas – die berufliche Ausbildung im dualen System auf der einen und die hochschulische Ausbildung auf der anderen Seite institutionell und inhaltlich deutlich voneinander geschieden. Berufsbildungssystem und Hochschulsystem existieren nach wie vor relativ abgeschottet nebeneinander und haben unterschiedliche Strukturen.

---

[2] OECD 2007, S. 24

Diese ausgeprägte Trennung der verschiedenen Säulen des Bildungswesens mag zu Zeiten sinnvoll gewesen sein, als davon ausgegangen wurde, dass die „praktische“ Berufsausbildung nicht für ein „theoretisches“ Studium qualifizieren könne. Diese Trennung der Bereiche ist aber längst obsolet und zu einer ernsthaften Bedrohung für die Leistungsfähigkeit des Bildungssystems wie für das Beschäftigungssystem geworden. Sie wird der Realität längst nicht mehr gerecht – „akademische“ und „nicht akademische“ Tätigkeitsbereiche und Anforderungsniveaus überlappen sich längst.

Angesichts des Strukturwandels, der veränderten Anforderungsprofile und Qualität beruflicher Ausbildung kommt der bereits erwähnte Bericht „Bildung in Deutschland 2008“ daher zu dem Schluss: „Mit Blick auf die sich abzeichnende tendenzielle Höherqualifizierung in vielen modernen Berufsfeldern außerhalb des akademischen Spektrums lässt sich die herkömmliche Differenzierung zwischen dem studienvorbereitenden Monopol des Gymnasiums und dem weitgehenden Ausschluss der beruflichen Aus- und Weiterbildung vom Hochschulzugang nicht mehr aufrechterhalten.“ [3]

Dieser Einsicht müssen entschiedenere Taten folgen. Mit dem Ruf nach „mehr Durchlässigkeit!“, mittlerweile das Mantra jeder bildungspolitischen Debatte, ist es nicht getan. Konkrete und auch einschneidendere Schritte als bisher werden erforderlich sein, um die Durchlässigkeit zwischen beruflicher Bildung und Hochschule zu verbessern. Nur so wird es gelingen, den Bedarf an geeignet qualifizierten Fachkräften auch in Zukunft zu decken. Das heißt ganz konkret:

- Wir müssen mehr jungen Menschen ermöglichen, ein Studium aufzunehmen, auch wenn sie nicht über den bislang (fast) ausschließlich berechtigenden formalen Abschluss – das Abitur – verfügen.
- Wir müssen die Hochschulen verstärkt in die Anstrengungen einbeziehen, beruflich Qualifizierten eine weiterführende Ausbildung bzw. berufsbegleitende Weiterbildung zu ermöglichen.
- Wir müssen Verfahren entwickeln, die einen Vergleich von Leistungen und Lernergebnissen ermöglichen: Solange die Subsysteme unseres Bildungssystems und die jeweils vergebenen Zertifikate „verschiedene Sprachen sprechen“, wird eine Anerkennung oder gar Anrechnung von Vorqualifikationen auf ein Hochschulstudium sich kaum realisieren lassen.
- Wir müssen Wege finden, um nicht nur vorhergehende Abschlüsse als „Eintrittskarte“ zur Hochschule anzuerkennen. Wir müssen auch dahin kommen,

[3] Bildung in Deutschland 2008, S. 176

dass wir beispielsweise in einer Weiterbildung erworbene Lernergebnisse als Teilleistungen auf weiterführende Ausbildungsschritte anerkennen und anrechnen können.

Europäische Anstöße nutzen

Nicht zuletzt durch die vielfältigen Initiativen der Europäischen Union ist einiges an Veränderungen in Gang gekommen. Auch in den Angeboten der Hochschulen: Ehemalige Diplomstudiengänge werden sukzessive auf (kürzere) Bachelorstudiengänge umgestellt, darauf aufbauende Masterstudiengänge werden entwickelt. Dieser „Bologna-Prozess“, der bis 2010 beendet sein soll, hat sicherlich einiges durcheinandergewirbelt im deutschen Hochschulraum – aber er hat eben auch frischen Wind hineingepustet und den Blick geschärft für die Herausforderungen der Zukunft.

Kürzere Studiengänge mit praxisnahen Inhalten legen den Grundstein für eine bessere Ausrichtung von Studiengängen auf die Anforderungen der beruflichen Praxis – sofern sie mit einer dementsprechenden Umgestaltung der zu vermittelnden Studieninhalte verbunden sind und nicht einfach die alten Studieninhalte in verknappter Form beibehalten werden. Die neu geschaffenen Studiengänge stehen auch aufgrund der verkürzten Studiendauer in Wettbewerb zur Berufsausbildung im dualen System. Die „Verberuflichung“ von Studiengängen ist also längst im Gange – umso unverständlicher die nach wie vor bestehende Abschottung gegenüber der Berufsausbildung.

Gegenwärtig wird das Europäische Leistungspunktesystem für die berufliche Bildung ECVET entwickelt. Der Europäische Qualifikationsrahmen EQR wurde im Jahr 2007 beschlossen, die Ausgestaltung eines entsprechenden nationalen Qualifikationsrahmens, des Deutschen Qualifikationsrahmens (DQR), wird aktuell vorbereitet und diskutiert.

Wir sollten die Impulse konstruktiv umsetzen und nutzen, die von diesem europäischen Prozess ausgehen:

- **Weg von der Abschlussorientierung:** Wir sollten mehr auf Lernergebnisse Wert legen – egal wo und wie sie erzielt wurden – als auf Lernwege, Lernzeit und die Institutionen, in denen gelernt wurde.
- Stichwort: **Outcome-Orientierung.** Wie längst schon in der betrieblichen Rekrutierungspraxis sollten wir bei der Erfassung und Bewertung von Lernergebnissen die tatsächlichen *Kompetenzen* im Mittelpunkt sehen. Nur wenn

wir Verfahren finden, die die Ergebnisse von Lernen feststellen – unabhängig von Institution und Lernweg –, schaffen wir die Voraussetzungen für deren Vergleichbarkeit und damit die Voraussetzung, in Zukunft im Beruf oder in der Weiterbildung erworbenes Wissen nicht nur für den formalen *Zugang* zu höherer Bildung, also sozusagen als Eintrittskarte zur Hochschule, anzuerkennen, sondern es auch in Teilen auf ein Studium *anrechnen* zu können und so sinnlose Doppelqualifizierungen zu vermeiden.

- Die Vergabe von **Leistungspunkten** („credit points") für kleinere, vergleichbare Lerneinheiten ist ein wichtiges Thema. Wenn beispielsweise auch in der Weiterbildung Leistungspunkte erworben werden können, erleichtert das die Mobilität zwischen den Unterbereichen des Bildungssystems, erleichtert Übergänge und Anrechnung, beispielsweise auch für die Zulassung zu einem Studium.

Zusammenfassend ist festzustellen, dass der Prozess der Europäisierung die deutsche Bildungspolitik im Grunde „von außen" mit der Nase auf die Dringlichkeit von Renovierungen gestoßen hat, die im Innern längst als überfällig erkannt worden waren, aber aus einer Vielzahl von Gründen – auch: strukturellen Verkrustungen und institutionellen Empfindlichkeiten – bisher nicht beherzt genug angepackt wurden.

Neue Ansätze zur Öffnung

Aber inzwischen sind auch Initiativen auf den Weg gebracht worden, die Hoffnung machen. So sieht etwa die im Januar 2008 vom Bundeskabinett beschlossene Qualifizierungsinitiative der Bundesregierung unter anderem vor, beruflich qualifizierten Bewerbern den Zugang zu einer Hochschule zu erleichtern. Allerdings geschieht dies lediglich in der Form, dass die Bundesregierung „Ländern und Hochschulen (vorschlägt), den Hochschulzugang für beruflich Qualifizierte deutlich zu erleichtern und damit Aufstiegschancen und Durchlässigkeit im Bildungssystem zu verbessern"[4]. Der Bund hat nicht die Regelungskompetenz: Die Entscheidung, ob ein beruflich Qualifizierter ohne Hochschulreife zum Studium zugelassen werden kann, ist und bleibt Ländersache. Bundeseinheitliche Regelungen würden allerdings sicherlich zu mehr Transparenz beitragen.

[4] BMBF 2008, S. 34

Auf Länderebene ist Bayern auf einem guten Weg. So hat der Bayerische Ministerrat einen entscheidenden Schritt zu mehr Durchlässigkeit des Bildungssystems getan mit seinem Beschluss vom Februar 2008, nach dem in Zukunft jeder Absolvent und jede Absolventin einer Meisterprüfung zugleich den fachgebundenen Hochschulzugang erhält. Allerdings ist der Zugang nach wie vor an die formale Voraussetzung der Meisterprüfung geknüpft. Möglichkeiten zur Anrechnung von Lernergebnissen, die anderweitig erreicht wurden, sind erst noch zu schaffen.

Natürlich dürfen wir die anstehenden Renovierungsarbeiten nicht an die ordnungspolitischen Akteure, sei es in Brüssel, Berlin oder München, delegieren – um uns dann möglicherweise bitter über das zu beklagen, was „die in Brüssel" (wahlweise auch Berlin oder München) da mal wieder ausgeheckt haben. Wir alle – Unternehmen, Hochschulen, Weiterbildungsanbieter – müssen gemeinsam neue Wege suchen und beschreiten.

Und da hat sich in Bayern gerade auch unterhalb der ordnungspolitischen Ebene in den letzten Jahren einiges getan. In Zusammenarbeit zwischen Hochschulen, Unternehmen und Weiterbildungsanbietern wurden eine Fülle neuer Angebote und Angebotsformen entwickelt, die geeignet sind, den Herausforderungen der Zukunft zu begegnen.

Duale Studiengänge werden in Zusammenarbeit von Hochschulen und Ausbildungsunternehmen entwickelt. Sie verbinden eine wissenschaftliche Basisausbildung mit der praktischen Heranführung der Studierenden an Fach- und Führungsaufgaben im Betrieb. Die Praxisnähe der universitären Ausbildung ist durch die enge Zusammenarbeit mit den Unternehmen gewährleistet. Die Zahl der Studierenden in dualen Studiengängen – aktuell sind es in Bayern 0,75 Prozent der Studierenden[5] – ist aber sicherlich noch steigerungsfähig.

Das Bildungswerk der Bayerischen Wirtschaft hat in enger Kooperation mit Universitäten und Fachhochschulen neue Angebote zur wissenschaftlichen Weiterbildung für Fach- und Führungskräfte entwickelt. Die beteiligten Universitäten haben sich mit diesen Angeboten der beruflichen Praxis und ihren Anforderungen geöffnet – ein ganz wichtiger Schritt auch für die steigende Zahl derjenigen, die die neuen Angebote zur berufsbegleitenden Weiterqualifizierung wahrnehmen.

---

[5] vbw 2008, S. 88

Quellen

Autorengruppe Bildungsberichterstattung im Auftrag der Ständigen Konferenz der Kultusminister der Länder in der Bundesrepublik Deutschland und des Bundesministeriums für Bildung und Forschung (Hrsg.):
Bildung in Deutschland 2008. Ein indikatorengestützter Bericht mit einer Analyse zu Übergängen im Anschluss an den Sekundarbereich. Bielefeld 2008. http://www.bildungsbericht.de/daten2008/bb_2008.pdf

Bundesministerium für Bildung und Forschung (BMBF) (Hrsg.):
Aufstieg durch Bildung. Qualifizierungsinitiative der Bundesregierung. Bonn, Berlin 2008. http://www.bmbf.de/pub/qualifizierungsinitiative_breg.pdf

Hochschulinformationssystem HIS:
EUROSTUDENT-Bericht „Social and Economic Conditions of Student Life in Europe". Bielefeld 2008

Institut für Arbeitsmarkt- und Berufsforschung der Bundesagentur für Arbeit (IAB):
Tagungsbericht zur Fachkräftekonferenz am 29. und 30. April 2008. http://www.iab.de/de/veranstaltungen/konferenzen-und-workshops-2008/fachkraefte/tagungsbericht.aspx

Koppel, O.:
Nicht besetzbare Stellen für beruflich Hochqualifizierte in Deutschland – Ausmaß und Wertschöpfungsverluste. In: Institut der deutschen Wirtschaft Köln (Hrsg.): IW-Trends – Vierteljahresschrift zur empirischen Wirtschaftsforschung, 35. Jahrgang, Heft 1/2008. http://www.iwkoeln.de/Portals/0/pdf/trends01_08_5.pdf

OECD:
Education at a glance 2007. http://www.oecd.org/dataoecd/36/4/40701218.pdf

vbw – Vereinigung der Bayerischen Wirtschaft e.V. (Hrsg.):
Aktionsrat Bildung: Bildungsrisiken und -chancen im Globalisierungsprozess. Jahresgutachten 2008

Steigender Bedarf an (hoch) qualifizierten Fachkräften in der bayerischen Metall- und Elektroindustrie

Christof Prechtl, Geschäftsführer und Leiter der Abteilung Bildung, BayME – Bayerischer Unternehmensverband Metall und Elektro e.V. VBM – Verband der Bayerischen Metall- und Elektro-Industrie e.V.

1 Ausgangspunkt

1.1 Demografischer Wandel

Die deutsche Wirtschaft und gerade die innovationsstarken Unternehmen der bayerischen Metall- und Elektroindustrie stehen mit dem demografischen Wandel und der sich im Zuge dieser Entwicklung absehbar vergrößernden Fachkräftelücke vor großen Herausforderungen. Die Bevölkerung schrumpft und wird

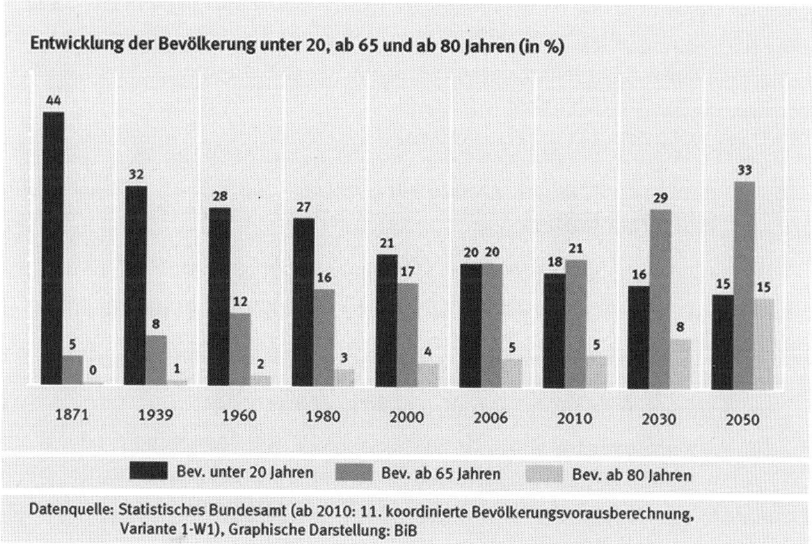

Abb. 1: Alterungsprozess der deutschen Bevölkerung (Quelle: Bundesinstitut für Bevölkerungsforschung)

immer älter: Während die Geburtenrate sinkt, steigt die Lebenserwartung. Die Bevölkerungszahl ist bereits seit 2003 rückläufig und wird laut aktuellen Berechnungen des Statischen Bundesamtes weiter von fast 82,5 Millionen im Jahr 2005 auf 74 bis knapp 69 Millionen im Jahr 2050 abnehmen. Auch Bayern wird von diesem Trend nicht verschont bleiben: Ab dem Jahr 2020, so sagen uns die Statistiker, wird auch hier das Erwerbspersonenpotenzial abnehmen.

Bereits heute stellen wir fest, dass Unternehmen in Bayern in einigen Sparten einen zum Teil erheblichen Mangel an geeignet qualifizierten Fachkräften verspüren und Unternehmen und damit die Wirtschaft dadurch erhebliche Wertschöpfungsverluste erleiden. Insbesondere der Mangel an Ingenieuren bzw. an Fachkräften im technischen Bereich hat gravierende negative Auswirkungen: Allein als Folge des Ingenieurmangels entging der deutschen Wirtschaft nach Berechnungen des Instituts der Deutschen Wirtschaft Köln allein im Jahre 2007 Wertschöpfung von mindestens 7,2 Mrd. Euro!

Mit dem demografiebedingt sinkenden Angebot auf dem Arbeitskräftemarkt ist absehbar, dass weitere Engpässe eintreten werden: Stellen, die heute noch von qualifizierten Facharbeitern ausgefüllt werden, können unter Umständen aufgrund der Abnahme des Erwerbspersonenpotenzials nicht mehr mit qualifiziertem Personal besetzt werden. Wir müssen durch geeignete Maßnahmen in allen Bereichen der Bildung alles daransetzen, dem drohenden Qualifizierungsverlust und Engpässen auf dem Arbeitsmarkt entgegenzuwirken. Besonders ist hier natürlich der Bereich der Berufsbildung gefordert.

1.2 Fachkräftemangel: Aktuell vor allem ein Mangel an qualifizierten MINT-Fachkräften

Einige Zahlen unterstreichen den Handlungsbedarf eindrucksvoll, den insbesondere auch Unternehmen der Metall- und Elektroindustrie in Bayern schmerzlich verspüren:

- Bereits im Jahr 2007 konnten 30 Prozent aller Unternehmen, die Ingenieure beschäftigen, freie Ingenieurstellen nicht besetzen.
- Bei Unternehmen mit einer Betriebsgröße von 500 Mitarbeitern oder mehr spüren sogar 56,4 Prozent den MINT-Fachkräftemangel bereits heute.
- 48 000 vakante Ingenieurstellen konnten 2006 nicht besetzt werden – knapp 7 500 davon allein in Bayern.
- 21 Prozent der Betriebe im Handwerk melden offene Stellen für Facharbeiter.

Qualitative Engpassindikatoren nach Qualifikationsgruppen
Ergebnisse des IW-Zukunftspanels vom Juli und August 2007

	Aktuelle Verfügbarkeit	Änderung der Verfügbarkeit	Bedarf bis 2010	Ausbildungsqualität
Ingenieur- und Naturwissenschaftler	-37,1	-53,2	+60,8	2,38
Techniker	-21,4	-40,7	+48,8	2,40
Meister	-24,3	-39,5	+41,5	2,46
Wirtschafts- und Sozialwissenschaftler	+59,2	+0,3	+42,6	2,48
Übrige akademische Abschlüsse	+47,8	-11,9	+32,3	2,46
Rechtswissenschaftler	+82,6	+22,7	+39,8	2,25
Kultur-, Kunst-, und Sprachwissenschaftler	+73,2	+3,0	+32,1	2,61

Abb. 2: Qualitative Engpassindikatoren nach Qualifikationsgruppen (Datenquelle: IW-Zukunftspanel 2007)

Die Auswirkungen des demografischen Wandels werden den Mismatch zwischen Angebot und Nachfrage weiter verschärfen. Zukünftig werden viele Ingenieure, Meister und Techniker fehlen. Es wird – gerade in innovationsstarken Branchen wie der Metall- und Elektroindustrie und gerade an Hochtechnologie-Standorten wie Bayern – einen steigenden Bedarf an gut qualifizierten Fachkräften geben, während gleichzeitig die Zahl der zur Verfügung stehenden Kräfte zurückgeht. Selbst im Falle einer möglicherweise absolut sinkenden Nachfrage werden Unternehmen unter einem Mangel an MINT-Fachkräften zu leiden haben, wenn nicht entschieden gegengesteuert wird.

2 Fachkräftemangel: Herausforderungen für die Metall- und Elektroindustrie

Die Unternehmen werden auf diese Entwicklungen reagieren müssen. Sie stehen vor großen Herausforderungen und müssen in verschiedenen Bereichen umdenken.

- Der Wettbewerb der Unternehmen um Hochschulabsolventen und qualifizierte Facharbeiter verschärft sich: Unternehmen benötigen geeignete *Rekrutie-*

rungsstrategien, um geeignete High Potentials, aber auch Ausbildungsplatzbewerber auf sich aufmerksam zu machen und an das Unternehmen zu binden.

- Die demografische Veränderung macht veränderte Strategien zur *Anpassung von Unternehmensstrukturen und Produktionsprozessen* erforderlich. Gut qualifizierte Ältere werden unentbehrlich, Maßnahmen zur besseren Vereinbarkeit von Familie und Beruf und flexiblere Arbeitszeiten können die Berufstätigkeit von Frauen in den MINT-Berufen unterstützen.
- Um Qualifizierungsdefizite zu beheben und die Qualifikation von Mitarbeitern auf dem jeweils aktuellen Stand zu halten, müssen die Anstrengungen zur *Weiterbildung* forciert werden.

3 Die bayerische Wirtschaft: Seit vielen Jahren aktiv für Bildung und Weiterbildung

Die bayerische Wirtschaft und die Metallarbeitgeberverbände BayME und VBM haben den sich abzeichnenden Fachkräftemangel und die damit verbundenen Herausforderungen schon früh erkannt. Sie sind seit vielen Jahren mit einer großen Zahl von Projekten in verschiedenen Handlungsfeldern im Bildungsbereich aktiv, um die Generierung und Qualifikation einer ausreichenden Zahl geeigneter Fach- und Führungskräfte zu unterstützen. Dazu gehört auch, bereits bei jungen Menschen Technikbegeisterung und Technikkompetenz zu fördern und Verständnis für wirtschaftliche Zusammenhänge und unternehmerisches Handeln zu wecken.

Das Spektrum der Handlungsfelder ist groß. Es beginnt bereits im Bereich von Vorschule und Schule und umfasst den Bereich der beruflichen Bildung ebenso wie die berufliche Weiterbildung und nicht zuletzt den Hochschulbereich.

Dementsprechend breit ist auch das Spektrum der Projekte und Maßnahmen, das von der Werbung für das Ergreifen eines M+E-Berufs über die Unterstützung der Rekrutierung geeigneter Nachwuchskräfte bis zu den zahlreichen Aktivitäten und Initiativen vom VBM und BayME im Bereich der *Aus- und Weiterbildung* reicht.

Um dem Fachkräftemangel entgegenzuwirken, muss frühzeitig das Interesse von Kindern und Jugendlichen für Technik und technische Zusammenhänge geweckt und gefördert werden. Aus diesem Grund unterstützen wir als Hauptsponsoren das Projekt **„Technik-Zukunft in Bayern?!“** des **Bildungswerks der Bayeri-**

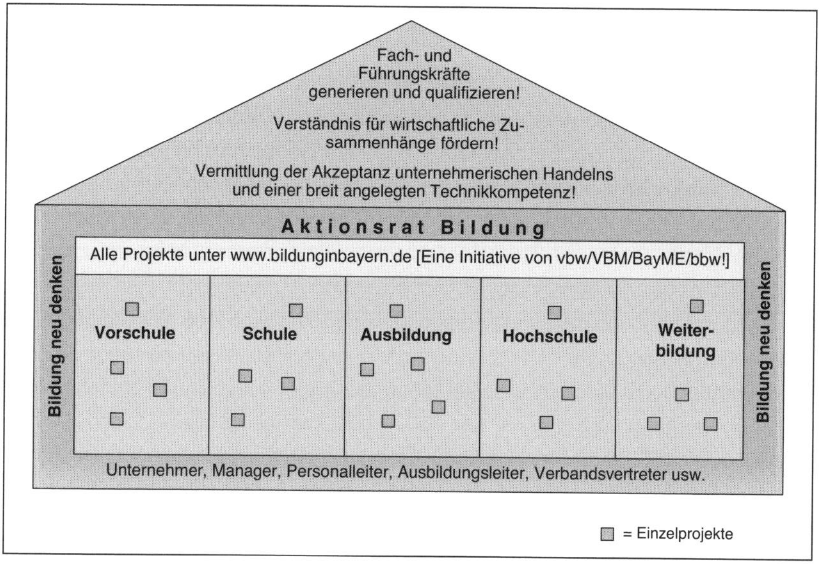

Abb. 3: Bildungsinitiativen und -projekte der bayerischen Wirtschaft

schen Wirtschaft e. V. Für jede Altersstufe stehen adäquate Angebote bereit. Um vor allem mehr Frauen für technische Ausbildungen und Studiengänge zu gewinnen, können sich Mädchen zum Beispiel in den „Mädchen für Technik-Camps“ und „Forscherinnen-Camps“ ausprobieren und mehr über technische Berufe erfahren. Damit Erzieher/innen und Lehrkräfte den Zugang zu Technik und Naturwissenschaften optimal unterstützen können, werden sie in die Projekte mit einbezogen.

Im Wirtschaftsplanspiel **beachmanager** des bbw e. V., welches wir als Arbeitgeberverbände als Hauptsponsoren maßgeblich unterstützen, geht es darum, Schülerinnen und Schülern der Hauptschule wirtschaftliche Prozesse und Zusammenhänge spielerisch, lebendig, praxisnah und mit Spaß zu vermitteln.

Im Bereich der beruflichen Bildung unterstützen wir insbesondere mit dem **zab – Zentrum für Ausbildungsmanagement Bayern** bereits seit dem Jahr 2001 die Unternehmen der bayerischen Metall- und Elektroindustrie in allen Fragen rund um die Ausbildung, von der Information und Werbung über die Rekrutierung geeigneter Nachwuchskräfte bis hin zur Ausbildung selbst. Durch die Arbeit des zab konnte eine ganze Reihe von Unternehmen an Ausbildung herangeführt werden. Um mehr Jugendliche für eine M+E-Ausbildung zu gewinnen, macht die Imagekampagne **Ausbildungsoffensive Bayern** bei Jugendlichen der

Vorabschlussklassen Werbung für die Berufe der M+E-Industrie, stellt verschiedene Berufe vor und unterstützt die Jugendlichen beispielsweise durch einen online durchführbaren Berufseignungstest bei der Berufswahl.

Ergänzend zum zab wurde auf Initiative von BayME und VBM im Jahr 2007 das **zbw – Zentrum für betriebliches Weiterbildungsmanagement** eingerichtet, um die Mitgliedsunternehmen auch in allen Belangen rund um die betriebliche Weiterbildung optimal unterstützen zu können. Denn: Die Weiterqualifizierung im Unternehmen ist die effektivste und zielgenaueste Möglichkeit, dem Fachkräftemangel zu begegnen.

Nicht zuletzt auch im Hochschulbereich ist die bayerische Wirtschaft durch viele Initiativen aktiv. So soll beispielsweise das Projekt **„Wege zu mehr MINT-Absolventen"** dazu beitragen, die gerade in den MINT-Fächern viel zu hohen Studienabbrecherquoten zu senken. Die bayerische Wirtschaft beteiligt sich darüber hinaus an der Förderung von besonderen Talenten (z.B. im „Elitenetzwerk Bayern"), an der engeren Kooperation zwischen Unternehmen und Hochschulen (beispielsweise in der „UnternehmerTUM GmbH") und an der Verbesserung der beruflichen Eingliederung von Hochschulabsolventen (Initiative „Student und Arbeitsmarkt").

Die Schwerpunkte der Aktivitäten von BayME und VBM gegen den Fachkräftemangel liegen in den Bereichen Werbung, Rekrutierung und Qualifizierung. Aus diesen Handlungsfeldern werden im Folgenden einige Projekte und Initiativen vorgestellt, die beispielhaft das breit gefächerte bildungspolitische Engagement der bayerischen Wirtschaft aufzeigen.

3.1 Werbung: Informieren, Begeisterung für M+E-Berufe wecken, Berufsorientierung unterstützen

Im Jahr 2006 wurden ca. 20 Prozent der Ausbildungsverträge vorzeitig gelöst. Eine Ursache dafür ist eine mangelnde Berufsorientierung und -vorbereitung. Dieser Problematik sind sich die bayerischen Arbeitgeberverbände bewusst. Sie haben vielfältige Projekte ins Leben gerufen, um die Jugendlichen besser auf ihr späteres Berufsleben vorzubereiten und sie bei der Wahl eines geeigneten Ausbildungsberufs bereits im Vorfeld der Ausbildung zu unterstützen.

Mit der M+E-Imagekampagne **www.AusbildungsOffensive-Bayern.de** sollen Jugendliche für die Metall- und Elektroberufe und eine Ausbildung in der M+E-Industrie begeistert werden. Auf der Website von www.AusbildungsOffensive-Bayern.de stehen interessierten Eltern, Lehrern und Schülern umfangreiche Informationen über die M+E-Branche und alle Ausbildungsberufe in der M+E-

Industrie zur Verfügung. Seit Neuestem helfen auch kurze Online-Berufefilme, Anforderungen und Chancen in verschiedenen M+E-Berufen deutlich zu machen. Ein kostenloser Online-**Berufseignungstest** unterstützt Schülerinnen und Schüler der Haupt- und Realschule bei der Wahl eines für sie geeigneten Ausbildungsberufs in der Metall- und Elektroindustrie. Bis heute wurde der Test von über 16 000 Jugendlichen erfolgreich abgeschlossen.

Um über die M+E-Ausbildungsberufe zu informieren, besuchen im Rahmen der Ausbildungsoffensive darüber hinaus sogenannte Action-Teams Haupt- und Realschulen in Bayern. Allein im Jahr 2007 haben die Teams 551 Schulen besucht und 1 000 Vorträge gehalten und so einen wichtigen Beitrag zur Berufsorientierung und -vorbereitung geleistet.

Bayernweit informieren der **Info-Truck „meetME"** und das **M+E-InfoMobil** Schülerinnen und Schüler der 7. bis 10. Klassen an Haupt- und Realschulen über Ausbildungsmöglichkeiten und Berufsbilder in der Metall- und Elektroindustrie. Sie bieten mit Exponaten wie beispielsweise einer echten computergesteuerten CNC-Fräse M+E-Industrie zum Anfassen, wobei der 430 PS starke Truck sogar auf 2 Etagen Einblicke in die Faszination der M+E-Welt vermittelt. Die beiden Fahrzeuge wecken dabei nicht nur Interesse an Technik. Junge Menschen erhalten ebenso wichtige Informationen zur Berufsvorbereitung.

Die kostenlose CD-ROM „Zielsicher zum Beruf – Ideen und Tipps zur Berufsorientierung an Schulen" wurde entwickelt, um Lehrkräfte aller Schularten bei der Anleitung ihrer Schülerinnen und Schüler zur Wahl eines passenden Berufs zu unterstützen. Durch ihre lehrplanbezogene oder themenspezifische Suchfunktion ist sie eine Art Wegweiser zu geeigneten Projekten, Materialien und Informationen einer praxisbezogenen Berufsorientierung an Schulen. Die CD-ROM fasst die Vielzahl der unterschiedlichen Angebote der bayerischen Arbeitgeberverbände vbw, BayME, VBM und des Bildungswerks der Bayerischen Wirtschaft e.V. zur Berufsorientierung zusammen und ergänzt sie durch Informationen, Expertentipps und Unterrichtsmaterialien.

3.2 Rekrutierung: Geeignete Fachkräfte identifizieren, gewinnen und binden

Gerade in Zeiten des Fachkräftemangels wird es für Unternehmen immer wichtiger, geeignete Auszubildende und Mitarbeiter zu finden, sie für das Unternehmen zu gewinnen und langfristig zu binden. Auch in diesem Bereich bieten wir seit Langem und mit großem Erfolg Unterstützung.

Das **zab – Zentrum für Ausbildungsmanagement Bayern** unterstützt als Initiative von BayME und VBM insbesondere kleine und mittelständische Mitgliedsunternehmen dabei, den Einstieg von Unternehmen in die Ausbildung, die Rekrutierung geeigneter Auszubildender und die Durchführung der Ausbildung zu erleichtern.

Zur Ergänzung des bereits erwähnten online verfügbaren M+E-Berufseignungstests, der potenziellen Ausbildungsplatzbewerbern eine Eignungsbestimmung mit Blick auf insgesamt 56 Berufe ermöglicht, wurde im Jahr 2008 für Unternehmen ein BayME/VBM Eignungstest zur Unterstützung der Bewerberauswahl für die Berufsausbildung – kurz: **„BayME/VBM Eignungstest"** – neu entwickelt. Er steht allen Mitgliedsunternehmen der beiden Verbände ebenfalls kostenlos online zur Verfügung. Die Verbandsunternehmen erhalten mit dem Test ein effektives Instrument zur Ergänzung ihrer Einstellungsverfahren. Neben der Abfrage der fachlichen Fähigkeiten enthält der Test optional einen überfachlichen Teil, mit dem die Mitgliedsunternehmen die persönliche Ausbildungseignung der Bewerber genauer einschätzen und so ihre „Trefferquote" bei der Auswahl geeigneter Ausbildungsplatzbewerber erhöhen können.

Mit dem Serviceangebot **„Chance Hochschulreform?! Neue Wege zum akademischen Nachwuchs"** bekommen Personalverantwortliche in kleinen und mittelständischen Unternehmen praxisnahe Tipps, wie hoch qualifizierte akademische Nachwuchskräfte an das Unternehmen gebunden werden können. Die Informationskampagne von vbw, BayME und VBM bietet auf einer CD-ROM Leitfäden, Kontaktmöglichkeiten und Hintergrundinformationen zu innovativen Rekrutierungsinstrumenten. Eine Best-Practice-Broschüre stellt gelungene Beispiele innovativer Personalrekrutierung vor.

3.3 Qualifizierung: Erfahrungen sammeln – Nachwuchs gewinnen

Aus- und Weiterbildung sind das zentrale Fundament für die Nachwuchssicherung. Neben seinem Schwerpunkt Ausbildungsmarketing liegt ein weiterer Schwerpunkt der Arbeit des zab – Zentrum für Ausbildungsmanagement Bayern in der Ausbildungsberatung. Das zab unterstützt die Unternehmen der bayerischen Metall- und Elektroindustrie auf regionaler Ebene individuell und durch Informationsveranstaltungen, Workshops und Brennpunktreihen, wie bespielsweise zur Neuordnung der M+E-Berufe und zur neuen Prüfungsform des Betrieblichen Auftrags. Den Unternehmen werden bewährte betriebliche Ausbildungskonzepte vorgestellt. Darüber hinaus werden der Erfahrungsaustausch und die

Netzwerkbildung zwischen Ausbildungsunternehmen und solchen, die es werden wollen, auf vielfältige Weise unterstützt.

Um die Zahl gut qualifizierter Nachwuchskräfte zu erhöhen, sind BayME und VBM auch aktiv für die Ausbildung: In ganz Bayern bieten wir bereits seit über 40 Jahren **Facharbeiterlehrgänge** zur Vorbereitung von Auszubildenden in den Berufsfeldern Metall und Elektro auf die Facharbeiterprüfung an. In 30 Unterrichtseinheiten werden Auszubildende umfassend auf die theoretische Prüfung z.B. als Industriemechaniker/in oder Konstruktionsmechaniker/in vorbereitet.

Das zweite Standbein, die berufliche *Weiterbildung,* fördert nicht nur die Wettbewerbsfähigkeit der Unternehmen. Sie sichert auch die Beschäftigungsfähigkeit der Mitarbeiter. Ergänzend zu den verschiedenen Aktivitäten im Bereich der Berufsausbildung wurde daher auf Initiative von BayME und VBM im Jahr 2007 das **zbw – Zentrum für betriebliches Weiterbildungsmanagement** als Servicezentrum für die Mitgliedsunternehmen eingerichtet. Das zbw unterstützt durch Workshops, Veröffentlichungen, Veranstaltungen auf regionaler Ebene und jährliche Fachtagungen bayernweit Unternehmen bei der Entwicklung und Etablierung eines professionellen Weiterbildungsmanagements, um passgenaue und effiziente Personalentwicklung und Qualifizierung in Unternehmen zu sichern.

4 Den Herausforderungen der Zukunft gerecht werden: Neue Wege in der Hochschulpolitik implementieren

Die Unternehmensverbände der bayerischen Metall- und Elektroindustrie sehen eine wichtige und verantwortungsvolle Aufgabe darin, über ihre vielfältigen Projekte hinaus auch ihren Beitrag zur bildungspolitischen Reformdebatte zu leisten. Um den Herausforderungen der Zukunft gerecht zu werden und dem Fachkräftemangel wirksam entgegenzutreten, reicht es nicht, in einzelnen Projekten aktiv zu sein, auch wenn diese noch so erfolgreich sind. Auch bildungspolitisch müssen die „Stellschrauben“ richtig (neu) justiert werden. Denn der Fachkräftemangel ist nicht allein auf demografische Entwicklungen zurückzuführen. Und er ist nicht allein durch Initiativen von Unternehmen und Verbänden zu bekämpfen. Für die Wettbewerbsfähigkeit unserer Unternehmen ist eine grundlegende Neuausrichtung – eine Bildungsoffensive – notwendig, um den steigenden Bedarf an qualifizierten Arbeitskräften in Zukunft decken zu können.

Im Bereich der Hochschulpolitik beziehen BayME und VBM daher klar Position:

- Gemessen am Bedarf der Unternehmen bilden die Hochschulen zu wenige Akademiker in den MINT-Fächern aus, die Studienabbrecherquote gerade in diesen Fächern ist viel zu hoch. Hier muss entschieden gegengesteuert werden.
- Der Anteil der Studiengänge, die auf Bachelor und Master umgestellt wurden, liegt in Bayern unter dem Bundesdurchschnitt. Hier müssen bayerische Hochschulen dringend nachholen, denn durch das parallele Angebot von Diplomstudiengängen einerseits und Bachelor- und Masterstudiengängen andererseits werden an den Hochschulen Kapazitäten gebunden, die an anderer Stelle dringend benötigt werden.

BayME VBM

4. Wir unterstützen bei der Implementierung neuer Wege!

Positionen zur Hochschulpolitik:

- Konsequente Fortsetzung der Reformen und laufende Optimierung des Bayerischen Hochschulgesetzes!
- Vollständige Übertragung der Verantwortung für Berufung und Vergütung von Professoren an Hochschulen!
- Die Qualität der Lehre muss gerade vor dem Hintergrund steigender Studierendenzahlen stärker in den Fokus der Hochschulpolitik rücken!
- Verbindliche finanzielle Zusagen und Planungssicherheit für die Hochschulen über das Jahr 2011 hinaus!
- Klare Positionierung gegen die Verwendung der Abschlussbezeichnung „Bachelor Professional“ in der Berufsbildung!
- Vereinheitlichung und Ausweitung der Hochschulzugangsberechtigung beruflich Qualifizierter!

24. Juni 2008 **zab-Fachtagung „Ausbildung in Bayern – Studium ohne Abitur“**

Abb. 4: Positionen zur Hochschulpolitik

- Das Bildungssystem muss auf allen Stufen durchlässig sein, alle Abschlüsse müssen Anschlussmöglichkeiten an weiterführende Bildungsgänge ermöglichen. Durch standardisierte, zielgenaue Zulassungsprüfungen sollten die Zugangsmöglichkeiten zum Studium für beruflich Qualifizierte ohne formale Hochschulzugangsberechtigung ausgeweitet und vereinheitlicht werden.

Dabei ist weniger auf formale Kriterien als vielmehr auf die Studierfähigkeit Wert zu legen.

- Die Hochschulen müssen sich in stärkerem Maße für neue Formen der wissenschaftlichen Weiterbildung öffnen, die auch beruflich Qualifizierten offenstehen, um ihnen die Weiterentwicklung ihrer Qualifikationen zu ermöglichen.

In Bayern ist im Bereich der Hochschulausbildung schon vieles verbessert worden. Insbesondere das neue Bayerische Hochschulgesetz hat entscheidend zu Dezentralisierung, Bürokratieabbau und Subsidiarität beigetragen. Wesentliche Entscheidungsbefugnisse sind vom Freistaat auf die Hochschulen übergegangen. Die Hochschulen stehen damit stärker in der Verantwortung, ihre gewachsenen Gestaltungsspielräume zu nutzen und durch qualitativ hochwertige Lehre ihren Beitrag zur Wettbewerbsfähigkeit der Wirtschaft zu leisten. Hierzu benötigen sie nicht zuletzt auch finanzielle Unterstützung: Mehr Qualität ist nur durch mehr Geld zu erreichen! Aber wir dürfen nicht vergessen: Wir brauchen die besten Köpfe, um mit innovativen Produkten im internationalen Wettbewerb zu bestehen. Langfristig ist ein exzellentes Bildungssystem die beste Lösung gegen den Fachkräftemangel.

Teil 1

Handlungsstrategien
zur Erschließung von „High Potentials“

Technische Fachkräfte dringend gesucht – Ursachen und Handlungsstrategien

Lutz Galiläer, Forschungsinstitut Betriebliche Bildung (f-bb)

1 Einleitung

Die konjunkturelle Aufschwungphase der vergangenen Jahre wurde begleitet von Berichten über einen zunehmenden Mangel an Fachkräften. Vor allem in Unternehmen aus volkswirtschaftlich bedeutsamen Branchen wuchsen die Schwierigkeiten, Stellen vor allem für Ingenieure und Techniker zu besetzen – in Großunternehmen ebenso wie in kleinen und mittelständischen Betrieben. Nach Berechnungen des Instituts der Deutschen Wirtschaft hat der Fachkräftemangel auch gravierende finanzielle Auswirkungen. Danach kosteten die 165 000 unbesetzten Stellen für Ingenieure im Jahr 2006 die deutsche Volkswirtschaft 0,8 % ihres BIP, das entspricht ca. 18,7 Milliarden Euro (IW Köln 2007).

Obgleich die Knappheit von Fachkräften auf dem Arbeitsmarkt vor allem Ingenieure bestimmter Fachrichtungen, IT-Spezialisten und andere technische Fachkräfte betrifft, gibt es auch aus anderen Beschäftigungssegmenten Meldungen über Personalengpässe und nicht besetzbare Stellen, etwa in der Altenpflege oder der ärztlichen Versorgung ländlicher Gebiete im Osten Deutschlands. Für diese Mangelsituationen werden so unterschiedliche Gründe verantwortlich gemacht wie die schlechte Abstimmung von Ausbildungs- und Beschäftigungssystem, stagnierende Absolventenzahlen, „qualifikatorischer Mismatch" (Klös 2001), unattraktive Arbeitsbedingungen, eine plötzliche und starke Expansion der Nachfrage nach bestimmten Arbeitskräften sowie regionale Standortnachteile. Bei einigen Berufsgruppen wie den derzeit gesuchten Ingenieuren lassen sich wiederkehrende, temporäre Über- und Unterangebotszustände beobachten. So wurden beispielsweise Mitte der 90er-Jahre vergleichsweise wenige Ingenieure und Informatiker eingestellt, während nur wenige Jahre später der enorme Nachfrageüberhang mit der Anwerbung ausländischer Fachkräfte abgebaut werden sollte (Stichwort „Greencard"). Auch in der seit 2006 herrschenden Knappheitslage steht die Nutzung des Potenzials an Fachkräften aus dem Ausland wieder in der Diskussion.

Fachkräftemangel ist also ein vielschichtiges Phänomen. Die Verfügung über eine wachsende Anzahl hoch qualifizierter Fachkräfte ist eine entscheidende Bedingung für die Wettbewerbsfähigkeit und das Wachstum in allen entwickelten Volkswirtschaften. In Deutschland – und einigen anderen europäischen Staaten – gibt es Anzeichen dafür, dass jenseits zyklischer, meist konjunkturell bedingter Knappheiten der Fachkräftemangel auch strukturelle Ursachen hat und daher mittel- und langfristig weiter zunehmen wird, wenn nicht gegengesteuert wird. Diese Diagnose und die daraus ableitbaren Gegenstrategien sind keineswegs neu (siehe etwa die Vorschläge der Bertelsmann Stiftung 2002; Eichhorst/Thode 2002 sowie Reinberg/Hummel 2002). Der Handlungsdruck – auf politischer Ebene wie in der Wirtschaft – besteht allerdings nach wie vor und wird größer: Während wirtschaftliche und technologische Entwicklungen zu einem steigenden Bedarf an gut qualifizierten Fachkräften führen, werden sozioökonomische Faktoren das Erwerbspersonenpotenzial für dieses Berufssegment in den nächsten Jahrzehnten weiter verknappen. Gefragt sind vorausschauende, präventive Strategien, die dieser Entwicklung entgegenwirken.

Angesichts der aktuellen Diskussion sowie der begrenzten Wirksamkeit bisheriger Aktivitäten zur Erhöhung des Reservoirs an hoch qualifizierten Arbeitskräften skizziert der Artikel den Status quo, sich abzeichnende Entwicklungen auf dem Arbeitsmarkt sowie betriebliche wie überbetriebliche Handlungsoptionen gegen den Fachkräftemangel. Die Darstellungen in diesem Beitrag konzentrieren sich auf den Bereich technische Fachkräfte.

2 Fachkräftemangel – Status quo und Perspektiven

2.1 Was heißt Fachkräftemangel?

In der Arbeitsmarktforschung wird von Fachkräftemangel dann gesprochen, wenn es im Verhältnis zur Arbeitsnachfrage (Stellenangebote) zu wenige *passend qualifizierte* Arbeitskräfte *und* zu *wenige* den Anforderungen entsprechend *qualifizierbare* Arbeitskräfte gibt. Als drittes Kriterium wird genannt, dass qualifizierte oder qualifizierbare Arbeitskräfte sich nicht „auf die jeweiligen betrieblichen Bedingungen einlassen wollen“ (Walwei 2008).

Davon zu unterscheiden sind Stellenbesetzungsprobleme, die etwa daraus resultieren können, dass die Bewerbersuche länger dauert als geplant oder dass die tatsächliche Zahl der Bewerber hinter den Erwartungen zurückbleibt. Diese

Schwierigkeiten *können* Ausdruck eines grundsätzlicheren Mangels sein, sie können aber auch „nur" Disparitäten auf dem Arbeitsmarkt widerspiegeln, die z.B. auf geringe Reichweite von Stellenangeboten, räumliche Immobilität von Arbeitnehmern oder unattraktive Arbeitsbedingungen zurückzuführen sind. Werden aufwendigere Personalsuche, längere Stellenbesetzungszeiten und geringere Bewerberzahlen umstandslos mit einem generellen Mangel identifiziert, deutet sich darin eher das Erwartungsniveau von Arbeitgebern hinsichtlich der zeitlichen, räumlichen und finanziellen Verfügbarkeit von Arbeitskräften an.

Für die Beurteilung von Mangelsituationen und adäquate Reaktionen darauf ist also entscheidend, aus welchen Gründen und in welchem Ausmaß Arbeitsangebot und Arbeitsnachfrage nicht zueinanderpassen. Denn wenn die auf dem Arbeitsmarkt verfügbaren Qualifikationen von den betrieblichen Anforderungen *systematisch* abweichen und wenn deutlich mehr Stellen angeboten werden, als qualifizierte oder qualifizierbare Bewerber vorhanden sind, sind andere Maßnahmen erforderlich als im Fall regionaler und oft nur temporärer Arbeitsmarktdisparitäten.

2.2 Die gegenwärtige Situation – Zahlen und Fakten

Die Arbeitsmarktlage für die Ingenieurberufe Maschinenbau, Elektrotechnik und Wirtschaftsingenieurwesen sowie für IT-Fachleute (Programmierer etc.) weist Merkmale eines Fachkräftemangels im Sinne der obigen Definition auf.[1] Die Zahl der offenen Stellen für Ingenieure dieser Fachrichtungen ist seit 2005 stark gestiegen, während sich die Arbeitslosenquote der Berufsgruppe insgesamt von 9,1 % im Jahr 2004 auf 3,8 % im Jahr 2007 weit mehr als halbiert hat (VDI 2007). Im Sommer 2008 wurde die Zahl der offenen Stellen[2] für Ingenieure mit 95 000 beziffert (VDI Pressemitteilung vom 5.9.2008), die Zahl der arbeitslosen Ingenieure hat sich gegenüber 2007 nochmals um ca. 10 % auf etwa 20 000 verringert.[3]

[1] Dabei gilt die Annahme, dass etwa die rund 10 000 arbeitslosen Maschinenbau- und Elektrotechnikingenieure (2007; Quelle: VDI Monitor Arbeitsmarkt) nicht für die offenen Stellen qualifiziert werden können oder aus anderen ihre Vermittlung hemmenden Gründen nicht für diese zur Verfügung stehen.

[2] Die Zahl der offenen Stellen ist eine Hochrechnung aus der bei der Bundesagentur gemeldeten offenen Stellen für Ingenieure. Diese Stellenanzahl wird mit dem Faktor 7 multipliziert. Hinter diesem Verfahren steht die Annahme, dass die Arbeitsagenturen nur Meldung über jede siebente oder achte Stelle für Ingenieure erhalten (VDI/IW Köln 2008, S. 14 ff.).

[3] Biersack/Kettner/Schreyer (2007, S. 3) weisen darauf hin, dass die der Bundesagentur verfügbaren Daten „aufgrund gesetzlicher und technischer Änderungen seit 2006 die tatsächliche Arbeitslosigkeit unterzeichnen".

Allerdings sind Ingenieure nicht generell, nicht in allen Branchen und nicht in jedem Bundesland knapp.

- Am häufigsten werden *Maschinenbau-, Elektro- und Wirtschaftsingenieure* gesucht. So wurden im Jahr 2007 mit 18 000 offenen Stellen für Maschinenbauingenieure 5 000 mehr als im Jahr 2004 bei der Bundesagentur gemeldet. Legt man bei der Ermittlung des tatsächlichen Stellenangebots eine Meldequote von 34 % zugrunde (jede dritte offene Stelle ist der Bundesagentur bekannt), ergibt sich die Zahl von rund 54 000 offenen Stellen für diesen Beruf im Jahr 2007. Der Verein Deutscher Ingenieure VDI e.V. meldet im September 2008 ca. 40 000 unbesetzte Stellen für Fachkräfte im Maschinenbau (Pressemitteilung 5.9.2008). Eine ähnliche Entwicklung des Stellenangebots und der Arbeitslosenzahlen ist bei Elektro- und Wirtschaftsingenieuren sowie bei IT-Fachleuten zu beobachten (Bundesagentur 2008). Demgegenüber war die Nachfrage nach Bauingenieuren und Architekten in den letzten Jahren geringer, die Arbeitslosenquoten sind höher, und die Vakanzzeiten – die Dauer von der Entscheidung für einen Bewerber bis zum tatsächlichen Arbeitsbeginn – entsprechen dem Durchschnitt aller Berufe. Auch andere Ingenieurberufe, wie z.B. Bergbau-, Hütten- und Gießereiingenieure, werden vergleichsweise weniger nachgefragt (Biersack/Kettner/Schreyer 2007).
- Von den *Branchen* sind naturgemäß jene am schwersten von Mangelerscheinungen – Stellenbesetzungsprobleme, unbesetzbare Stellen, höhere Kosten, Verzögerung von Projekten etc. – betroffen, in denen Beschäftigte mit den meistgesuchten Berufen zu hohen Anteilen tätig sind. An erster Stelle steht der Maschinenbau, gefolgt von den Branchen unternehmensnahe Dienstleistungen (dazu gehören auch Ingenieurbüros), Metallerzeugung und -verarbeitung und Elektroindustrie (VDI/IW Köln 2008).
- In den *Ländern* Baden-Württemberg, NRW und Bayern werden die meisten Ingenieure gesucht, denn dort konzentrieren sich diejenigen Branchen, die einen großen Teil der aktuellen Nachfrage stellen. Auch arbeiten dort bereits überdurchschnittlich viele Ingenieure der gesuchten Fachrichtungen.

Zwischenfazit: Der viel zitierte Mangel an Fachkräften betrifft Teilarbeitsmärkte, d.h. einzelne Berufe, Branchen und Regionen. Nach Ingenieuren bestimmter Fachrichtungen müssen Unternehmen länger suchen, Abstriche bei den gewünschten Qualifikationsprofilen machen, und sie können Stellen häufig auch langfristig nicht mit geeigneten Bewerbern besetzen.

2.3 Mittelfristige Perspektiven

Gegenwärtig trifft eine steigende Nachfrage nach Ingenieuren und anderen technischen Fachkräften auf stagnierende oder leicht sinkende Absolventenzahlen der entsprechenden Ausbildungsgänge, insbesondere der ingenieurwissenschaftlichen Fächer Maschinenbau und Elektrotechnik. Etwa ab dem Jahr 2010 werden allgemein Engpässe bei hoch qualifizierten Arbeitskräften (Akademikern) erwartet, die allerdings im technisch-naturwissenschaftlichen Bereich besonders stark ausgeprägt sein werden. Grundlage dieser Erwartungen sind unter anderem der Verlauf der Arbeitskräftenachfrage der Vergangenheit (Bonin u.a. 2007), Prognosen zur wirtschaftlich-technologischen Entwicklung (Gehrke/Krawcyk/Legler 2007), die Entwicklung der Qualifikationsstruktur (Gehrke/Frietsch 2007) und Zahlen der Ausbildungs- und Hochschulstatistik (Uhly 2007; Egeln/Heine 2006; BMBF 2007).

Auf dem derzeitigen Niveau entspricht die Zahl der Absolventen der gefragten ingenieurwissenschaftlichen Studiengänge gerade noch der Zahl der altersbedingt ausscheidenden Beschäftigten in den Ingenieurberufen. Projektionen, die im Rahmen des Berichtssystems zur technologischen Leistungsfähigkeit erstellt wurden, gehen aber von einem zusätzlichen Bedarf von ca. 120 000 bis knapp 200 000 Ingenieuren bis zum Jahr 2014 aus (BMBF 2007). Aufgrund des internationalen Technologiewettbewerbs, der Vermehrung wissensintensiver Tätigkeiten und gesamtgesellschaftlich höherer Aufwendungen für Forschung und Entwicklung würden demnach selbst bei geringem Wachstum des BIP und leicht rückläufigen Erwerbstätigenzahlen pro Jahr rund 3 000 Ingenieure fehlen. Bei günstigerem wirtschaftlichem Verlauf wäre die Ingenieurlücke mit 7 000 bis 12 000 pro Jahr deutlich größer (BMBF 2007, S. 115 ff.). Unabhängig davon, ob diese Berechnungen exakt die künftige Entwicklung vorwegnehmen, ist von einer bleibenden und sich verschärfenden Knappheit bei bestimmten Ingenieur- und Technikerberufen auszugehen (siehe etwa die Bedarfsprognose bis 2010 bei Koppel 2008).

3 Strukturelle Ursachen des Fachkräftemangels

Die Ursachen des aktuellen wie des erwarteten künftigen Mangels an Fachkräften auf dem Arbeitsmarkt lassen sich im Wesentlichen drei Bereichen zuordnen:

- gesellschaftliche Rahmenbedingungen (wirtschaftliche, technologische, demografische Entwicklung)
- Ausbildungssystem
- betriebliche Personalpolitik.

3.1 Gesellschaftliche Rahmenbedingungen

Der wirtschaftliche Strukturwandel, die Wissensintensivierung der Wirtschaftstätigkeiten in volkswirtschaftlich wichtigen Sektoren und Branchen sowie das Wachstum des Dienstleistungssektors führen zu einem höheren Bedarf an akademisch ausgebildeten Fachkräften. Insbesondere die sogenannten forschungs- und entwicklungsintensiven Industrien und Dienstleistungsbranchen fragen in wachsendem Umfang Ingenieure, Naturwissenschaftler und andere akademische Berufe nach (BMBF 2007, S. 25 ff.). Prognosen zur langfristigen Entwicklung des qualifikationsspezifischen Arbeitskräftebedarfs gehen von einem Anstieg hoch qualifizierter Tätigkeiten und der entsprechenden Arbeitskräftenachfrage aus (Reinberg/Hummel 2002; BLK 2001; Bonin u.a. 2007) und diagnostizieren einen „Trend zur Höherqualifizierung". Während der Bedarf steigt, verläuft zugleich die demografische Entwicklung in umgekehrte Richtung: Nicht nur die Gesamtzahl der erwerbsfähigen Personen wird sich – vor allem ab dem Jahr 2020 – deutlich verringern, auch der Anteil der Erwerbspersonen unter 50 Jahren wird in Relation zum wachsenden Anteil älterer Arbeitnehmer abnehmen. Dem Arbeitsmarkt stehen in Zukunft also weniger und vor allem weniger jüngere Arbeitskräfte zur Verfügung und damit – wenn es nicht gelingt, den Anteil der Hochqualifizierten an der Gesamtbevölkerung zu erhöhen – auch weniger Akademiker. Diese bereits heute spürbare Entwicklung bekommt durch die Qualifikationstrends in der Bevölkerung zusätzliche Brisanz. Denn entgegen dem Trend zu Tätigkeiten mit höheren Anforderungen verändert sich die Qualifikationsstruktur in Deutschland kaum. Die Anteile der Qualifikationsgruppen (ohne Berufsabschluss – Facharbeiter – Fach- und Hochschulabschluss) an der Gesamtbevölkerung sind seit Mitte der 90er-Jahre in etwa gleich geblieben (Reinberg/Hummel 2002).

Die 70er- und 80er-Jahrgänge sind nicht deutlich besser qualifiziert als die geburtenstarken Jahrgänge davor, die nun in den nächsten 10–15 Jahren aus dem Erwerbsleben ausscheiden werden und ersetzt werden müssen (Biersack/Kettner/Schreyer 2007, S. 5). So waren z.B. etwa 23 % der Ingenieure im Jahr 2006 50 Jahre und älter. Damit steigt in den nächsten Jahren neben dem strukturell bedingten Zusatzbedarf (siehe 2.3) auch der altersbedingte Ersatzbedarf an Ingenieuren.

3.2 Ausbildungssystem

Die Stagnation in der Qualifikationsstruktur der Bevölkerung hat mehrere Ursachen: Die Zahl der Studienberechtigten stieg in der Vergangenheit nur sehr langsam, und nicht alle, denen die Hochschulen offenstehen, nehmen auch ein Studium auf. So war die Abiturientenquote Anfang der 90er-Jahre und am Beginn des neuen Jahrtausends rückläufig und steigt erst seit 2003 wieder an (Heine/Willich/Schneider 2008). Von den zum Studium Berechtigten nahmen 2006 ein halbes Jahr nach Schulabschluss nur 41 % ein Studium auf, 27 % planten diesen Schritt (Heine/Spangenberg/Willich 2008). Die Zahl der Studienanfänger stagnierte zwischen 2003 und 2006 und liegt im internationalen Vergleich auf niedrigem Niveau.[4] Seit dem Studienjahr 2007 gibt es wieder mehr Studienanfänger. Dabei gewinnen auch die Ingenieurwissenschaften wieder mehr Studenten – immerhin ein Plus von 10 % auf 85 000 (Heine/Willich/Schneider 2008), nachdem die Zahlen in den Jahren davor gesunken waren (VDI Monitoring Hochschule 2007). Ob damit allerdings ein längerfristiger Trend verbunden ist, lässt sich gegenwärtig noch nicht beurteilen. Bei den Mangelfächern zeigt sich die alles in allem ungünstige Entwicklung der letzten Jahre besonders deutlich: Die Zahl der Studierenden und der Studienanfänger im Fach Elektrotechnik lag 2007 auf dem Niveau von 1982, die Zahl der Absolventen ging von rund 14 000 (1995) auf 9 000 (2007) zurück (VDI Monitoring Hochschule 2007). Eine ähnliche, nicht ganz so dramatische Situation zeigt sich im Fach Maschinenbau.

Nicht nur sind die Quoten der Studienberechtigten und -anfänger in Deutschland im internationalen Vergleich gering – auch der Anteil der Studierenden, die das Studium abbrechen oder das Studienfach wechseln, ist vor allem in den Ingenieurwissenschaften hoch. An Universitäten und (Fach-)Hochschulen brachen 2006 etwa ein Viertel der Studierenden in den Ingenieurwissenschaften ihr Studium ab und verließen die Hochschule ohne Abschluss (Heublein u.a. 2008). Die sogenannte Schwundquote derjenigen Studierenden, die das Studienfach oder

[4] Von der Arbeitsmarkt- und Berufsforschung wird in diesem Zusammenhang auf die mangelnde Aussagekraft dieser Quoten im internationalen Vergleich hingewiesen. Denn während im Ausland, z.B. in den USA, viele Ausbildungsgänge an Hochschulen angeboten werden, die in Deutschland dem Sekundarbereich II zugeordnet sind, gibt es hierzulande berufliche Aus- und Fortbildungsgänge, die das Niveau von akademischen Ausbildungen in anderen Ländern erreichen.

den Studienbereich wechselten, liegt zwischen 15 und 17 % der Studierenden. In den Fächern Maschinenbau und Elektrotechnik liegen die Abbruchquoten bei rund 33 bzw. 34 %, die der Fächer- oder Studienbereichswechsler bei etwa 20 % – in diesen beiden Fächern hält somit die „Mehrheit der Studienanfänger, die sich ursprünglich (…) eingeschrieben haben, (…) nicht bis zum Ende durch" (Heublein u.a. 2008, S. 58).

Auch Veränderungen im Bereich der dualen Ausbildung tragen dazu bei, dass das Potenzial an technisch Qualifizierten in den letzten Jahren nicht gestiegen ist. Denn vom allgemeinen Rückgang der Zahl der Ausbildungsplätze seit 2001 waren die technischen Berufe überproportional betroffen: Zwischen 2001 und 2005 gab es 14,4 % weniger Neuabschlüsse von Ausbildungsverträgen in technischen Berufen, während der Rückgang bezogen auf alle Berufe bei rund 8 % lag (Uhly 2006, S. 14). Weniger Auszubildende gab es sowohl in den klassischen technischen Fertigungsberufen als auch in den technischen Dienstleistungsberufen. Mit Blick auf die künftige Entwicklung ist zudem von Bedeutung, dass insbesondere modernisierte Technikberufe und technische Dienstleistungsberufe seit Beginn der 90er-Jahre vermehrt Jugendliche mit Realschulabschluss und Studienberechtigung anziehen (Uhly 2006, S. 18 f.). Anspruchsvolle duale Ausbildungsberufe konkurrieren so tendenziell mit berufsqualifizierenden Bachelorstudiengängen (Weber 2007).

Eine wesentliche Ursache für die geringe Zahl von Absolventen naturwissenschaftlich-technischer Studiengänge liegt in der starken Differenzierung des deutschen Bildungssystems mit einer Vielzahl oft problematischer Übergangsstationen. Obwohl die Forderungen nach mehr Durchlässigkeit und nach Gleichwertigkeit von allgemeiner und beruflicher Bildung in der Bildungsreformdiskussion der letzten Jahre eine prominente Rolle spielen, existieren weiterhin zahlreiche Barrieren zwischen den allgemeinen und beruflichen Teilbereichen des Bildungssystems. Die Tatsache, dass im Jahr 2006 nur rund 1 % aller Studierenden an deutschen Hochschulen ausschließlich beruflich qualifiziert waren – und dies mit stagnierender Tendenz (Bosch Stiftung 2008) –, ist ein plakatives Beispiel für die mangelnde Durchlässigkeit und Anschlussfähigkeit beruflicher Qualifizierung in Deutschland. Die Hürden für die Aufnahme eines Studiums für beruflich Qualifizierte ohne formale Hochschulzugangsberechtigung sind hoch: Neben komplizierten, selektiven und von Bundesland zu Bundesland unterschiedlichen Regelungen, dem geringen Bekanntheitsgrad der Option und den einzelnen Regelungen in den Ländern sind ein zu geringes Angebot berufsbegleitender Studiengänge, Finanzierungsschwierigkeiten und fehlende bzw.

unzureichende Möglichkeiten zur Anrechnung der beruflichen Vorqualifikation weitere wesentliche Hindernisse.[5] Nicht zuletzt sorgen auch Vorbehalte der Hochschulen gegenüber der Studierfähigkeit von beruflich Qualifizierten dafür, dass die Zugangsbedingungen zum Teil restriktiv gestaltet werden und Anrechnungsfragen ungeklärt bleiben (Bosch Stiftung 2008, S. 74). Angesichts der zu überwindenden Hürden und der geringen Anzahl von Studierenden ohne Abitur können die Aufstiegsstipendien, die im Rahmen der Initiative „Aufstieg durch Bildung“ bis Ende 2009 an „berufserfahrene Frauen und Männer“[6] vergeben werden, nur ein erster, eher symbolischer Schritt hin zur Öffnung der Hochschulen für beruflich Qualifizierte sein.

3.3 Betriebliche Personalpolitik

Die Möglichkeiten von Unternehmen, einem Fachkräftemangel vorbeugend zu begegnen, liegen vor allem in einer vorausschauenden und systematischen Personalpolitik. Dazu gehören in erster Linie die Beteiligung an der dualen Ausbildung und die Fort- und Weiterbildung der eigenen Fachkräfte. In der dualen Berufsausbildung sind relativ konstant 30 % aller Betriebe in Deutschland aktiv. Weitere 27 % allerdings sind ausbildungsberechtigt, ohne von dieser Berechtigung Gebrauch zu machen (Frei/Janik 2008). Der Umfang der betrieblichen Ausbildungsaktivitäten steht in engem Zusammenhang mit dem kurzfristigen Arbeitskräfte- und Qualifikationsbedarf sowie der aktuellen Verfügbarkeit von Arbeitskräften auf dem Arbeitsmarkt (Troltsch 2008; Troltsch/Krekel 2006). Langfristige, mittelbar wirkende Entwicklungen wie der demografische Wandel und wiederkehrende Personalengpässe spielen, von einigen Vorzeigebetrieben abgesehen, keine erkennbare zentrale Rolle in der Personalpolitik (Troltsch 2008, S. 17). Gegen eine „Qualifikation auf Vorrat“ sprechen betriebswirtschaftliche Gründe. Die reaktive, eng am unmittelbaren Bedarf orientierte personalpolitische Praxis und knapp gehaltene Ausbildungskapazitäten tragen dazu bei, dass Unternehmen schlecht auf Mangelsituationen vorbereitet sind, auch wenn diese lange absehbar waren (Kriegesmann/Kottmann 2007).

---

[5] „Von den Bewerbern ohne Abitur – in den meisten Bundesländern sind es deutlich unter hundert pro Jahr – werden nach dem Test-Parcours oft zwischen einem Drittel und der Hälfte ausgesiebt. In Baden-Württemberg schafften im Jahr 2002 von 63 Bewerbern nur 23 die Zulassung, und in anderen Bundesländern sieht es in der Relation ähnlich aus“ (Löffler 2006).

[6] BMBF-Pressemitteilung 193/2008 vom 7.11.2008

Defizite gibt es auch bei der gezielten und systematischen Entwicklung von technischen Fachkräften. Nach einer Untersuchung des TÜV Rheinland bilden Unternehmen ihre Ingenieure vor allem in der Phase des Einstiegs weiter, in späteren Phasen nehmen sowohl Intensität wie inhaltliche Breite der Kompetenzentwicklung deutlich ab.[7] Eine starke einseitige fachliche Spezialisierung, die für Ingenieure zumindest in Großunternehmen typisch ist, erschwert jedoch den späteren Arbeitgeber- oder auch einen Positionswechsel im Unternehmen, kann also dequalifizierend wirken. Institutionalisierte Fachlaufbahnen, mit denen sowohl die Spezialisierung, die Verbreiterung der fachlichen Basis um angrenzende oder neue Fachgebiete als auch die überfachliche Kompetenzentwicklung geplant und gesteuert werden können, gibt es bisher im Vergleich zur Führungslaufbahn eher selten (TÜV Rheinland 2005, S. 82; siehe auch IAO/Mühlenhoff+Partner 2006).

4 Strategien gegen den Mangel

Sowohl auf der Ebene der Bildungspolitik als auch auf betrieblicher Seite werden seit Jahren Strategien und praktische Maßnahmen gegen den Fachkräftemangel diskutiert und zum Teil auch umgesetzt: Die Gefahr ist bekannt – gebannt ist sie noch lange nicht.

4.1 Strategien auf Unternehmensebene

Unternehmen verfügen über zahlreiche Möglichkeiten, einem Fachkräftemangel reaktiv oder prospektiv zu begegnen. Dabei sind die Bereiche Aus- und Weiterbildung, Personalrekrutierung/-marketing und Unternehmenskultur zu unterscheiden, wobei Veränderungen in den einzelnen Feldern in der Praxis häufig ineinandergreifen müssen.

[7] Dies deckt sich mit Informationen, die der Autor in Interviews mit Personalverantwortlichen zum Thema Ingenieurmangel und Weiterbildung von Ingenieuren und Technikern im Rahmen des Projektes „Ingenieur- und Technikerqualifizierung in kleinen und mittelständischen Unternehmen“ sammeln konnte, das aktuell vom Forschungsinstitut Betriebliche Bildung (f-bb) durchgeführt und vom Bayerischen Staatsministerium für Wirtschaft, Infrastruktur, Verkehr und Technologie gefördert wird. Die unsystematische Entwicklung von Ingenieuren und anderen Fachkräften geht auch auf den Gebrauch von Frühverrentungsmöglichkeiten zurück, wie er bis vor einigen Jahren vor allem in Großunternehmen üblich war: Mit der Aussicht auf ein frühes Ausscheiden wurden die Investitionen in Mitarbeiter bereits zurückgenommen, wenn diese zwischen 40 und 50 Jahre alt waren.

Ausbildung: Kooperationen zwischen Unternehmen und Hochschulen in der Aus- und Weiterbildung

Hohes Potenzial mit mittelfristiger Wirksamkeit hat verstärktes Engagement bei der Ausbildung von gewerblich-technisch und akademisch qualifizierten Fachkräften (duales Studium). Seit Ende der 90er-Jahre werden duale Studiengänge auch von (Fach-)Hochschulen vermehrt angeboten. Die inhaltlichen Schwerpunkte dieser Ausbildungsform liegen in den Wirtschafts- und Ingenieurwissenschaften sowie im Bereich der Informatik. 2007 wurden allerdings nur ca. 1 % aller Ausbildungsverträge für ein duales Studium abgeschlossen; die Zahl der Studierenden in dualen natur- und ingenieurwissenschaftlichen Ausbildungsgängen ist seit Beginn der gesicherten statistischen Erfassung im Jahr 2004 kaum gestiegen (Kriegesmann/Kottmann 2007, S. 15 f.). Da das duale Studium die Vorteile einer betrieblichen mit denen einer akademischen Ausbildung verknüpft, auf neue Anforderungen flexibel zu reagieren vermag und auf diesem Weg in überschaubarer Zeit betriebserfahrene Fachkräfte ausgebildet werden können, stellt es ein wichtiges, auszubauendes Instrument zur Deckung des betrieblichen Fachkräftebedarfs dar. Gleiches gilt für andere Ausbildungsformen wie die Vermittlung von Zusatzqualifikationen und doppelt qualifizierende Bildungsgänge, in denen Ausbildungsabschluss und Hochschulzugangsberechtigung zugleich erworben werden können (Waldhausen/Werner 2005).

Natürlich trägt auch die „klassische“ Ausbildung dazu bei, dem Fachkräftemangel vorzubeugen. In den dualen gewerblich-technischen Berufen ausgebildete Fachkräfte können nach den einschlägigen Regelungen des Berufsbildungsgesetzes und der Handwerksordnung zu Meistern und Technikern fortgebildet werden. Auf der Basis ihrer beruflichen Erfahrungen sind auf diese Weise qualifizierte Fachkräfte auch in der Lage, zum Teil Aufgaben von Ingenieuren zu übernehmen.

Weiterbildung – gerade für Ingenieure unerlässlich

Die repräsentativen Befragungen von Personalentscheidern und berufstätigen Ingenieuren des Vereins Deutscher Ingenieure (VDI e.V.) belegen regelmäßig die Bedeutung von kontinuierlicher fachlicher und überfachlicher Weiterbildung für die Beschäftigungsfähigkeit von Ingenieuren und für die Wettbewerbsfähigkeit der Unternehmen (VDI Wissensforum 2008). Gerade in der Zeit des Ingenieurmangels scheint aber wenig Spielraum für die Ausweitung der ohnehin eher knapp bemessenen Weiterbildungszeiten gegeben zu sein. Im Durchschnitt bildeten sich Ingenieure 2007 an acht Tagen im Jahr weiter[8], zwei Tage mehr als im Jahr 2005 (VDI Wissensforum 2008). Dabei dominieren interne Schulungen zu fachlichen Themen. Eine ganzheitliche, also auch überfachliche Inhalte und neue Fachthemen umfassende Entwicklung dieser Berufsgruppe ist allerdings schon allein aufgrund der veränderten Anforderungen im Ingenieurberuf erforderlich (VDI 2007). Denn isoliertes Fachexpertentum und Abschottungen entlang von Funktionsbereichen gehören in der Berufspraxis von Ingenieuren der Vergangenheit an. Kommunikationsfähigkeit, Verhandlungsgeschick, methodische und soziale Kompetenzen, Kenntnisse von Sprachen und rechtlichen Regelungen bestimmen neben dem fachlichen Kern je nach Fachrichtung und Arbeitsgebiet in unterschiedlichem Ausmaß das Anforderungsprofil von Ingenieurpositionen (Kurz 2007). In ihre Ingenieure zu investieren lohnt sich für Unternehmen schon deshalb, weil sie einem Arbeitsplatz relativ lange verbunden sind, nämlich im Durchschnitt 14 Jahre (VDI Wissensforum 2008).

Ein strategisches Management von Kompetenzen hat in vielen Unternehmen noch längst nicht – man ist versucht zu sagen: noch nicht einmal für die erfolgskritischen technischen Positionen – den Stellenwert, der ihm gebührt. Zu diesem strategischen Kompetenzmanagement gehören unter anderem die regelmäßige und systematische Erfassung von Kompetenzen, die Identifikation von zukünftigen Qualifikationsanforderungen, die gezielte Entwicklung und Weiterbildung der Mitarbeiter, die Institutionalisierung von verschiedenen Laufbahnen, die Stärkung der Eigenverantwortung und die Förderung des Austausches von Wissen im Unternehmen (IAO/Mühlenhoff+Partner 2006).

Personalrekrutierung: Attraktivität für gut qualifizierte Fachkräfte erhöhen

Um Angehörige gefragter Berufsgruppen als Mitarbeiter zu gewinnen, müssen Unternehmen auch sich – anders als noch vor 10 oder 15 Jahren – gegenüber den potenziellen Bewerbern präsentieren. Das gilt insbesondere für kleine und mittelständische Firmen, die allenfalls regional bekannt sind. Es gibt eine Reihe inzwischen bewährter Maßnahmen und Instrumente, mit denen Betriebe die Aufmerksamkeit potenzieller Bewerber auf sich lenken und ein positives Arbeitgeberimage aufbauen können.[9] Dazu zählen unter anderem:

[8] Allerdings gaben knapp 60 % der befragten Personalentscheider an, dass der Weiterbildungsaufwand zwischen einem und sechs Tagen liegt (VDI Wissensforum 2008).

[9] Siehe dazu das Gespräch mit Michael Stammberger im vorliegenden Band.

- regelmäßige Kontakte zu Hochschulen und Schulen in der Region
- Beteiligung an Hochschul- und Bewerbermessen
- Karriereseiten im Internetauftritt des Unternehmens
- frühzeitige Aufnahme von Kontakten zu Studierenden
- Kooperation mit Online-Jobbörsen
- Tage der offenen Tür
- Imagepflege durch regionale Aktivitäten und
- familienfreundliche Arbeitsbedingungen.

Für den Erfolg des Personalmarketings und ein positives Bild als Arbeitgeber ist bei kleinen und mittleren Firmen die Nachahmung aufwendiger Image- und Marketingkampagnen von Großkonzernen weder möglich noch geeignet. Wichtiger ist es, die spezifischen Vorteile des Unternehmens hervorzuheben und bekannt zu machen, etwa flexible Arbeitszeiten, interessante Aufgaben und hohe Verantwortungsspielräume.

4.2 Strategien auf überbetrieblicher Ebene

Attraktivität der technischen Berufe erhöhen – neue Zielgruppen für technische Berufe gewinnen

Auf überbetrieblicher Ebene wurden zahlreiche Strategien entwickelt, die eher auf ein langfristiges Umdenken und einen Imagewandel im Bereich der technischen Berufe zielen. Einige Ansätze, etwa die Technikorientierung für Mädchen und die Werbung von Frauen für ingenieurwissenschaftliche Studiengänge, zielen auf einen grundlegenderen Bewusstseins- und Wertewandel, arbeiten sich also an verfestigten Denkmustern und Stereotypen ab. Eine Schwierigkeit besteht grundsätzlich darin, dass Ansätze wie zum Beispiel die Förderung der Technik- und Berufsorientierung bei Kindern und Jugendlichen, die Förderung von Frauen in technischen Ausbildungen oder Maßnahmen für höhere Studienquoten und bessere Studienbedingungen einen sehr langfristigen Wirkungshorizont haben. Entsprechende Aktivitäten und mögliche Effekte lassen sich deshalb auch oft nicht kausal in Beziehung setzen. Sie erfordern zudem häufig auch Veränderungen von Strukturen und Denkweisen auch in den Unternehmen selbst (Galiläer/Stoecker 2008).

Auch auf der Ebene der Bildungs- und Arbeitsmarktpolitik sind neben den bereits genannten wichtige Ansatzpunkte zur Erhöhung der Zahl hoch qualifizierter technischer Fachkräfte zu finden.

Dazu gehört die bessere Förderung bestimmter Zielgruppen (ältere Arbeitnehmer, Frauen, Erwerbspersonen mit Migrationshintergrund) und deren vermehrter Einbezug in den Arbeitsmarkt. Auch die Stärkung des lebenslangen Lernens in Unternehmen und im Hinblick auf Arbeitssuchende (Nachqualifizierung) gehört zu den wichtigen Instrumenten, mit denen sich das vorhandene – und ggf. zugewanderte – Erwerbspersonenpotenzial gezielt entwickeln lässt.

Vergleichsweise kurzfristig wirksam wäre eine deutliche Senkung der hohen Abbruch- und Schwundquoten in ingenieurwissenschaftlichen Studiengängen. Würden in den Ingenieurwissenschaften nur so viele Studierende ihr Studium abbrechen wie im Durchschnitt aller Studienfächer (ca. 20 %), gäbe es jährlich beispielsweise im Fach Maschinenbau ca. 4 800 und Fach Elektrotechnik ca. 2 300 mehr Absolventen.[10] Dies würde allerdings erhebliche Anstrengungen nicht nur der Unternehmen – etwa in Form von Mentorenprogrammen, Praktika, Büchergeld und Ähnlichem, um Studierende dieser Fächer zu unterstützen und ihnen Orientierung zu geben – und der Universitäten erfordern. Darüber hinaus wäre auch auf bildungspolitischer Ebene ein Umdenken notwendig. Denn die Attraktivität ingenieurwissenschaftlicher Studiengänge hängt nicht nur von der Studiengestaltung, den Anforderungen und den – aktuell ja hervorragenden – Berufsaussichten ab. Auch die Vereinbarkeit von Studium und studienfinanzierender Berufstätigkeit und/oder familiären Aufgaben sowie vor allem auch die Möglichkeit zur Anrechnung von bereits im Zuge einer Berufsausbildung bzw. Berufstätigkeit erworbenen Qualifikationen und Kompetenzen ist als entscheidend für die Attraktivität und „Durchhaltbarkeit" ingenieurwissenschaftlicher Studiengänge anzusehen, die in besonders hohem Maße von Studienberechtigten aus einkommensschwächeren Elternhäusern angestrebt werden, von denen nicht wenige bereits eine Berufsausbildung abgeschlossen haben (Heublein u.a. 2008, S. 20).

Zentrale Bedeutung auf bildungspolitischer Ebene hat somit die Erhöhung der Flexibilität und Durchlässigkeit des Bildungssystems. Abschlüsse des Berufsbildungssystems sind oft nicht untereinander und kaum zu anderen Sektoren des Bildungssystems (Übergangssystem, Hochschule) kompatibel. Dessen Teilsegmente müssen besser miteinander verzahnt werden, Abgrenzungen nach unten und oben wie die zwischen dualer Ausbildung und Hochschulstudium sind infrage zu stellen (Severing 2008). Die Anrechenbarkeit von erbrachten Ausbildungsleistungen auf weiterführende Bildungsgänge und die Kompatibilität von Zertifikaten wer-

[10] Grundlage: Studienanfängerzahlen 2007, Maschinenbau: ca. 37 000, Elektrotechnik: ca. 16 500 (VDI Monitoring Hochschule 2007)

den entscheidend dafür sein, dass Unternehmen in Deutschland in Zukunft nicht noch höhere Wertschöpfungsverluste aufgrund des Fachkräftemangels erleiden müssen, als dies derzeit bereits der Fall ist.

5 Ausblick

Eine infolge der Krise an den Finanzmärkten einsetzende negative Wirtschaftsentwicklung mag die akute Nachfrage nach bestimmten technischen Fachkräften beeinflussen. Eine vorübergehend geringere Nachfrage nach technischen Fachkräften kann dann als Testfall für die Beständigkeit der unternehmerischen Rationalität im Hinblick auf die Personal- und Fachkräfteplanung betrachtet werden. Die genannten strukturellen Ursachen allerdings liegen jenseits konjunktureller Aufs und Abs. Richten sich Ausbildungskapazitäten, Rekrutierungs- und Personalentwicklungsstrategien weiterhin mehrheitlich an einem kurzfristigen Planungshorizont aus, wird mittelfristig angesichts demografischer Faktoren auch im kommenden Jahrzehnt mit Engpässen bei technisch-naturwissenschaftlich ausgebildeten Fachkräften zu rechnen sein. Gerade angesichts der aktuell gewachsenen Herausforderungen wird es für die deutsche Wirtschaft umso mehr darauf ankommen, Hindernisse abzubauen, um dem strukturell bedingten Fachkräftemangel prospektiv entgegenzutreten und damit die „am längsten und besten prognostizierte Wachstumsbarriere in der Geschichte der Bundesrepublik Deutschland“ (Kottmann/Kriegesmann 2007, S. 5) zu überwinden.

Literatur

Bertelsmann Stiftung (Hrsg.):
Strategien gegen den Fachkräftemangel. Band 2: Betriebliche Optionen und Beispiele. Gütersloh 2002

Biersack, W./Kettner, A./Schreyer, F.:
Engpässe, aber noch kein allgemeiner Ingenieurmangel. IAB-Kurzbericht Nr. 16 v. 4.9.2007. Nürnberg 2007

Bonin, H./Schneider, M./Quinke, H./Arens, T.:
Zukunft von Bildung und Arbeit – Perspektiven von Arbeitskräftebedarf und -angebot bis 2020. IZA Research Report No. 9. Bonn 2007

Bosch Stiftung (Hrsg.):
Zukunftsvermögen Bildung. Wie Deutschland die Bildungsreform beschleunigt, die Fachkräftelücke schließt und Wachstum sichert. Studie von McKinsey & Company im Auftrag der Bosch Stiftung. Stuttgart 2008

Bundesagentur für Arbeit:
Der Arbeitsmarkt in Deutschland. Faltblätter zu den Berufen: Maschinenbauingenieure, IT-Fachleute, Elektroingenieure, Wirtschaftsingenieure. Nürnberg 2008

Bundesministerium für Bildung und Forschung (Hrsg.):
Bericht zur technologischen Leistungsfähigkeit Deutschlands. Berlin 2007

Bund-Länder-Kommission für Bildungsplanung und Forschungsförderung (Hrsg.):
Zukunft von Bildung und Arbeit. Perspektiven von Arbeitskräftebedarf und -angebot bis 2015. BLK-Materialien Heft 104. Bonn 2001

Egeln, J./Heine, C.:
Indikatoren zur Ausbildung im Hochschulbereich. Studien zum deutschen Innovationssystem Nr. 7. Mannheim/Hannover 2006

Eichhorst, W./Thode, E.:
Strategien gegen den Fachkräftemangel. Band 1: Internationaler Vergleich. Gütersloh 2002

Frei, M./Janik, F.:
Wo Ausbildungspotenzial noch brachliegt. IAB-Kurzbericht Nr. 19. Nürnberg 2008

Galiläer, L./Stoecker, D.:
Frauen in technische Berufe! Tipps für den Mittelstand. Leitfaden für die Bildungspraxis Nr. 27. Bielefeld 2008

Gehrke, B./Frietsch, R.:
Bildungsstrukturen der Bevölkerung und Qualifikationsstrukturen der Erwerbstätigen in Deutschland und Europa. Studien zum deutschen Innovationssystem Nr. 7. Karlsruhe/Hannover 2007

Gehrke, B./Krawcyk, O./Legler, H.:
Forschungs- und wissensintensive Wirtschaftszweige in Deutschland: Außenhandel, Spezialisierung, Beschäftigung und Qualifikationserfordernisse. Studien zum deutschen Innovationssystem Nr. 17. Hannover 2007

Heine, C./Spangenberg, H./Willich, J.:
Studienberechtigte 2006 ein halbes Jahr nach Schulabschluss. Übergang in Studium, Beruf, Ausbildung. HIS-Studie, Forum Hochschule Nr. 4. Hannover 2008

Heine, C./Willich, J./Schneider, H.:
Studienanfänger im Wintersemester 2007/08. HIS-Studie, Forum Hochschule Nr. 16. Hannover 2008

Heublein, U./Schmelzer, R./Sommer, D./Wank, J.:
Die Entwicklung der Schwund- und Studienabbruchquoten an den deutschen Hochschulen. Statistische Berechnungen auf der Basis des Absolventenjahrgangs 2006. Hannover: HIS 2008

IAO/Mühlenhoff+Partner (Hrsg.):
Kompetenzmanagement in Unternehmen. Eine Studie der Mühlenhoff+Partner Managementberatung und des Fraunhofer Instituts Arbeitswissenschaft und Organisation. Düsseldorf/Stuttgart 2006

Institut der Deutschen Wirtschaft Köln (Hrsg.):
Fachkräftemangel: Ingenieure fehlen. iwd Nr. 49 v. 6.12.2007. Köln 2007

Klös, H.-P.:
Qualifikatorischer Mismatch – Erfahrungen aus Unternehmen. In: Steiner, V. & H. Wolff (Hrsg.): Mismatch am Arbeitsmarkt – Was leistet die Arbeitsmarktpolitik? Ein Werkstattbericht zur Evaluierung der Arbeitsmarktpolitik. Schnittpunkte von Forschung und Politik 2. Münster 2001

Koppel, O.:
Nicht besetzbare Stellen für beruflich Hochqualifizierte in Deutschland – Ausmaß und Wertschöpfungsverluste. Reihe IW-Trends Nr. 1. Köln 2008

Kriegesmann, B./Kottmann, M.:
Das Märchen vom Fachkräftemangel. Plädoyer für eine strategische Neuorientierung betrieblicher Ausbildungsportfolios zur Überwindung personell bedingter Innovations- und Wachstumsbarrieren. Institut für Angewandte Innovationsforschung, Positionspapier 224. Bochum 2007

Kurz, C.:
Kompetenzprofile der Ingenieurinnen und Ingenieure im Wandel? In: VDI e.V. (Hrsg.): Das Berufsbild der Ingenieurinnen und Ingenieure im Wandel. VDI-Report Nr. 37. Düsseldorf 2007, S. 51–72

Löffler, U.:
Abitur ist nicht alles. Wer ohne Abitur studieren will, braucht oft ein dickes Fell. http://www.bildungsserver.de/innovationsportal/bildungplus.html?artid=487 (12.11.08)

Reinberg, A./Hummel, M.:
Zur langfristigen Entwicklung des qualifikationsspezifischen Arbeitskräfteangebots und -bedarfs in Deutschland. In: Mitteilungen aus der Arbeitsmarkt- und Berufsforschung 35 (2002) 4, S. 580–600

Severing, E.:
Durchlässigkeit im Bildungssystem – kein Anschluss ohne Abschluss? In: Berufsbildung in Wissenschaft und Praxis 37 (2008) 4, S. 35–38

Troltsch, K.:
Ausbildungsbereitschaft von Betrieben – am künftigen oder bisherigen Fachkräftebedarf orientiert? In: Berufsbildung in Wissenschaft und Praxis 37 (2008) 3, S. 14–18

Troltsch, K./Krekel, E. M.:
Zwischen Skylla und Charybdis. Möglichkeiten und Grenzen einer Erhöhung betrieblicher Ausbildungskapazitäten. In: Berufsbildung in Wissenschaft und Praxis 35 (2006) 1, S. 12–17

TÜV Rheinland (Hrsg.):
Der Zusammenhang zwischen Weiterbildung und Karriere in der beruflichen Biographie von Ingenieuren. TÜV Bildung und Consulting GmbH. Berlin 2005

Uhly, A.:
Strukturen und Entwicklungen im Bereich technischer Ausbildungsberufe des Dualen Systems der Berufsausbildung. Gutachten im Rahmen der Berichterstattung zur technologischen Leistungsfähigkeit Deutschlands. Bonn 2006

Uhly, A.:
Der berufsstrukturelle Wandel in der dualen Berufsausbildung: empirische Befunde auf Basis der Berufsbildungsstatistik des Statistischen Bundesamtes. In: Walten, G. (Hrsg.): Qualifikationsentwicklung im Dienstleistungsbereich. Bielefeld 2007, S. 209–257

VDI e.V. (Hrsg.):
Das Berufsbild der Ingenieurinnen und Ingenieure im Wandel. VDI-Report Nr. 37. Düsseldorf 2007

VDI e.V. (Hrsg.):
VDI-Ingenieurstudie. Berichtsband. Düsseldorf 2008. http://www.vdi-wissensforum.de/fileadmin/pdf/download/VDI_Ingenieurstudie_Berichtsband.pdf (9.9.2008)

VDI e.V./Institut der Deutschen Wirtschaft Köln (Hrsg.):
Ingenieurlücke in Deutschland – Ausmaß, Wertschöpfungsverluste und Strategien. Köln 2008

VDI e.V.:
Monitor Arbeitsmarkt/Hochschule/Schule. www.vdi-monitoring.de (7.11.2008)

Waldhausen, V./Werner, D.:
Innovative Ansätze in der Berufsbildung. Höhere Durchlässigkeit und Flexibilität durch Zusatzqualifikationen und duale Studiengänge. Forschungsbericht des IW Köln Nr. 12. Köln 2005

Walwei, U.:
Fachkräftemangel: Alter Wein in neuen Schläuchen? Vortrag auf der IAB-Tagung „Fachkräftekonferenz" v. 29.–30.4. 2008. http://doku.iab.de/veranstaltungen/2008/fachkraefte_2008_walwei.pdf (8.12.2008)

Weber, H.:
Bachelor und Master – Neue Konkurrenz für das duale System? In: Dietrich, H./Severing, E. (Hrsg.): Zukunft der dualen Berufsausbildung – Wettbewerb der Bildungsgänge. Schriften zur Berufsbildungsforschung der AG BFN. Bielefeld 2007, S. 97–130

Ohne Abitur studieren – Aufgaben der Unternehmen, der Politik und der Hochschulen

Christoph Anz, BMW Group

Eine mögliche Liberalisierung des Hochschulzugangs auch für solche Personen, die keine formale Hochschulzugangsberechtigung besitzen, ist nicht neu und wurde in der Vergangenheit immer wieder kontrovers diskutiert. Allerdings haben Entwicklungen der letzten Monate und Jahre zu einer intensiveren Auseinandersetzung geführt, bei der neben den individuellen Interessen der Einzelnen auch Unternehmen und ihre Verbände, die Politik von Bund und Ländern sowie die Hochschulen selbst Ideen sowie Forderungen formuliert haben.

Der enorme „Modernisierungsschub" im Hochschulbereich, der in Deutschland untrennbar mit der Umsetzung des Bologna-Prozesses verknüpft ist, hat auch die Frage nach dem Hochschulzugang aktualisiert. Darüber hinaus zeigen internationale Vergleiche, dass die Akademikerquote in Deutschland vergleichsweise niedrig ist und angesichts der sich verändernden Anforderungen aus der Arbeitswelt für künftige Bedarfe nicht ausreichen wird. Ein weiteres Argument ergibt sich aus der Notwendigkeit des lebenslangen Lernens, die sich keineswegs auf Akademiker beschränkt, sondern nahezu alle Menschen betrifft, die am gesellschaftlichen und wirtschaftlichen Leben teilhaben wollen.

Vor diesem Hintergrund stehen Unternehmen wie Hochschulen vor der Frage, ob und wie neue Zielgruppen für ein Studium erschlossen werden können, welche Studienangebote notwendig sind und welche Rahmenbedingungen durch die Politik zu schaffen sind.

Ausgangssituation – Bedarfe und Erwartungen

Nicht erst die Umstellung auf das gestufte Studiensystem in Deutschland und Europa hat das Thema wissenschaftliche Weiterbildung wieder in den Mittelpunkt der Debatte gerückt. Schon lange zeigen die Entwicklungen in der Arbeitswelt, dass lebenslanges Lernen kein Schlagwort, sondern für immer mehr Tätigkeitsbereiche längst unabdingbare Voraussetzung für den Erhalt der Beschäftigungsfähigkeit der Mitarbeiter ist. Durch den Einsatz ganz neuer Maschinen in der Produktion verändern sich die Anforderungen an Mitarbeiter ebenso wie durch die immer schnellere Produktinnovation, die meist mit einer weiteren Technisierung einhergeht. Diese Entwicklung, die vom Einzelnen eine umfassendere Qualifikation und den kontinuierlichen Erwerb neuer Kompetenzen erfordert, beschränkt sich jedoch keineswegs auf die Industrie oder das produzierende Gewerbe. Ob im privaten oder im öffentlichen Sektor – letztlich sind alle Bereiche des Arbeitsmarktes von dieser Grundtendenz betroffen.

Dies bedeutet heute mehr denn je, dass die einmal meist in relativ jungen Jahren erworbene Qualifikation für die Aufnahme einer beruflichen Tätigkeit nicht mehr ausreicht, um sich am Arbeitsmarkt dauerhaft erfolgreich bewegen zu können. Weiterbildung und zusätzliche Qualifikationen sind zwingend notwendig und müssen von den Arbeitnehmern aktiv betrieben werden. Schon aus Eigeninteresse heraus sollten Maßnahmen zur individuellen Weiterbildung an den absehbaren Bedarfen des Arbeitsmarktes bzw. des jeweiligen Arbeitgebers orientiert werden.

Andererseits ist es selbstverständlich auch im Interesse jedes Arbeitgebers, die eigenen Mitarbeiter produktiv einsetzen zu können. So ergänzen sich die Interessenlagen, und beide Seiten können im Rahmen der Personalentwicklung gemeinsam die erforderlichen konkreten Weiterbildungsmaßnahmen vereinbaren. Arbeitnehmer und Arbeitgeber haben hier eine „geteilte Verantwortung“, bei deren gemeinsamer Wahrnehmung beide Seiten gewinnen: Einerseits erhalten die Arbeitnehmer ihre Beschäftigungsfähigkeit oder bauen diese sogar noch aus; andererseits sorgt der Arbeitgeber dafür, dass die Mitarbeiter zur dauerhaften Wettbewerbsfähigkeit des Unternehmens beitragen.

Insbesondere für den Erhalt der Wettbewerbsfähigkeit ist eine kontinuierliche Anpassung des Kompetenzprofils ein entscheidender Faktor. Nur auf diesem Weg kann – völlig unabhängig von der demografischen Entwicklung, vor der wir in Europa und weiten Teilen der Welt stehen – dem immer schneller steigenden Innovationsdruck erfolgreich begegnet werden. Die konkreten Bedarfe an Weiterbildung sind von zahlreichen Faktoren abhängig. Die individuellen Voraussetzungen sind dabei ebenso zu berücksichtigen wie der Tätigkeitsbereich, die absehbaren künftigen Entwicklungen sowie die Zielsetzung der Personalentwicklung.

Idealtypisch sind zwei mögliche Ziele der Personalentwicklung zu unterscheiden: die Fachlaufbahn und die Managementlaufbahn. Je nach Zielsetzung werden sehr unterschiedliche Weiterbildungs- und Qualifikationsanforderungen bestehen, die es umzusetzen gilt. Wer als Techniker auf dem Laufenden bleiben will und sich in diesem Umfeld dauerhaft engagieren möchte, muss in erster Linie fachliche Entwicklungen verfolgen und entsprechende Weiterbildung in den Mittelpunkt stellen. Wer demgegenüber aus einer fachlichen Tätigkeit eher in das allgemeine Management wechseln möchte, benötigt vor allem Kompetenzen und Qualifikationen in den Bereichen Wirtschaft und Management.

Selbstverständlich bestehen auch Überschneidungen hinsichtlich der möglicherweise erforderlichen Weiterbildungsbedarfe. Dies kann sich beispielsweise auf Führungskompetenzen beziehen, denn unabhängig von der Art der beruflichen Laufbahn sind aus beiden hier idealtypisch unterschiedenen Karrierewegen heraus Führungspositionen zu erreichen.

Unabhängig von den dargestellten Karrierewegen bleibt die Frage zu beantworten, durch wen die gewünschte und erforderliche Weiterbildung gewährleistet wird. Ein erheblicher Teil wird – wie in der Vergangenheit ebenfalls – auch künftig von öffentlichen und privaten Trägern unterhalb eines wissenschaftlichen Niveaus abgedeckt werden können und müssen. Die technischen Entwicklungen der letzten Jahre haben jedoch gezeigt, dass die berufliche Aus- und Fortbildung in vielen Bereichen inzwischen ein Niveau erreicht hat, das sich dem wissenschaftlichen Niveau von Hochschulen sehr angenähert hat. Darüber hinaus bringen berufserfahrene Fachkräfte ein so umfangreiches (Fach-)Wissen mit, dass ihre Kompetenzen mindestens in Teilbereichen den an Hochschulen vermittelten Qualifikationen und Kompetenzen nicht nachstehen.

Schon vor diesem Hintergrund sollte für entsprechende Mitarbeitergruppen der Unternehmen die Weiterbildung durch Hochschulen zur täglich gelebten Praxis gehören. Aber auch aus einer ganz anderen Perspektive heraus sollten Angebote wissenschaftlicher Weiterbildung für beruflich Qualifizierte längst zur Selbstverständlichkeit gehören. Hochschulen sind als regionale Standortfaktoren eingebunden in die gesellschaftliche und wirtschaftliche Entwicklung ihrer Region, je nach Profil sicherlich auch über die Region hinaus. Sie tragen demnach auch Mitverantwortung für die Prosperität ihrer Region, die sie nicht allein durch Forschungskooperationen und die Erstausbildung von Studierenden umsetzen können. Ebenso gehört dazu die Unterstützung der Wettbewerbsfähigkeit von Unternehmen. Diese wird ohne Zweifel zu einem Teil durch Wissenstransfer im Bereich Forschung und Entwicklung erreicht – aber eben nur zu einem Teil, denn Wissenstransfer bedeutet auch wissenschaftliche Weiterbildung, bei der neue Forschungserkenntnisse an Mitarbeiter in Unternehmen weitergegeben werden.

Die Unternehmen erwarten, dass sie von Hochschulen unterstützt werden, um die eigenen Mitarbeiter weiterbilden zu können. Und um einem offenbar verbreiteten Vorurteil deutlich entgegenzutreten: Selbstverständlich sind Unternehmen bereit, marktübliche Preise für Weiterbildung zu bezahlen – unabhängig von der

Frage, wer der jeweilige Anbieter ist. Aus Sicht der Unternehmen sind arbeitsmarktorientierte Angebote erforderlich, die sich auch dem teilweise raschen Wandel in den Entwicklungen flexibel anpassen. Dies bedeutet auch, weniger in mehrjährigen Studiengängen zu denken, sondern die Angebote eher modulhaft zu konzipieren. Diese können in der Summe dann durchaus zu einem formalen Hochschulabschluss (Bachelor oder Master) führen; aber die Erwartung an wissenschaftliche Weiterbildung besteht auch im Bereich kleinerer Bausteine, die zielgerichtet in die Personalarbeit integriert werden können.

Entscheidend sind dabei immer zwei Kriterien: Die Inhalte müssen zu den Anforderungen passen, und die Qualität muss überzeugend sein. Darüber hinaus sollte nicht eigens betont werden müssen, dass die Angebote wissenschaftlicher Weiterbildung berufsbegleitend absolvierbar sein müssen. Bei der Konzeption entsprechender Angebote durch die Hochschulen sollte weniger der formale Hochschulabschluss das Leitziel darstellen, sondern vielmehr die auf die Anforderungen des Arbeitsmarktes ausgerichteten Inhalte und deren praxistaugliche Umsetzung.

Aufgaben von Politik und Hochschulen

So begründet die beschriebenen Erwartungen und Anforderungen sind, so stehen die Hochschulen doch häufig genug durch politische Verordnungen in Zwängen und Fesseln, die es zumindest nicht attraktiv, teilweise sogar unmöglich machen, diesen Anforderungen entsprechen zu können. Schließlich werden sich Hochschulen neuen Zielgruppen – insbesondere vor dem Hintergrund der prognostizierten ansteigenden Studierendenzahlen der nächsten Jahre – erst dann öffnen, wenn entsprechende Anreize bestehen. Ein reines „Verordnen" durch die Politik reicht offensichtlich nicht aus: Die in sämtlichen Landeshochschulgesetzen verankerte Verpflichtung, wissenschaftliche Weiterbildung als gleichberechtigte Aufgabe umzusetzen, wird weitgehend nicht wahrgenommen. Eine Öffnung für weitere Zielgruppen – und bei den beruflich Qualifizierten handelt es sich um eine solche – ist mithin beim gegenwärtigen Stand der Gesetze und Regelungen nicht zu erwarten.

Aufgabe der Politik ist es daher, die tatsächlichen Handlungsspielräume für die Hochschulen zu erweitern. Dazu gehört beispielsweise die Möglichkeit, eigene Einnahmen zu generieren, diese nach freier Entscheidung zu verwenden und daraus auch zusätzliches Personal einzustellen. Damit können Anreize geschaffen werden, die durch weitere Maßnahmen ergänzt werden sollten. Dies gilt vor allem hinsichtlich der Unterrichtsverpflichtung für Professoren und Dozenten. In diesem Bereich ließen sich flexiblere Lösungen schaffen – wie vereinzelte Beispiele bereits zeigen – und Rahmenbedingungen erzeugen, die es auch für den einzelnen Professor und Dozenten attraktiv machen, sich im Rahmen seiner Lehrverpflichtung an der Hochschule auch in der wissenschaftlichen Weiterbildung zu betätigen.

Zugleich muss die bisherige Abschottung zwischen den Teilbereichen unseres Bildungssystems – besonders strikt zwischen beruflicher und hochschulischer Bildung vollzogen – sowohl strukturell als auch mental aufgehoben werden. Notwendig ist eine selbstverständliche, in der Praxis gelebte Durchlässigkeit, die lediglich aufgrund qualitativer Kriterien ihre Grenzen hat. Dazu gehört auch, dass der Zugang zu hochschulischen Angeboten nicht mehr an formale Voraussetzungen – das Abitur oder Fachabitur – gebunden ist, sondern transparente Kriterien, die Kompetenzen beschreiben, als Entscheidungsgrundlage genutzt werden.

Angemerkt sei allerdings auch, dass die Hochschulen kaum die bestehenden Spielräume in diesem Bereich ausnutzen. In Erinnerung zu rufen ist die Entscheidung der Kultusministerkonferenz aus dem Juni 2002, wonach bis zu 50 % eines Hochschulstudiums durch Kenntnisse und Fähigkeiten ersetzt werden können, die außerhalb der Hochschule erworben worden sind. Die den Hochschulen damit eröffnete Entscheidungsfreiheit wird in der Praxis so gut wie überhaupt nicht genutzt. Dabei kann sie als das politische Signal interpretiert werden, die massiven Hürden zwischen beruflicher und hochschulischer Bildung auf eine pragmatische Art abzubauen.

Es ist und bleibt Aufgabe der Hochschulen, den allgemeinen Trend zur Höherqualifizierung und zu lebenslangem Lernen aufzugreifen und zum eigenen Vorteil zu nutzen. Es existieren inzwischen einige sehr überzeugende Beispiele, wie auch staatliche Hochschulen diese Aufgabe erfolgreich umsetzen. Dies hat nicht zuletzt der Wettbewerb „Austauschprozesse zwischen Unternehmen und Hochschulen“ des Stifterverbandes für die Deutsche Wissenschaft gezeigt. Darüber hinaus belegt die jüngst vom Stifterverband publizierte Studie „Quartäre Bildung“ (Stifterverband 2008)[1] die Bedeutung wissenschaftlicher Weiterbildung für die Wettbewerbsfähigkeit unserer Wirtschaft.

---

1 Stifterverband für die Deutsche Wissenschaft (Hrsg.): Quartäre Bildung. Chancen der Hochschulen für die Weiterbildungsnachfrage von Unternehmen. Essen 2008. Im Internet: www.stifterverband.org/publikationen_und_podcasts/positionen_dokumentationen/quartaere_bildung/quartaere_bildung.pdf

Wichtig ist, dass Weiterbildung durch Hochschulen konsequent und zielgruppenorientiert umgesetzt wird. Dabei können entsprechende Aktivitäten der Hochschulen zur eigenen Profilschärfung genutzt werden. Damit werden Hochschulen im Wettbewerb nicht nur sichtbarer, sondern sie gewinnen auch an Attraktivität sowohl bei den „traditionellen“ Zielgruppen als auch bei den neuen Zielgruppen. Für Studieninteressierte aller Alters- und Qualifikationsstufen sind solche Hochschulen besonders attraktiv, die arbeitsmarktrelevante und damit erfolgreiche Angebote für das berufliche Fortkommen entwickeln. Ein Zusammenspiel mit einer eigenen Career-Service-Einrichtung und einer „Karriereberatung“, die im Idealfall die Personalentwicklung in Unternehmen unterstützt, wird die Nachfrage nochmals steigern.

Den Hochschulen sollte jedoch bewusst sein, dass sie mit der tradierten Pädagogik und Didaktik, die auf Abiturienten zielt, kaum Erfolg bei berufserfahrenen und älteren Studierenden haben werden. Wer berufsbegleitend studiert, hat andere Erwartungen an die Art der Vermittlung von Inhalten. Ebenso ist die Motivation meist erheblich ziel- und ergebnisorientierter als bei den Schulabgängern, die ein Studium aufnehmen. Auf diese unterschiedlichen Erwartungen und Herangehensweisen an ein Studium müssen sich Hochschulen einstellen und gegebenenfalls auch die eigenen Lehrenden einer Personalentwicklung unterziehen. Die richtigen Inhalte zum richtigen Zeitpunkt als Weiterbildungsangebot zu platzieren ist eine ganz wesentliche Voraussetzung für den Erfolg – aber es spielt eine ähnlich wichtige Rolle, dass diese Inhalte auch zielgruppenspezifisch angeboten werden. Entsprechend sind Didaktik und Methodik den verschiedenen Zielgruppen anzupassen.

Die bildungspolitischen Entwicklungen der jüngsten Zeit, die sich insbesondere mit den Stichworten Bologna-Prozess und Kopenhagen-Prozess verbinden, haben neue Möglichkeiten eröffnet, das eigentliche Ziel einer Durchlässigkeit zwischen beruflicher und hochschulischer Bildung innerhalb eines überschaubaren Zeitrahmens zu erreichen. Die Entwicklung des Europäischen Qualifikationsrahmens mit seiner Orientierung an Kompetenzen und nicht an formalen Abschlüssen bildet eine ideale Grundlage. Diese muss von allen Beteiligten – Bildungseinrichtungen, Wirtschaft und nicht zuletzt Politik – offensiv genutzt werden, um auf nationaler Ebene die verlässlichen und transparenten Rahmenbedingungen zu schaffen.

Die Zeit der je nach Bundesland völlig unterschiedlich geregelten Hochschulzugänge könnte damit ebenso beendet werden wie die manches Mal schon an Standesdünkel grenzende Ablehnung formaler Abschlüsse, weil diese im vermeintlich „falschen“ Teil des Bildungssystems erworben worden sind. Wenn es gelingt, durchgängig die „learning outcomes“ zu beschreiben und damit kompetenzbasiert die Wertigkeit von Abschlüssen einzuordnen, spielt es keine Rolle mehr, an welcher Bildungseinrichtung und in welchem Lernumfeld diese erworben wurden.

Das Ziel: Orientierung an qualitativen, nicht an formalen Kriterien

Politik und Hochschulen sollten sich ihrer Verantwortung für die Weiterentwicklung der Volkswirtschaft bewusst sein. Dies bedeutet für die Politik, die entsprechenden Rahmenbedingungen für ein erfolgreiches Handeln der Hochschulen zu schaffen. Die Hochschulen stehen ihrerseits in der Verantwortung, mit entsprechenden Angeboten sowohl die Karrierewege von Menschen zu unterstützen als auch einen Beitrag zum Erhalt der Wettbewerbsfähigkeit von Unternehmen zu leisten. Im Prinzip ist dies ganz einfach: Orientierung an qualitativen und nicht an formalen Kriterien. Damit hat sich dann auch die Frage danach erübrigt, wer hierzulande studieren darf.

Durchlässigkeit in der Arbeitswelt, Abschottung im Bildungssystem?

Eckart Severing, Forschungsinstitut Betriebliche Bildung (f-bb)

Die Durchlässigkeit zwischen den Subsystemen des Bildungssystems in Deutschland ist nach wie vor gering. Während qualifikatorische Grenzen innerhalb der Bereiche des Beschäftigungssystems unschärfer werden, stehen vor allem die Säulen des berufsbezogenen Bildungssystems nach wie vor weitgehend unverbunden nebeneinander. Übergänge zwischen verschiedenen Bildungsgängen sind schwierig. Der Mangel an systematischen Schnittstellen bedroht nicht nur die Tragfähigkeit und Leistungsfähigkeit der einzelnen Säulen des Bildungssystems selbst. Er stellt auch eine ernst zu nehmende Bedrohung für die Versorgung des Beschäftigungssystems mit geeignet qualifizierten Mitarbeitern dar.

Durchlässigkeit trägt zu einer höheren Produktivität und Flexibilität des Bildungssystems bei, erhöht seine Fähigkeit, auf veränderte Bedarfslagen des Beschäftigungssystems zu reagieren und verbessert die Wirksamkeit der gesellschaftlichen Integration durch Bildung. Für die Individuen heißt Durchlässigkeit zwischen den Stufen und Segmenten des Bildungssystems, dass Vorwissen genutzt und aufwendige Lernschleifen vermieden werden können, dass auch atypische Bildungsverläufe weniger riskant werden, dass Abbruchquoten im Bildungssystem sich verringern und dass kein Bildungsweg in eine Sackgasse mündet.

Für mehr Durchlässigkeit ist entscheidend, dass Abschlüsse des Bildungssystems stets auch Zugänge eröffnen und dass Leistungen und Leistungsnachweise eines Sektors in anderen Sektoren Anerkennung finden und angerechnet werden können. Insbesondere die Anerkennung bzw. Anrechnung informell erworbener Kompetenzen kann einen entscheidenden Beitrag zu mehr Durchlässigkeit leisten.

Dieser Beitrag diskutiert Fragen der Durchlässigkeit in erster Linie mit Blick auf Übergänge am „oberen Rand": an der Schnittstelle von der beruflichen zur akademischen Bildung und Weiterbildung. Die ebenso wichtige Durchlässigkeit am „unteren Rand" durch die Eröffnung alternativer Zugangsmöglichkeiten zur Berufsausbildung wird nur kursorisch berücksichtigt.

Durchlässigkeit im Beschäftigungssystem – Abschottung im Bildungssystem?

Deutlicher als in den meisten anderen europäischen Ländern sind in Deutschland die Bildungsgänge in ihren Zugangsvoraussetzungen und Abschlüssen voneinander abgegrenzt. Dies gilt sowohl vertikal, zum Beispiel im Verhältnis von Sekundarbereich und tertiärem Bereich, als auch horizontal für Bildungsgänge auf einer Ebene, beispielsweise zwischen den allgemeinbildenden und den beruflichen Schulen.

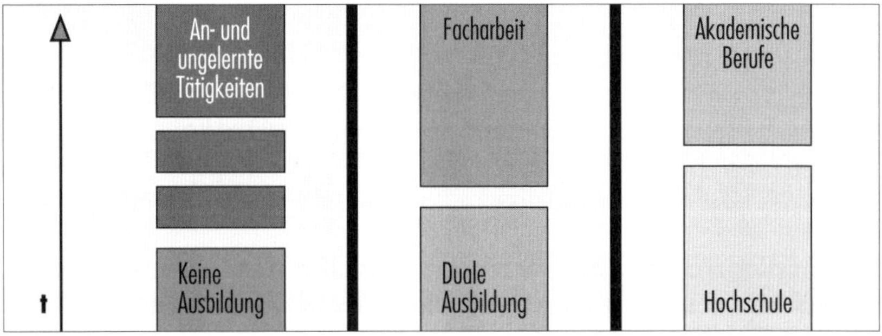

Abb. 1: Die Säulen des deutschen Bildungssystems: Vorgezeichnete Wege zu verschiedenen Segmenten des Beschäftigungssystems

Vor einigen Jahrzehnten noch korrespondierte diese Gliederung des Bildungssystems mit einer Gliederung der Arbeitsmärkte. Das Bildungssystem vermochte seine Absolventen zu kanalisieren: Hochschulabsolventen auf Positionen für Akademiker, die beruflich Qualifizierten nur in Ausnahmefällen zugänglich waren, und Absolventen einer dualen Berufsausbildung auf Facharbeitsmärkte, die wiederum An- und Ungelernten verschlossen blieben.

Diese Abgrenzungen entsprechen jedoch schon lange nicht mehr den Realitäten und den geänderten Anforderungen eines weithin entgrenzten und flexibilisierten Beschäftigungssystems.

Die Dynamik der wirtschaftlichen und technologischen Entwicklung, Deregulierungen im Arbeitsmarkt und tätigkeitsorientierte Entlohnungssysteme führen dazu, dass die Abschottung von Teilarbeitsmärkten nach formalen Qualifikationskriterien zunehmend an Schärfe verliert. Beschäftigungsmöglichkeiten für Akademiker sind nicht mehr klar abgegrenzt von denen für Facharbeiter und diese nicht mehr von jenen für An- und Ungelernte. In wesentlichen Teilbereichen des Beschäftigungssystems verlieren damit berufsständische Organisationsprinzipien an Bedeutung.

Diesem zunehmend flexiblen und weiter flexibilisierten Beschäftigungssystem gegenüber versucht jedoch das deutsche System der berufsbezogenen Bildung, seine diversen Ausbildungsgänge weiterhin strukturell voneinander abzugrenzen. Die Hochschulbildung ist institutionell und in ihren Zertifikaten nach wie vor deutlich von der beruflichen Bildung geschieden – und diese wiederum von einem wenig transparenten Übergangssystem, das vielfach Bildungsabgänge statt Übergänge in die duale Ausbildung produziert. Während sich das Beschäftigungssystem flexibilisiert, stehen die Säulen des Bildungssystems weiterhin weitgehend unverbunden nebeneinander.

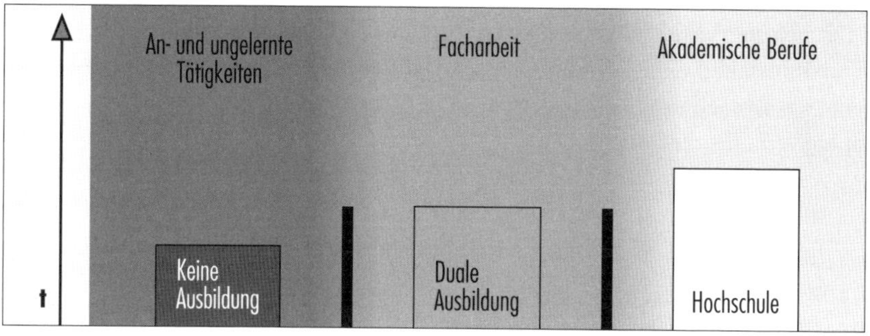

Abb. 2: Abschottung im Bildungssystem – Flexibilisierung im Beschäftigungssystem

Jedoch auch innerhalb des Bildungssystems verschwimmen inhaltliche Abgrenzungen in zunehmendem Maße. Die curriculare und didaktische Trennschärfe verschiedener Bildungsgänge geht in dem Maße verloren, in dem sich die Trennung der Teilarbeitsmärkte auflöst, die sie bedienen. So versorgen beispielsweise Hochschulen mit berufsorientierten Bachelorstudiengängen längst auch ein Segment, das bisher Berufsakademien und anspruchsvollen dualen Ausbildungsgängen vorbehalten war.[1] Mit diesen Ausweitungen ihres Angebots tragen die verschiedenen Institutionen und Akteure der Ausbildung selbst zur zunehmenden

[1] Akteure des dualen Ausbildungssystems versuchen ihrerseits, am oberen Rand quasi akademische Abschlüsse („Bachelor professional") und am unteren Rand zweijährige Berufsausbildungen zu etablieren.

Erosion der Legitimität der Abschottung zwischen ihnen bei: Der Hochschulzugang für beruflich Qualifizierte kann langfristig nicht mit guten Gründen eingeschränkt werden, wenn insbesondere viele Fachhochschulen selbst am Arbeitsmarkt orientierte berufliche Ausbildungen anbieten, von denen manche unterhalb des fachlichen Niveaus besonders anspruchsvoller dualer Berufsausbildungen liegen.

Im Rahmen seiner tradierten und verfestigten Strukturen kann das deutsche Bildungssystem – etwa auf dem langen und mühsamen Weg der Schaffung neuer Berufsbilder – nur bedingt und nur langsam auf geänderte Bedarfslagen des Beschäftigungssystems reagieren. Gleichsam „quer" und neben den traditionell vorgesehenen Bildungspfaden verlaufende „alternative" Beschäftigungs- und Karrierewege machen die schwindende Allokationskraft der Sektoren des Berufsbildungssystems für ein flexibilisiertes Beschäftigungssystem deutlich.[2] Die Abschottung verschiedener Bildungsbereiche wird in dem Maße zu einem die Funktionsfähigkeit des Bildungssystems insgesamt einschränkenden Problem, in dem das Modell des „Lebensberufs" zum Auslaufmodell wird und atypische Bildungsverläufe zunehmen:

- Wenn akademische und berufliche Bildung nicht mehr eindeutig alternative Zugangswege zum Beschäftigungssystem darstellen, sondern sich in vermittelten Inhalten, Kompetenzen und Beschäftigungsperspektiven vielfach überschneiden und ergänzen, sind strukturell beschränkte Zugangsmöglichkeiten zum jeweils anderen Bildungssektor dysfunktional.
- Wenn sowohl die akademische wie die berufliche Bildung hohe Abbrecherquoten aufweisen, führt eine Abschottung der Bildungssektoren dazu, dass bereits erworbene Teilqualifikationen bei Übergängen im Bildungssystem nicht angerechnet werden können.
- Wenn in einer zunehmend dynamischen Arbeitswelt der Stellenwert des berufsbegleitenden Lernens gegenüber der Erstausbildung steigt, beeinträchtigen mangelhafte Schnittstellen zwischen Aus- und Weiterbildung das Lernen im weiteren Berufsleben.

---

2 So wie beruflich Qualifizierte in vielen Branchen und Regionen zeigen, dass sie mit theoretischen und hochkomplexen Anforderungen umgehen können, so erweisen sich Hochschulabsolventen auch als tatkräftige Praktiker. Wenn sich neue Sektoren im Beschäftigungssystem herausbilden und qualifiziertes Personal nachfragen, ohne dass im Bildungssystem bereits einschlägige Berufsbilder geschaffen werden konnten, eröffnen sich zumindest in einer Übergangszeit Seiteneinsteigern aller Provenienz Berufsmöglichkeiten, die sie sonst nicht haben würden.

Mangelhafte Schnittstellen: Funktionsprobleme auf allen Ebenen

Strukturell bedingte beschränkte Zugangs- und Übergangsmöglichkeiten im Bildungssystem behindern vor diesem Hintergrund Ausbildung und Weiterbildung auf allen Ebenen des Beschäftigungssystems:

- Am unteren Rand stellt ein „Übergangssystem“, das seinen Zweck im Namen trägt, aber kaum noch zu erfüllen vermag, einen Puffer dar zwischen der in der Regel dualen Ausbildung, deren Umfang weitgehend vom prospektiven Fachkräftebedarf der Unternehmen abhängt (Dietrich 2004), und der Ausbildungsstellennachfrage von Jugendlichen, die auf davon ganz unabhängigen Größen (Demografie, Berufswahlverhalten) beruht. Dieses Übergangssystem hat in den vergangenen beiden Dekaden einen erheblichen Teil ausbildungswilliger Jugendlicher aufgenommen, die zunächst keinen Zugang zur betrieblichen Ausbildung gefunden haben. Es hat diese aber kaum mit Kompetenzen und Zertifikaten versorgt, die kompatibel mit denen der dualen Ausbildung sind und die auf entsprechende Ausbildungsgänge angerechnet werden könnten (Euler/Severing 2007).
- Am oberen Rand ist trotz aller Rede von der Gleichwertigkeit von beruflicher und akademischer Bildung der Hochschulzugang für beruflich Qualifizierte faktisch weitgehend verriegelt. Nach wie vor liegt Deutschland mit einer Quote von lediglich 3,3 % Studienanfängern mit alternativem Hochschulzugang im internationalen Vergleich weit zurück (HIS 2005).
- Für nicht formal Qualifizierte, die durch Arbeitserfahrung berufliche Kompetenzen erworben haben – oder auch für Migranten, deren berufliche Abschlüsse im Ausland erworben wurden –, ist der Zugang zu Bildungsgängen und/oder Zertifikaten der Berufsausbildung schwierig. Die „Externenprüfung“ der zuständigen Stellen in der Berufsbildung ist mit Zugangsbarrieren versehen und wird nicht immer transparent und einheitlich gehandhabt (Geldermann et al. 2009). Migranten in Deutschland können ihre Qualifikationen seltener als in den meisten anderen OECD-Staaten zur Anwendung bringen, weil Wege zur Anerkennung ihrer beruflichen Vorbildung verschlossen sind (OECD 2008, S. 139).

An all diesen mangelhaften Schnittstellen, die häufig eher Bruchstellen in Bildungsverläufen markieren, kann die Erleichterung von Übergängen und die Entwicklung geeigneter Anerkennungs- bzw. auch Anrechnungsverfahren dazu beitragen, mit der Erhöhung der Durchlässigkeit im Bildungssystem zugleich dessen Anpassung an die Anforderungen des Beschäftigungssystems zu verbessern.

Im Folgenden soll dies mit Blick auf die Schnittstelle zwischen beruflicher Bildung und Hochschulbildung kurz näher beleuchtet werden.

Durchlässigkeit von beruflicher zu akademischer Bildung in Deutschland

Ob Studienabbrecher Teile ihres Studiums auf eine Berufsausbildung anrechnen lassen können, ob beruflich Qualifizierte zum Studium zugelassen werden oder ob gar Teilleistungen aus der Ausbildung zu einer Verkürzung des Studiums führen können, ist in Deutschland nicht systematisch geregelt. Eine Vielzahl von Gesetzen und Verordnungen, unterschiedlich von Bundesland zu Bundesland, und eine autonome, für Externe wenig transparente Zulassungspraxis von Hochschulen bzw. einzelnen Hochschulinstituten machen solche Übergänge riskant und beschwerlich. Trotz aller politisch gesetzten Ziele einer Erhöhung der Studierquote stagniert daher die in Deutschland ohnehin geringe Quote der Zugänge nur beruflich Qualifizierter an die Hochschulen bei nur einem Prozent (Isserstedt et al. 2007, S. 53) und liegt damit weit unter dem europäischen Durchschnitt.

Während es in vielen anderen europäischen Ländern Wege aus der Berufstätigkeit zu Berufsabschlüssen oder zu hochschulischer Bildung gibt bzw. solche

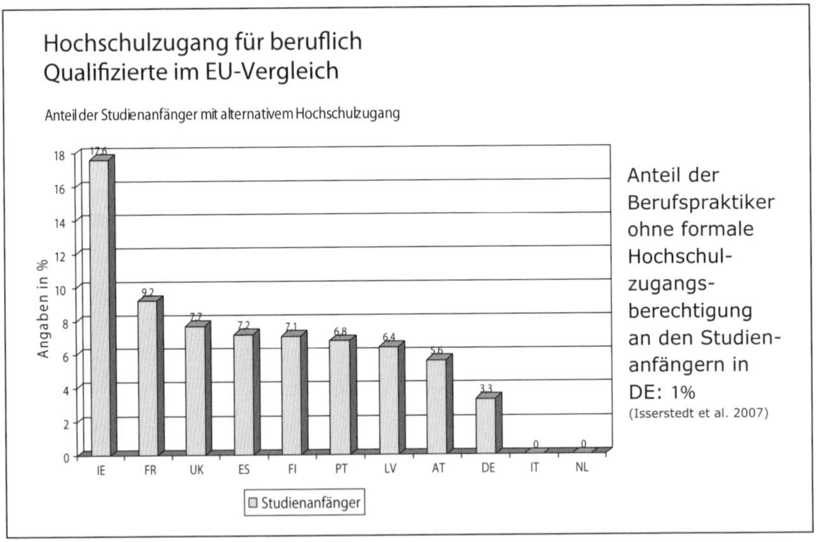

Abb. 3: Hochschulzugang für beruflich Qualifizierte: In Deutschland weit unter EU-Niveau

Wege neu geschaffen wurden, sind derartige Möglichkeiten in Deutschland nach wie vor begrenzt.[3] Bestehende Hochschulzugangsregelungen, Anerkennungs- und (weithin fehlende) Anrechnungsverfahren stellen eher Hürden auf dem Weg zu einem Studium dar:

- Für den Hochschul*zugang* beruflich Qualifizierter ohne Hochschulzugangsberechtigung gibt es in den einzelnen Bundesländern unterschiedliche Regelungen, die darüber hinaus von Hochschule zu Hochschule differieren. In allen Bundesländern wird mindestens eine abgeschlossene Berufsausbildung, oft aber auch ein Meisterabschluss vorausgesetzt. Zusätzlich sind in den meisten Bundesländern hochschulspezifische Zulassungsprüfungen zu absolvieren. Die geringe Studienquote beruflich Qualifizierter ist zudem auf die noch unzureichenden berufsbegleitenden Studienangebote und auf Auswahlverfahren der Hochschulen zurückzuführen, die den Schulnoten ein hohes Gewicht einräumen.
- Eine *Anerkennung* beruflich erworbener Kompetenzen ist sowohl beim Erwerb eines Berufsabschlusses als auch eines Hochschulabschlusses, wenn überhaupt, dann nur in einem eingeschränkten Sinne möglich: Es geht in der Regel nur um die *formale* Zulassung zum Studium, nicht jedoch darum, erworbene Kompetenzen auch als Teilleistung auf ein Studium anzurechnen.
- Diese Möglichkeit einer *Anrechnung* informell erworbener Kompetenzen auf einen Abschluss, durch den Bewerber nach einer Einstufungsprüfung in ein höheres Fachsemester eintreten können oder ein Teil der Prüfungen erlassen werden kann, ist nur in wenigen Bundesländern vorgesehen (Geldermann et al. 2009).

[3] Vielfach werden die in Österreich seit einigen Jahren zur Öffnung des Hochschulzugangs realisierten Reformen als Vorbild gesehen. Österreich hat die Durchlässigkeit zum Hochschulsystem dadurch hergestellt, dass eine erfolgreiche Berufsreifeprüfung (BRP) die mit der Reifeprüfung einer höheren Schule verbundenen Berechtigungen verleiht (Bundesgesetz über die Berufsreifeprüfung 1997. BGBl. Nr. 68/1997 i.d.g.F.). Erfolgreiche Absolventen einer Lehrabschlussprüfung (LAP) können zu einer Berufsreifeprüfung antreten (Klimmer 2008; Tritscher-Archan 2008) und haben dann Zugang zu Fachhochschulen und Universitäten in Österreich (nicht aber Zugang zu deutschen Hochschulen, welcher ihnen nach einer entsprechenden Empfehlung der deutschen Kultusministerkonferenz verwehrt bleibt). Neben der Vermittlung anerkannter beruflicher Qualifikationen ermöglichen insofern alle mehr als zweijährigen Berufsbildungsgänge den allgemeinen Hochschulzugang, entweder direkt über Abschlussprüfungen oder indirekt über spezifische Zusatzprüfungen. Der Zugang zur Berufsreifeprüfung und damit der Zugang zur Hochschulbildung ist nicht restriktiv: Es handelt sich um eine sogenannte Externistenprüfung ohne formale Voraussetzung und feste Verknüpfung mit vorangehenden Bildungsgängen. Bei der Berufsreifeprüfung können Teile erlassen werden (etwa bei Vorlage eines Fremdsprachenzertifikats oder eines Meisterprüfungszeugnisses). Die erfolgreiche Ablegung der Berufsreifeprüfung ermöglicht den uneingeschränkten Zugang zur Hochschulbildung (Klimmer 2008).

Hierdurch bleiben Vorteile ungenutzt, die von einer Öffnung der Hochschulen für beruflich Qualifizierte erwartet werden:

- Die Zahl der Studierenden könnte trotz rückläufiger Jahrgangsstärken der Schulabsolventen gesteigert werden.
- Die Quote der Studierenden in MINT-Fächern könnte durch Zugänge von in technischen Fächern Ausgebildeten erhöht werden.
- Die in Deutschland sehr hohen Abbrecherquoten[4] könnten gesenkt werden, weil beruflich bereits Qualifizierte in besonderer Weise motiviert sind, ein Studium zu einem zügigen Abschluss zu bringen.

Um diese Ziele zu erreichen und größere Durchlässigkeit zwischen allen Ebenen des Bildungssystems zu schaffen, wird neben der Anerkennung von Zertifikaten anderer Bildungsgänge vor allem auch die stärkere Berücksichtigung, Anerkennung und Anrechnung von Kompetenzen erforderlich sein, die informell bzw. nonformal in Lern-, Arbeits- und Lebenszusammenhängen erworben wurden. Denn herkömmliche Zertifikate und Abschlusszeugnisse aller Segmente des Bildungssystems – nach wie vor die Eintrittskarten für den Zugang zu weiterer (Aus-)Bildung – verlieren zunehmend an Aussagekraft darüber, „was jemand wirklich kann“. Dementsprechend nimmt auch ihre Eignung als Grundlage für Entscheidungen über Zugänge zu weiterführenden Bildungsgängen ab.

Stand der Anerkennung nonformal und informell erworbener Kompetenzen in Deutschland

Kompetenzen werden in zunehmendem Maße nonformal außerhalb institutionalisierter Bildungsveranstaltungen und informell in Arbeits- und Lebenszusammenhängen erworben. Eine Zertifizierung dieses informellen Lernens im Sinne des Erwerbs von Berechtigungen im Bildungs- und Beschäftigungssystem ist in Deutschland allerdings bislang kaum vorgesehen (Geldermann et al. 2009). Dies ist – zumindest mit Blick auf das Berufsbildungssystem – unter anderem darauf zurückzuführen, dass die Nachfrage nach der Anerkennung informell erworbener Kompetenzen so lange gering war, wie das formale Bildungssystem in früheren

4 Von einem Studienanfängerjahrgang verlassen in Deutschland von 100 erstimmatrikulierten Studierenden 21 die Hochschule ohne Examen und auch ohne in ihr Studium nach einer Unterbrechung wieder zurückgekehrt zu sein oder ein neues Studium aufgenommen zu haben (Heublein et al. 2005; HIS 2008).

Jahrzehnten fast alle Jugendlichen integrierte. Eine stärkere Berücksichtigung von Erfahrungslernen schien zudem in einem dualen System der Berufsausbildung, das Lernen aus der Praxis bereits einschließt, nicht vordringlich (Bjørnåvold 2001). Im Bereich der akademischen Bildung stand und steht nach wie vor das namentlich auch von den Akteuren der Hochschulbildung selbst mit erheblichem Nachdruck verteidigte System der Verknüpfung der Zulassung an das erfolgreiche und zertifikatsbewehrte Durchlaufen vorgeschalteter formaler Bildungsgänge der Öffnung für eine Anerkennung oder gar Anrechnung alternativ erworbener Kompetenzen entgegen.

Eine kontinuierliche Anpassung von Qualifikationen und Kompetenzen an sich rasch ändernde Bedarfslagen des Beschäftigungssystems ist allein durch die wenigen Bereiche ausbildungskonform systematisierter Weiterbildung nicht länger zu gewährleisten. Bessere Anrechnungsmöglichkeiten der Ergebnisse nonformalen und informellen Lernens für die Schaffung neuer Zugangsmöglichkeiten zu Aus- und Weiterbildungsmöglichkeiten scheinen auch aus diesem Grunde daher unerlässlich. Vorhandene Möglichkeiten erweisen sich diesem Postulat gegenüber eher als wenig attraktive und mit hohen Hürden versehene Schleichwege, die dementsprechend nur wenig begangen werden.

- Die Möglichkeit, einen Berufsabschluss ohne Absolvierung des entsprechenden Ausbildungsgangs zu erwerben, ist in Deutschland durch die sogenannte *Externenprüfung* nach § 45 Abs. 2 BBiG/§ 37 Abs. 2 HwO gegeben. Dabei ist eine berufliche Tätigkeit über die eineinhalbfache Zeit des entsprechenden Ausbildungsgangs Voraussetzung für die Zulassung. Die berufliche Tätigkeit muss darüber hinaus das Spektrum des Berufsbildes weitgehend abgedeckt haben. Bei der Beurteilung der entsprechenden Nachweise haben die Berater der Kammern einen erheblichen Ermessensspielraum. Der Anteil von Externenprüfungen am gesamten Prüfungsgeschehen liegt wegen dieser Voraussetzungen und auch wegen des Aufwands einer berufsbegleitenden Prüfungsvorbereitung bei nur etwas über 7 % (BMBF 2008, S. 148). Die Anerkennung von berufspraktisch erworbenen Kompetenzen macht sich in der Externenprüfung darin geltend, dass Bewerber zur Prüfung zugelassen werden können – nicht aber etwa darin, dass ihnen informell erworbene Kompetenzen angerechnet und Prüfungsteile erlassen werden können.
- Im Unterschied zur Externenprüfung in der beruflichen Bildung ist für den Erwerb eines Hochschulabschlusses der Zugang zur Abschlussprüfung ohne Absolvierung des entsprechenden Bildungsgangs in Deutschland nicht möglich. Schon der Eintritt in den Bildungsgang ist in der Regel an den Erwerb

der Hochschulreife durch das Abitur oder einen entsprechenden Schulabschluss gebunden. Für Berufspraktiker besteht daher die entscheidende und zumeist unüberwindbare Hürde darin, überhaupt zu einem Studium zugelassen zu werden (Geldermann et al. 2009, S. 97).

Das informelle Lernen ergänzt nur dann die berufliche Ausbildung und kann nur dann ihre Disparitäten zu aktuellen Qualifikationsnachfragen kompensieren, wenn seine Ergebnisse auch in verlässlicher und in zu den Zeugnissen der Erstausbildung kompatibler Weise nachgewiesen werden können. Zur Marginalisierung des lebenslangen Lernens in Deutschland führt nicht nur ein Mangel an Finanzierung (Timmermann et al. 2004) und Infrastruktur (Seidel et al. 2008). Sie beruht auch darauf, dass Ergebnisse informellen Lernens, wenn überhaupt, dann nur in verzettelten Portfolios und ohne Bezug auf anerkannte Standards dokumentiert werden können. Derartige „Nachweise" jedoch sind für Arbeitgeber intransparent, für Arbeitnehmer schwer verwertbar und für die Institutionen weiterführender Bildungsgänge – auch unter der Voraussetzung einer gegebenen Bereitschaft dieser Institutionen zur vermehrten Aufmerksamkeit für Ergebnisse informellen Lernens – von viel zu geringer Aussagekraft, als dass sich auf dieser Grundlage begründete Entscheidungen über Zulassung, Anerkennung oder gar Anrechnung von Lernergebnissen treffen lassen (Geldermann et al. 2009).

Ansätze zur Verbesserung der Durchlässigkeit: Orientierung an Lernergebnissen

Zumindest als bildungspolitisches Postulat ist die Erhöhung der Durchlässigkeit zwischen den Segmenten des Bildungssystems seit vielen Jahren weitgehend unbestritten – politisch prominent seit der Jahrhundertwende und erneut hervorgehoben beim Bund-Länder-Qualifizierungsgipfel im Oktober 2008. Auch darüber, *dass* informelles Lernen und seine Ergebnisse stärker zu berücksichtigen sind, herrscht im bildungspolitischen Diskurs weitgehend Einigkeit.

Kontrovers wurde und wird jedoch nach wie vor die Frage diskutiert, *wie* eine Öffnung der Zugänge zu Abteilungen des Bildungssystems und eine bessere Anerkennung von Vorqualifikationen erreicht werden können, ohne dass die Qualitätsstandards der jeweiligen Bildungsgänge abgesenkt werden und ohne dass ihre Aufnahmekapazitäten oder ihre Ressourcen überfordert werden. Darüber sind grundlegende Verbesserungen der Durchlässigkeit im Bildungssystem bis heute ausgeblieben. Die Bildungsberichterstattung zeigt eher Tendenzen zu weiterer

Segmentierung und quantitativer Stagnation bei Übergängen zwischen den Säulen des Bildungssystems auf (Autorengruppe Bildungsberichterstattung 2008).[5]

In den vergangenen Jahren sind jedoch auch eine Reihe von Konzepten und Instrumenten diskutiert worden, die in grundsätzlicher Weise zu einer Verbesserung der Durchlässigkeit in der deutschen Berufs- und Hochschulbildung beitragen sollen und sich nicht auf das Aushandeln partikularer Anerkennungs- oder Anrechnungsverfahren an einzelnen Schnittstellen beschränken.

Insbesondere auch das Bundesinstitut für Berufsbildung setzt auf eine stärkere *Kompetenzorientierung* bei der Vermittlung und Dokumentation beruflicher Qualifikationen. Der Anspruch ist, dass neuere Berufsbilder, Ausbildungsbausteine für das Übergangssystem und geregelte Weiterbildungen einheitlich entlang beruflicher Kompetenzen statt nur entlang curricularer Inhalte beschrieben werden und darüber ihre horizontale und vertikale Anschlussfähigkeit gesichert wird: „Namentlich die Orientierung an verbindlichen Inhalten, die für den Erwerb eines Abschlusses als unabdingbar angesehen werden, leistet einer Abschottung von Bildungsgängen Vorschub. Eine größere Offenheit verspricht eine Orientierung an (Handlungs-)Kompetenzen. Sie eröffnen unterschiedliche Wege und Verfahren des Erwerbs und bieten von daher neue Perspektiven zu flexibleren Übergängen und Abrechnungsverfahren" (BIBB 2008).

Die zunehmende Aufmerksamkeit für die Notwendigkeit der Dokumentation und Anerkennung von Ergebnissen des informellen Lernens und die Orientierung an Kompetenzen und Lern*ergebnissen* statt an ordnungsrechtlich verbindlichen Lern*wegen* geht entscheidend auch auf Initiativen der Europäischen Kommission zum lebenslangen Lernen zurück.

Die Diskussion über die Europäisierung der Berufsbildung und in der Folge über die Gestaltung eines Deutschen Qualifikationsrahmens (DQR) gibt wichtige Impulse für mehr Durchlässigkeit.[6] Mit einer bildungsgangübergreifenden

---

[5] Wie gering hier die praktischen Fortschritte sind, zeigt sich in der langjährigen Gleichförmigkeit der bildungspolitischen Rhetorik. Bereits im Berufsbildungsbericht 2001 der Bundesregierung hieß es: „Flexibilität und Durchlässigkeit stehen im Mittelpunkt der Strategien zur Modernisierung der Berufsbildung. Bei sich ständig und rasch wandelnden Anforderungen in der Praxis sind Flexibilität und Durchlässigkeit notwendige Voraussetzungen für eine kontinuierliche Anpassung der Qualifikationen sowie für individuelle berufliche Bildungs- und Entwicklungschancen. Vor allem aber sind sie die Grundvoraussetzung für eine breite Entwicklung des lebensbegleitenden Lernens" (BMBF 2001, S. 8). Und im Jahre 2008 stellt die Qualifizierungsinitiative der Bundesregierung „Aufstieg durch Bildung" fest: „Derzeit fehlt es in unserem Bildungssystem trotz wichtiger Fortschritte an Durchlässigkeit für den Aufstieg" (Bundesregierung 2008, S. 32).

Matrix, die alle berufliche Qualifikationen in ein Skalenverhältnis zueinandersetzt, sind Übergänge und Anrechnungen zumindest angelegt – auch wenn an diesem Punkt die Diskussion in den Vorbereitungsgremien des DQR noch kontrovers ist (Fietz /Reglin/Le Mouillour 2008; Kuda/Strauß 2008). Zu den expliziten Zielen des Europäischen Qualifikationsrahmens gehört, dass Kompetenzen unabhängig davon validiert werden können, wo und auf welche Weise sie erworben worden sind. Mit ECVET, einem europäisch verankerten Leistungspunktesystem für die berufliche Bildung, steht ein korrespondierendes Konzept der Bewertung von Lernleistungen vor der Einführung, das sich ebenfalls an Lern*ergebnissen* („learning outcomes“) statt an institutionell und ordnungspolitisch vorgezeichneten Lern*wegen* orientiert. Die europäische Diskussion wird allerdings nur dann Veränderungsimpulse setzen können, wenn auch in einer nationalen Reformdiskussion der Bedarf an mehr Durchlässigkeit deutlich gemacht werden kann. Anderenfalls wird auch ein Deutscher Qualifikationsrahmen nicht zu mehr Bildungsmobilität beitragen, sondern letztlich nur die institutionelle Segmentierung des deutschen Bildungssystems widerspiegeln, die sich zunehmend als Hindernis für die Passung zwischen Bildungs- und Beschäftigungssystem erweist.

Literatur

Autorengruppe Bildungsberichterstattung:
Bildung in Deutschland 2008. Ein indikatorengestützter Bericht mit einer Analyse zu Übergängen im Anschluss an den Sekundarbereich I. Bielefeld 2008

Bjørnåvold, J.:
Lernen sichtbar machen. Ermittlung, Bewertung und Anerkennung nicht formal erworbener Kompetenzen: Trends in Europa. Luxemburg: Amt für amtliche Veröffentlichungen der Europäischen Gemeinschaften. Luxemburg 2001

BIBB:
Lebensbegleitendes Lernen, Durchlässigkeit und Gleichwertigkeit der Bildungswege. Berlin 2008. http://www.bibb.de/de/27203.htm (29.01.2009)

[6] Das Forschungsinstitut Betriebliche Bildung (f-bb) ist im Auftrag des BMBF in diese Arbeiten im Rahmen des Projekts „Unterstützende Dienstleistungen für die Entwicklung des Deutschen Qualifikationsrahmens – DQR-Büro“ einbezogen.

BMBF:
Bundesministerium für Bildung und Forschung: Berufsbildungsbericht 2001. Bonn, Berlin 2001. http://www.bmbf.de/pub/bbb2001.pdf (29.01.2009)

BMBF:
Bundesministerium für Bildung und Forschung: Berufsbildungsbericht 2008. Bonn, Berlin 2008. http://www.bmbf.de/pub/bbb_08.pdf (29.01.2009)

Bundesregierung:
Aufstieg durch Bildung – Die Qualifizierungsinitiative für Deutschland. Berlin 2008. http://www.bmbf.de/pub/qualifizierungsinitiative_breg.pdf (29.01.2009)

Dietrich, H.; Koch, S.; Stops, M.:
Lehrstellenkrise: Ausbildung muss sich lohnen – auch für die Betriebe (IAB-Kurzbericht, 06/2004). Nürnberg 2004

Euler, D.; Severing, E.:
Flexible Ausbildungswege in der Berufsbildung. Bielefeld 2007

Fietz G.; Reglin T.; Le Mouillour I.:
ECVET – Einführung eines Leistungspunktesystems für die Berufsbildung. Schlussbericht. Bielefeld 2008

Geldermann, B.; Seidel, S.; Severing, E.:
Rahmenbedingungen zur Anerkennung informell erworbener Kompetenzen. Bielefeld 2009

Heublein, U.; Schmelzer, R.; Sommer, D.:
Studienabbruchstudie 2005. HIS Kurzinformation. Februar 2005, Bonn 2005

HIS:
HIS Hochschulinformationssystem (Hrsg.): Eurostudent 2005. Social and Economic Conditions of Student Life in Europe. Hannover 2005

HIS:
Die Entwicklung der Schwund- und Studienabbruchquoten an den deutschen Hochschulen. Statistische Berechnungen auf der Basis des Absolventenjahrgangs 2006. HIS: Projektbericht Mai 2008. Hannover 2008

Isserstedt, W.; Middendorff, E.; Fabia, G.; Wolter, A.:
Die wirtschaftliche und soziale Lage der Studierenden in der Bundesrepublik Deutschland 2006. Bonn, Berlin 2007. http://www.bmbf.de/pub/wsldsl_2006.pdf (29.01.2009)

Klimmer, S.:
Die österreichische Berufsreifeprüfung – Ein Instrument der Durchlässigkeit von der Lehre zur Hochschule. In: Loebe, H., Severing, E. (Hrsg.): Berufsausbildung im Umbruch. Ansätze zur Modernisierung des dualen Systems. Bielefeld 2008, S. 119–127

Kuda, E.; Strauß, J.:
Der europäische Qualifikationsrahmen: Chancen und Risiken der Arbeitnehmer und ihre berufliche Bildung. In: WSI-Mitteilungen 11/2006, Berlin 2006, S. 630–637

OECD (Hrsg.):
A profile of immigrant populations in the 21st century. Data from OECD countries. Paris 2008

Seidel, S.; Bretschneider, M.; Kimmig, T.; Neß, H.; Noeres, D.:
Stand der Anerkennung non-formalen und informellen Lernens in Deutschland im Rahmen der OECD-Aktivität „Recognition of non-formal and informal Learning". Bonn, Berlin 2008

Severing, E.:
Durchlässigkeit im Bildungssystem. Die Situation der dualen Berufsausbildung. In: Berufsbildung in Wissenschaft und Praxis. Heft 4. 2008. Bielefeld 2008

Timmermann, D.:
Expertenkommission Finanzierung Lebenslangen Lernens (Hrsg.): Schlussbericht der unabhängigen Expertenkommission Finanzierung Lebenslangen Lernens: Der Weg in die Zukunft. 2004. www.bmbf.de/pub/schlussbericht_kommission_lll.pdf (31.01.2009)

Tritscher-Archan, S.:
Flexibilisierung der Lehrlingsausbildung in Österreich. In: Loebe, H., Severing, E. (Hrsg.): Berufsausbildung im Umbruch. Ansätze zur Modernisierung des dualen Systems. Bielefeld 2008, S. 173–179

Im Gespräch

Michael Stammberger,
Ausbildungsleiter Brose Fahrzeugteile GmbH & Co. KG

Frage: *Bitte stellen Sie uns kurz das Unternehmen Brose vor.*

Stammberger: Brose ist als internationaler Automobilzulieferer Marktführer für mechatronische Systeme und Elektromotoren für Karosserie und Innenraum von Kraftfahrzeugen. In jedem dritten weltweit produzierten Auto befindet sich ein Brose-Produkt. Wenn Sie beispielsweise den Sitz einstellen oder das Fenster öffnen, unterstützt Sie vielfach Technik aus unserem Haus. Aktuell beschäftigt unser Familienunternehmen an weltweit über 50 Standorten in mehr als 20 Ländern rund 14 000 Mitarbeiter.

Frage: *Über welches Ausbildungsspektrum verfügt Brose?*

Stammberger: Wir bilden in Deutschland in acht Berufen im kaufmännischen, gewerblichen und technischen Bereich aus. Zudem haben wir auch vier duale Bachelorstudiengänge mit den Fachrichtungen Maschinenbau, Elektrotechnik, Wirtschaftsingenieurwesen und Wirtschaftsinformatik, die Studium und betriebliche Ausbildung im Unternehmen eng miteinander verknüpfen. An insgesamt fünf Standorten in Deutschland bilden wir derzeit rund 250 junge Menschen aus. Neben unseren hauptamtlichen Ausbildern werden wir auch von vielen engagierten Ausbildungsbeauftragten in den Fachabteilugen bei unseren Aufgaben unterstützt.

Frage: *Wie definieren Sie die wesentliche Zielsetzung der Brose-Ausbildung?*

Stammberger: Unsere Aktivitäten stellen wir unter die Prämisse, eine bedarfsorientierte und an allen Standorten qualitativ anspruchsvolle Ausbildung zu gewährleisten. Bedarfsorientiert meint: Wir bilden so viel Nachwuchskräfte aus, wie wir in Geschäftsbereichen, Werken und Zentralfunktionen benötigen. Regelmäßig legen wir die Ausbildungsquote in Abstimmung mit den einzelnen Bereichen neu fest. Zusätzlich überprüfen wir alle zwei Jahre, ob das Ausbildungsportfolio noch genau unseren betrieblichen Anforderungen entspricht.

Hinsichtlich der Qualität unserer Ausbildung achten wir sehr auf die Einhaltung hoher Ausbildungs- und Unternehmensstandards mit dem Ziel, unsere jungen Leute zu Topleistern zu entwickeln. Das funktioniert nur, wenn wir neben dem richtigen Angebot an Ausbildungsberufen auch die geeigneten Bewerber finden.

Frage: *Wie legen Sie das Angebot für Ausbildungsberufe fest?*

Stammberger: Wir überprüfen kontinuierlich, welche Berufsfelder es gibt, und bewerten deren Nutzen für unser Unternehmen. Denn wir können längst nicht alle neuen Berufe in der Ausbildung anbieten, selbst wenn sie inhaltlich geeignet wären. Manchmal müssen wir auch darauf verzichten, weil die Schulausbildung in der Nähe unserer Ausbildungsstandorte nicht möglich ist oder weil Prüfungsstrukturen in Kammern nicht vorhanden sind.

Aber auch intern müssen die Strukturen vorhanden sein, um alle Ausbildungsinhalte abdecken zu können. Ich halte nichts davon, dass wir zu viele Ausbildungsberufe im Angebot haben. Dies würde zu einem hohen Spezialisierungsgrad führen, der unseren Handlungsspielraum einengt: Sollte es nämlich nach der Ausbildung keine passende Stelle für den jungen „Spezialisten" geben, würde die Übernahme schwierig.

Frage: *Wie sieht es mit der Übernahme der Auszubildenden nach Beendigung der Ausbildungszeit aus?*

Stammberger: Da wir bedarfsorientiert ausbilden, liegt die Übernahmequote heute bei 100 %. Die jungen Leute, die bei uns einen Beruf erlernt haben, sind überwiegend im Unternehmen geblieben. Die große Verbundenheit zu unserer Firma ist auch auf unsere Strategie zurückzuführen, zwei Drittel der neu zu besetzenden Stellen mit eigenen Mitarbeitern zu besetzen. Dadurch ergeben sich für die jungen Nachwuchskräfte viele gute Chancen, anspruchsvolle Aufgaben mit interessanten beruflichen Perspektiven übernehmen zu können.

Frage: *Wie wirkt sich die aktuell negative konjunkturelle Entwicklung in der Automobilbranche auf die Ausbildung bei Brose aus?*

Stammberger: Nach einem Abschwung kommt auch wieder ein Aufschwung. Damit will ich sagen, dass gerade im Bereich der Ausbildung Konstanz ganz wichtig ist. Denn Ausbildung folgt immer einem vorausschauenden Prinzip: Es dauert ja drei bis vier Jahre, bis der Auszubildende „fertig ist". Wir sorgen dafür, dass Nachwuchskräfte zur Verfügung stehen – schon deshalb, weil ja immer wieder bewährte Kräfte altersbedingt ausscheiden. Ausbildung ist also ein langfristiges Engagement. Das sieht unsere Geschäftsführung ebenso. Unabhängig von konjunkturellen Schwankungen benötigen wir als innovationsgetriebenes Unternehmen neben Ingenieuren stets auch gut ausgebildete Facharbeiter, die an der Verbesserung unserer Prozesse und Produkte mitwirken.

Frage: *Worauf legen Sie besonderen Wert bei der Suche nach geeigneten Nachwuchskräften?*

Stammberger: Besonders wichtig ist die Handlungskompetenz der jungen Leute. Diese sollte eigentlich in der Schule schon vermittelt werden. Aber vielen mangelt es daran zum Ausbildungsstart. Sie sind verunsichert, wenn es um Fragen geht wie: Wann treffe ich eine Entscheidung? Wie arbeite ich? Wie beschaffe ich mir Informationen? Wann mache ich den nächsten Schritt? Wie informiere ich Kollegen? Wann melde ich mich eigenständig wieder zurück, wenn eine Aufgabe erledigt ist, und warte nicht darauf, dass jemand auf mich zukommt?

Frage: *Wie stellen Sie die Eignung von Bewerbern fest? Ein Auswahlkriterium sind sicherlich die Schulnoten ...*

Stammberger: Schulnoten und Schulart sind wichtig – aber auch: Wie sieht es mit sportlichem oder sozialem Engagement aus? Die Freizeitaktivitäten geben schon bei den jungen Menschen Aufschlüsse über die soziale Kompetenz.

Dann führen wir natürlich auch sehr intensive Einstellungstests durch. Da steht allerdings nicht das Schulwissen im Mittelpunkt, sondern beispielsweise Sprachkenntnisse, mathematisches Verständnis, räumliches Vorstellungsvermögen, ebenso motorische Begabung. Zu Letzterem führen wir seit Jahren eine Art Geschicklichkeitstest durch, um herauszufinden, wie jemand mit einem Sechskantschlüssel, Schraubendreher oder Hammer umgeht.

Wir achten darauf, ob die jungen Leute konzentriert und genau arbeiten. Und der Englischtest ist für uns als international tätiges Unternehmen ebenfalls sehr wichtig. Denn wir bieten die Möglichkeit, weltweit tätig zu werden. Da braucht es Mitarbeiter, die Sprachen erlernen und diese später im Berufsleben auch einsetzen wollen.

Frage: *Wie bereiten Sie die Auszubildenden auf mögliche Auslandseinsätze als Mitarbeiter vor?*

Stammberger: Mehrwöchige oder auch mehrmonatige Auslandsentsendungen an Brose-Standorte in Europa und Übersee sind seit über 15 Jahren fester Bestandteil unseres Ausbildungskonzepts. Die Entsendung ist freiwillig, deshalb sprechen wir schon am Anfang der Ausbildung gezielt die jungen Leute an, ob sie sich vorstellen könnten, ins Ausland zu gehen – nicht nur in ein europäisches Land, sondern auch nach China, Russland, Mexiko oder Brasilien.

Die Auslandsaufenthalte der Auszubildenden dauern 7 bis maximal 12 Wochen. Längere Entsendungen sind wegen der Berufsschulpflicht nicht machbar. Wir übernehmen die Kosten für Flug, Verpflegung und Unterbringung. Im Ausland werden die Auszubildenden dann während des gesamten Aufenthalts von einem persönlichen Ansprechpartner betreut.

Wir haben mit diesen Auslandsentsendungen sehr gute Erfahrungen gemacht. So ein Schritt „ins Unbekannte" lässt die jungen Leute in ihrer Persönlichkeit reifen. Sie entwickeln Eigenständigkeit und Initiative, denn sie müssen sich flexibel auf neue Anforderungen und Herausforderungen einstellen – und das in einem fremden Land, wo sie mit Sprache und der Mentalität nicht so vertraut sind. Die Jugendlichen kehren selbstbewusster zurück. Sie haben eben jene wichtige Handlungskompetenz gewonnen, die sie in ihrem späteren Berufsleben brauchen.

Frage: *Wie machen Sie junge Menschen auf die Ausbildungsmöglichkeiten bei Brose aufmerksam?*

Stammberger: Wir sind in den Regionen um unsere Ausbildungsstandorte bei Jugendlichen sehr gefragt, weil wir mit einem zukunftsweisenden Angebot, kompetenten Ausbildern und modernem Konzept überzeugen. Das vermitteln wir regelmäßig bei Vorträgen, Messeauftritten und mit unseren Anzeigen. Wir bieten Schulpraktika an und führen verschiedene Aktionen durch, damit Jugendliche schon mal in die Arbeitswelt „schnuppern" und Berufe kennen lernen können. Auch Sponsoring oder unsere Imageanzeigenkampagne tragen dazu bei, das Unternehmen bei potenziellen Nachwuchskräften bekannt zu machen.

Frage: *Sie erwähnten Ihre „Imageanzeigenkampagne" – ist das ein praktikabler Weg zur Nachwuchsgewinnung?*

Stammberger: Unsere Kampagne unter dem Motto „Talente gesucht!" war sehr erfolgreich: Wir konnten dadurch einen um 70 % gestiegenen Bewerbungseingang verzeichnen. Mit der Kampagne haben wir gezielt auf naturwissenschaftliche Berufe bzw. Berufsfelder im Metall- und Elektrobereich aufmerksam gemacht und verdeutlicht, dass es in unserem technisch orientierten Unternehmen spannende Aufgaben gibt. Mir liegt die Naturwissenschaft deshalb besonders am Herzen, weil wir festgestellt haben, dass gerade Absolventen von Gymnasien zunehmend Fächer wie Physik, Chemie und Mathematik abwählen. Dadurch fehlen aber wichtige Grundlagen, wenn sie später einen entsprechenden Beruf erlernen möchten. Außerdem wollen wir die häufig anzutreffende Fehleinschätzung der jungen Leute korrigieren, es gebe für Metall- und Elektroberufe keine guten beruflichen Perspektiven – das Gegenteil ist der Fall.

Frage: *Warum sollte ein Abiturient bei Brose ein duales Studium anfangen? Was würden Sie ihm sagen?*

Stammberger: Ich mache immer auf die Vorteile unserer Ausbildung aufmerksam: In unserem Unternehmen können die jungen Leute ihre Sprachkenntnisse verbessern und international Erfahrungen sammeln. Und nach erfolgreich abgeschlossenem Studium haben sie eine hundertprozentige Übernahmegarantie, sodass sie in ihrem Berufsfeld ihren Neigungen entsprechend sofort durchstarten können. Außerdem haben sie die Möglichkeit, ihre Potenziale weiterzuentwickeln, z.B. im Brose-„Talent Circle“, einem internationalen Förderprogramm für High Potentials.

Frage: *Sie sind großer Anhänger des dualen Studiums?*

Stammberger: Ja, denn das duale Studium ist ein Erfolgsmodell bei Brose. Wir haben seit 1998 vier duale Studiengänge im Angebot. Dieser Bereich ist rasant gewachsen. 1998 hatten wir mit 8 Studenten begonnen. Mittlerweile werden jährlich über 25 dual Studierende eingestellt. Viele Absolventen sind mittlerweile die Karriereleiter ein Stück weit nach oben gestiegen. Unter ihnen ist ein Mitarbeiter, der Versuchsleiter in Schanghai ist, ein anderer ist Assistent des Geschäftsführers, weitere wurden Projektleiter.

Das duale Studium erfreut sich großer Beliebtheit, weil wir die jungen Leute schon im Laufe ihrer Ausbildung in das Unternehmen integrieren. Sie lernen parallel zum Hochschulstudiengang die Unternehmensprozesse und -abläufe sowie Projekte kennen und können dann nach ihrem Abschluss sofort nahtlos eingesetzt werden. Damit geht die Einarbeitungszeit gegen null. Fast alle unsere Absolventen des dualen Studiums sind im Unternehmen geblieben.

Frage: *Wir sprachen gerade von den Abiturienten. Wie steht es mit Absolventen anderer Schulformen – kommen die auch für eine Ausbildung bei Brose infrage?*

Stammberger: Auf jeden Fall. Wir bilden neben Abiturienten grundsätzlich auch gute Hauptschüler, M-Zügler[1] und Realschüler aus, und zwar passgenau in

[1] Schüler der Hauptschule mit guten Leistungen können in Bayern innerhalb ihrer Schulart mit dem M-Zug ab der 7. Klasse einen vierjährigen geschlossenen Bildungsgang zum mittleren Schulabschluss besuchen.

denjenigen Berufen, die ihren Qualifikationen und Kenntnissen am besten entsprechen. So bringen wir auch Konstanz in die spätere Berufstätigkeit hinein.

Unabhängig von der Schulform zeigt sich leider, dass bei dem wachsenden Angebot an Ausbildungsberufen die jungen Leute zunehmend den Überblick verlieren und nur unzureichend darüber informiert sind, was in den einzelnen Berufen wirklich die Inhalte und Schwerpunkte sind – trotz der Vielfalt an Informationsmöglichkeiten. Das führt dann dazu, dass viele sich nach Beginn einer Ausbildung noch umentscheiden oder die Ausbildung abbrechen. Hier müsste das Thema Berufsinformation aus meiner Sicht viel mehr Aufmerksamkeit finden.

Frage: *Was müsste zur Gewinnung geeigneter Nachwuchskräfte zudem verbessert werden?*

Stammberger: Meiner Ansicht nach wäre es besonders wichtig, Schule und Berufswelt enger zu verzahnen. Die von mir angesprochenen Informationsdefizite zeigen ja auch: Schule auf der einen, Arbeits- und Studienwelt auf der anderen Seite – das sind noch immer so etwas wie Parallelwelten, die viel zu wenig aufeinander abgestimmt sind. Die Schule muss die Schüler mit der im Arbeitsleben grundlegend wichtigen Fähigkeit zu selbstständigem Handeln und Lernen ausrüsten. Das schließt umfassende Information über Berufe ein.

Zur Verdeutlichung: Es wäre ja fatal, wenn wir in der betrieblichen Ausbildung stur nach einem Lehrplan ausbilden würden und dann nach Ausbildungsende und bestandener Prüfung feststellen müssten, dass wir zwar planmäßig, aber völlig an den Erfordernissen im Unternehmen vorbei ausgebildet haben. In unserer Ausbildung haben wir eben diese enge Verzahnung mit den Praktikern in den operativen Bereichen. In der Schule hingegen ist es leider noch immer so, dass nach Lehrplan ausgebildet wird, die Schüler dann aber nach Schulabschluss in der Ausbildung oder im Studium in eine für sie weitgehend unbekannte neue Welt kommen, auf die sie schlecht vorbereitet sind.

Vielen Dank für das Gespräch, Herr Stammberger.

Die Fragen stellte Herwig Emmert, zab – Zentrum für Ausbildungsmanagement Bayern.

Teil 2

Öffnung der Hochschulen für beruflich Qualifizierte: Zwischen Abschottung und Öffnung

Die Hochschulen zwischen Abschottung und Öffnung

Michael Braun, Hochschule Bayern
Georg-Simon-Ohm-Hochschule Nürnberg

1. Einleitung

„Studium ohne Abitur“ ist nur auf den ersten Blick ein neues Thema. Dass es derzeit besonders intensiv diskutiert wird, hat vor allem Gründe, die in der Veränderung der deutschen Arbeitswelt liegen, und ist weniger von dem ordnungspolitischen Bedürfnis geprägt, die Nahtstellen des Bildungssystems prinzipiell neu zu ordnen. Es erscheint daher sinnvoll, die Ursachen und Motive offenzulegen und zu klären, warum und von wem gerade jetzt die traditionellen Zugangsmodalitäten zur Hochschule infrage gestellt werden. Einen Hinweis liefert die Tatsache, dass die Initiative nicht von den Universitäten ausgegangen ist, sondern von Unternehmensverbänden. Insofern wäre es vielleicht auch gerechtfertigt, bei einem Thema, dem man sich vonseiten der Universitäten aus eigenem Antrieb nicht sonderlich intensiv gewidmet hat, eher von vorsichtiger Zurückhaltung als von aktiver Abschottung zu sprechen. Schließlich liegen die eigentlichen Herausforderungen hinter der Tür, die jetzt vielen offen steht.

Tatsächlich hat es im bundesdeutschen Bildungssystem für Personen mit einer nicht gymnasialen, insbesondere einer gewerblichen Vorbildung auf dem „zweiten Bildungsweg“ immer Wege an die Hochschulen, also in den tertiären Bildungsbereich, gegeben. Jedes Jahr finden auch viele Studienanfänger über die Fach- und Berufsoberschulen zur Fachhochschulreife und damit später zur Fachhochschule als einer zweiten Hochschulart neben den Universitäten, die durch ihre ausdrückliche Praxisorientierung ausgezeichnet ist. Gerade wegen dieser Nähe zur Praxis sind es daher besonders die Fachhochschulen – heute nicht ohne Grund „Hochschulen für angewandte Wissenschaften“ genannt –, die sich mit den Zugangsmöglichkeiten von Berufspraktikern besonders intensiv beschäftigen. In vielen Fachhochschul-Studiengängen stellt diese Personengruppe schon jetzt die Mehrheit. Die Erfahrungen, die dort über viele Jahre hinweg mit Nichtabiturienten gemacht wurden, sind sehr positiv, der Wert von berufspraktischer Vorbildung wird geschätzt. Vielen Studienanfängern wurde folgerichtig das erste praktische

Studiensemester in den Diplomstudiengängen erlassen. Wie gut darüber hinaus auch eine Verzahnung von beruflicher und Hochschulbildung gelingen kann und wie stark nachgefragt dieser Weg des „Sowohl-als-auch“ ist, zeigt die Erfolgsgeschichte der Initiative „hochschule dual“ von Hochschule Bayern, dem Zusammenschluss der bayerischen Hochschulen für angewandte Wissenschaften.

Was also ist neu? Das gilt es zu klären – vielleicht sogar unter der etwas provokativen These, dass die Diskussion über das „Studium ohne Abitur“ im Grunde eine Ersatzdebatte ist, die zu kurzfristig wirkenden Reparaturen führen soll. Denn Ziel ist es letztlich, die Zahl der akademisch gebildeten Personen in Deutschland möglichst rasch zu erhöhen, die Qualifikationen stärker auf den Bedarf auszurichten und damit den Anforderungen in Industrie und Wirtschaft in ganz bestimmten Wissensbereichen – qualitativ und quantitativ – zu entsprechen.

Die Wurzeln dieser Defizite, die sich z.B. in entgangenem Wirtschaftswachstum oder ähnlichen Kennzahlen ausdrücken lassen, liegen aber gar nicht wirklich im Hochschulbereich. Jedenfalls nicht nur. Um es gleich zu sagen: Diese Behauptung bedeutet nicht, sich elegant aus der Verantwortung ziehen zu wollen. Es sollte nur klar sein, dass die Hochschulen zwar kurzfristig helfen, aber langfristig nur einen Teil zur Lösung beitragen können.

Die Hausaufgaben sind gemacht, und spätestens der Bologna-Prozess hat, von vielen unbemerkt, eine nahezu revolutionäre Veränderung gebracht. Angesprochen ist hier nicht die Einführung des gestuften Systems von Bachelor- und Masterstudiengängen, mit der der Bologna-Prozess häufig identifiziert wird. Angesprochen ist die Forderung der Bologna-Deklaration: „The degree awarded after the first cycle *shall also be relevant to the European labour market as an appropriate level of qualification.*“ Das ist die explizite Orientierung des Qualitätsniveaus eines Hochschulabschlusses an seiner Bedeutung für den Arbeitsmarkt! Eigentlich bildungspolitischer Sprengstoff, denn es ist nicht davon auszugehen, dass die Autoren den vergleichsweise kleinen Arbeitsmarkt im Hochschul- und Wissenschaftsbereich damit gemeint haben, auf den früher ein Universitätsstudium praktisch und von seinem Profil her hingeführt hat. Selbst in der Gründungsurkunde der Stanford University, der unangefochtenen Wissens- und Erkenntnisquelle des Silicon Valley, findet sich kein derart direkter Bezug zur gesellschaftlich-praktischen Verwertbarkeit, sondern eine Orientierung am Individuum: „The objectives of the university are to *qualify students for personal success and direct usefulness in life.*”

Es gibt aber nicht nur ein Leben nach dem Studium, sondern auch eines davor. Viel zu spät ist man darauf gekommen, dass die Suche nach Talenten früher ansetzen muss. Aber: Ist die der Hochschule vorgeschaltete Institution, die Schule, wirklich darauf vorbereitet, Begabungen zu identifizieren und dann auch gezielt zu fördern?

Wer gar nicht oder an seiner Natur vorbeistudiert, wer keine Begeisterung für bestimmte Disziplinen entwickelt hat, dem helfen auch die neuen Studienangebote nicht, die Methoden- und Faktenwissen vermitteln, aber auch die Persönlichkeitsentwicklung unterstützen sollen. Identifikation und Motivation können nicht in einer 4-Semesterwochenstunden-Lehrveranstaltung nachvermittelt werden. Die Grundlagen dazu müssen früher gelegt sein. Doch Interesse allein scheint ebenfalls nicht auszureichen. Wie könnte es sonst sein, dass die Mehrheit der Schüler z.B. von den neuen Kommunikationsmedien begeistert, ja besessen ist – aber die meisten doch Konsumenten bleiben, statt Entwickler zu werden?

In vielen Sportarten gibt es „Scouts", die nach Talenten mit teilweise einstelligem Lebensalter Ausschau halten. Wäre es völlig abwegig, danach zu fragen, wo in unserem technologieorientierten Land diejenigen sind, die das z.B. für die Ingenieurwissenschaften tun? Können wir es uns in dieser Disziplin, aber auf keinen Fall im Sport, ernsthaft leisten, den Selektionsprozess in der großen Mehrheit Personen zu überlassen, die vom Beruf des Ingenieurs nur rudimentäre Vorstellungen haben? Würde es sich der FC Bayern München leisten, bei der Rekrutierung von Nachwuchskickern auf das Urteil von Eltern, Religionslehrern oder Kindergärtnerinnen zu setzen? Ich kann nur sagen: Zu meinen besten Studenten der Ingenieurwissenschaften gehörten solche, denen ihre Grundschullehrer bestenfalls die Hauptschultauglichkeit bescheinigt haben! Einer davon hat neulich promoviert. Und hier schließt sich der Kreis, denn die Lösung heißt: „Studium ohne Abitur!"

2. Selektion statt Förderung – Förderung statt Selektion

Die frühe Aufteilung der Grundschüler nach in drei Fächern besonders Leistungsfähigen und solchen, deren Schulnoten in diesen Fächern bestimmte Werte entweder nicht oder noch nicht erreichen, prägt häufig das ganze Leben. Es soll hier nur am Rande vermerkt werden, dass die OECD mehrfach darauf hingewiesen hat, dass an dieser Stelle in Deutschland auch eine im Vergleich zum restlichen Europa besonders ausgeprägte De-facto-Selektion nach sozialer Herkunft stattfindet. Wer auf die ersten Schuljahre nicht gut genug vorbereitet ist und kaum Unterstützung erhält (oder sie sich nicht leisten kann), der verpasst etwas. Da helfen auch keine Sonderbegabungen, denn es gibt kaum jemanden, der sie erkennen oder fördern könnte. Für die Übertrittsentscheidung sind sie ohnehin unerheblich.

Wer es aufs Gymnasium schafft (und sich dort dauerhaft hält), der kann nun nach 12 Schuljahren auf eine Hochschule wechseln und mit Abitur studieren. Statistiken sagen, dass nirgends in Europa pro Jahrgang so wenige diesen (direkten und kurzen) Weg gehen wie in Deutschland. Vielleicht ist er deshalb derjenige mit dem höchsten gesellschaftlichen Prestige. Dennoch bleibt unklar, warum die zweite Fremdsprache, an deren Erwerb ja das Abitur gekoppelt ist, damit indirekt zur Zugangsvoraussetzung beispielsweise für ein Physik- oder Chemiestudium wird.

Andere, für die im Alter von 10 Jahren die Sortierung zugunsten der Haupt- oder Realschule ausgegangen ist, gehen bei Vorhandensein einer Ausbildungsstelle den Weg über die duale Ausbildung und darauf aufbauende Qualifizierungen wie z.B. die Meisterprüfung. Wenn sich aber im Alter von 12, 14 oder 16 Jahren plötzlich herausstellen sollte, dass die Persönlichkeitsentwicklung so weit vorangeschritten ist, dass das Leistungsvermögen und der Leistungswille dem eines G8-Gymnasiasten in nichts mehr nachsteht (wobei unklar ist, wer dies bemerken sollte und was der- bzw. diejenige dann tun könnte), so ist ein Einschwenken auf den direkten Weg nicht mehr möglich, weil die Berufsausbildung in eine andere Richtung geht. Eine berufsbegleitend nachgeholte Hochschulzugangsberechtigung (z.B. in Form des Abendgymnasiums) ist für viele nur ein theoretisch gangbarer Weg. Wie viele potenzielle Leistungsträger in dieser wichtigen Lebensphase den Hochschulen damit entgehen, kann nur vermutet werden. Aber es sind in jedem Fall Verluste, die wir uns eigentlich nicht leisten können.

Positiv und der Vollständigkeit halber muss aber vermerkt werden, dass der deutsche Sonderweg der beruflichen Bildung volkswirtschaftlich von ungeheurer Bedeutung war und ist. Dass es im Ausland wenig Vergleichbares gibt, schmälert jedenfalls seinen Wert in keiner Weise. Im Gegenteil, manchmal würde man sich etwas mehr Selbstbewusstsein und Stolz auf diese großartige Errungenschaft wünschen.

Viele erfahrene Berufspraktiker verfügen durch kontinuierliche Weiterbildung im Beruf über wertvolle Kenntnisse und unschätzbare Erfahrungen für ihren Betrieb und erreichen teilweise Positionen, die denen von Berufsanfängern mit akademischem Abschluss mindestens gleichwertig sind – allerdings in einem höheren Lebensalter. Letzteres gilt auch für das dazugehörige Einkommen.

Die Öffnung der Hochschulen für diese Zielgruppe ist gut und richtig. Wo liegt also das Problem und woher kommt die Zurückhaltung der Hochschulen?

3. Zielgruppenorientierung und Bildungsmarkt

Mit der formalen Eröffnung des Zugangs sind Erwartungen geweckt worden, und die Hochschulen müssen im Moment ein wenig die Rolle des Spielverderbers übernehmen: Sie sind es, die beruflich erfahrenen Studienbewerbern sagen müssen, welche Eingangskenntnisse im 1. Semester erwartet werden und welche von den mitgebrachten Vorkenntnissen für das Studium relevant sein werden und welche nicht. Sie müssen gleichzeitig eröffnen, dass die derzeitige Studienorganisation auf ein Vollzeitstudium zugeschnitten ist und deshalb möglicherweise nicht zur aktuellen Lebenssituation passt und schließlich: dass es noch kaum Angebote gibt, um Kenntnisdefizite vor oder während des Studiums zu beheben.

Mit anderen Worten: Die Hochschulen sind weder darauf vorbereitet noch dafür ausgestattet, ein attraktives, dieser Zielgruppe angepasstes, dabei zeitlich überschaubares Studium zu ermöglichen, und dies mit einer Erfolgswahrscheinlichkeit, die derjenigen anderer Anfängergruppen gleicht. Das genau muss aber das Ziel sein. Der Slogan „Kein Abschluss ohne Anschluss" wird nicht durch Lösen einer Eintrittskarte Realität. Die Durchlässigkeit erfordert eben auch die Lösung der Übergangsproblematik.

Es wäre erforderlich, den Hochschulen weitere marktwirtschaftliche Freiheiten einzuräumen oder sie für eine zusätzliche staatliche Aufgabe auch durch zusätzliche Haushaltsmittel auszustatten. Ersteres haben die Hochschulen in der Weiterbildung bereits mit Erfolg genutzt, um kostendeckende Angebote im Weiterbildungsmarkt zu platzieren. Ähnliches könnte man sich demnach auch für Sonderformen (z.B. im Hinblick auf die zielgruppengerechte, zeitliche und organisatorische Strukturierung) eines Erststudiums vorstellen, das für die Zielgruppe der beruflich Qualifizierten ja eigentlich eine Weiterbildung darstellt. Dazu müsste allerdings die allgemeine „Preisbindung" für das Erststudium entfallen, was wiederum angesichts der Diskussionen um die Einführung von Studienbeiträgen ein politisch heikles Thema ist.

Die Problematik der Kenntnislücken beim Übergang zum Studium ist dadurch allerdings noch nicht gelöst. Sie ist aber behebbar. Im Prinzip wäre sowohl eine staatliche als auch eine marktwirtschaftliche Lösung denkbar. Die Hochschulen müssten ihr Angebotsspektrum erweitern oder könnten auch Kooperationen mit anderen Bildungsträgern eingehen. Sie sind in jedem Fall gut beraten, sich diesem Bereich aktiv zuzuwenden und ihren Einfluss als aufnehmende Institution auszuüben.

Die „Reichweite" des deutschen Hochschulsystems ist in der Tat geringer als das von Hochschulen im Ausland. Insbesondere in den angelsächsisch geprägten Bildungssystemen sind Hochschulen viel stärker in der beruflichen Qualifizierung und in der Weiterbildung tätig. Daraus erklären sich auch die enorm hohen Anteile von regulär eingeschriebenen „part-time students". Ausbildungswege, die in Deutschland dem berufsbildenden Bereich zugeordnet werden, sind im Ausland in manchen Fällen Studienangebote mit akademischem Abschluss. Als Beispiele seien genannt der Studiengang „Nursing" in England oder (verblüffend, aber wahr) der Studiengang „Car Repair" an einer Hochschule mit Promotionsrecht in Südafrika. Nun, das Letztere muss man nicht gerade gut finden, aber selbst in den USA übernehmen es in bestimmten Fällen Hochschulen im Auftrag des Wirtschaftsministeriums, Arbeitskräfte für neu angesiedelte Unternehmen zu qualifizieren.

In Deutschland hingegen sind die Bildungsabschnitte institutionell, d.h. anbieterseitig segmentiert und weitgehend festgelegt. Nahtstellen sind sowohl formale als auch praktische Hürden, die manchmal mit hoheitlicher Präzision abgesichert sind. Hochschulen werden hierzulande traditionell erst oberhalb eines ganz bestimmten Bildungsniveaus aktiv, das durch Abitur bzw. Fachabitur markiert wird und sich in einen wissenschaftlich-akademischen Bereich hinein fortsetzt. Ausnahmen sind bestenfalls einige Brückenkurse für Studienanfänger. Das muss nicht notwendigerweise so bleiben.

Lange wurde versucht, über den Weg der Teilanerkennung von Kenntnissen, die nicht im Hochschulbereich erworben wurden, Berufspraktikern und anders Vorgebildeten gerecht zu werden und Studienzeiten auf ein vernünftiges Maß zu reduzieren. Das ist angesichts der Vielzahl von Ausbildungsangeboten und Studiengängen ein nur in vergleichsweise wenigen Fällen wirklich gangbarer Weg. Die Hochschulrektorenkonferenz (HRK) bereitet dazu gerade eine Beispielsammlung vor. Auf Individualebene ist die Sichtung und Bewertung von Vorkenntnissen anhand von eingereichten Unterlagen und Gesprächen wegen der derzeit geringen Fallzahlen zwar noch, aber auf Dauer kaum leistbar. Sicherlich ist die konsequente weitere Modularisierung von Bildungs- bzw. Studienangeboten sowie ihre Zertifizierung, Einordnung, Wertung und schließlich ihre Akkumulierbarkeit hilfreich. Generell muss jedoch ein völlig neues, weniger aufwendiges und dennoch sinnvolles Verfahren gefunden werden, das einheitlich, flächendeckend, transparent und damit für die Teilnehmer planbar von den aufnehmenden Institutionen gesteuert wird. Nicht nur, um einem politischen Auftrag gerecht zu werden, sondern weil es sich um eine wirklich attraktive Zielgruppe handelt, wird Hochschule Bayern hierzu eigene Vorschläge machen.

4. Die bildungs- und arbeitsmarktpolitische Herausforderung und die Verantwortung des Einzelnen

Wir steuern in Deutschland auf ein Studierendenhoch zu. Das ist die gute Nachricht. Warum also über weitere Zugangsgruppen für die Hochschulen nachdenken, wenn uns doch die Demografie zuarbeitet? Es werden doch dann automatisch mehr Akademiker verfügbar sein, sofern die Übertritte aus den Schulen nicht rückläufig sind. Außerdem gibt es Initiativen, die Zahl der Studienabbrecher zu reduzieren. Die Antwort ist: Es gibt auch eine schlechte Nachricht. Erstens: Die Steigerung reicht nicht aus, um in Schlüsselbereichen wie z.B. den Ingenieur- und Naturwissenschaften den Bedarf an Fach- und Führungskräften zu decken. Sie sind es aber, die den Innovationsprozess treiben. Zweitens: Für einen sehr, sehr langen Zeitraum erleben wir es das letzte Mal, dass die Zahl der Studierenden zunimmt. Es ist also aus dem gemeinsamen Interesse von Hochschulen und Bedarfsträgern heraus dringend geboten, jetzt über Alternativen nachzudenken, wie man dauerhaft nicht nur quantitativ dem aktuellen Bedarf, sondern auch qualitativ der weiteren Akademisierung der Arbeitswelt gerecht wird. Dazu ist es in der Tat sinnvoll, besonders leistungsfähigen Berufspraktikern die Möglichkeit zu eröffnen, sich über ein Studium weiterzuqualifizieren.

Für die Hochschulen ist, wie bereits erwähnt, diese Zielgruppe überaus interessant. Sie zeichnet sich durch Zielstrebigkeit, fachliches Interesse und hohe Leistungsbereitschaft aus – Merkmale, die wichtiger sein können als ein behebbares Defizit bei den Eingangskenntnissen. Was in Abschnitt 3 aus Sicht der Segmentierung des Bildungsmarkts formuliert wurde, spielt für den Einzelnen eigentlich keine Rolle. Wer letztlich die Anpassungen zwischen den Bildungsetappen als Dienstleistung anbietet, ist unerheblich. Wichtig ist, dass es entsprechende Angebote gibt. Etwas anderes ist es dann, den Einstiegspunkt organisatorisch und formal zu regeln – er muss nicht im ersten Semester liegen.

Es ist wichtig, die Problematik auch aus dem Blickwinkel des Individuums zu betrachten. Hier sind, selbst wenn die formalen Rahmenbedingungen gegeben sind, Transparenz geschaffen und die Perspektive tatsächlich eröffnet ist, so banale Kriterien wie Zeitaufwand, Verträglichkeit mit den (vom Durchschnittsabiturienten verschiedenen) Lebens- und Arbeitsumständen sowie Kosten von Bedeutung. Allerdings sind auch die Vorstellungen der Zielgruppe relativ inhomogen, und dementsprechend ist die Frage, wie weit und detailliert man auf die Individualbedürfnisse tatsächlich eingehen kann, nicht leicht zu beantworten.

Alle diese Aspekte konnten hier nur kurz angesprochen werden. Es sollten in diesem Beitrag alle relevanten Punkte zusammengetragen werden, die zeitnah und intensiv diskutiert werden müssen. Wünschenswert wäre, wenn die Beteiligten (u.a. Unternehmensverbände, Kammern, Hochschulverbünde und Politik) möglichst rasch zu strukturierten Lösungen kommen, die den Schritt beruflich Qualifizierter an die Hochschule planbar und am Ende erfolgreich machen.

Berufliche Wege zur (Fach-)Hochschulreife in Bayern

Günter Liebl,
Bayerisches Staatsministerium für Unterricht und Kultus

Um den steigenden Bedarf an hoch qualifizierten Fachkräften decken zu können, muss die Zahl der Studierenden und vor allem die Zahl der erfolgreichen Hochschulabsolventen gesteigert werden. Um dieses Ziel zu erreichen, hat Bayern verschiedene Bildungsgänge entwickelt und Zugangswege zu den Hochschulen geöffnet, damit, etwa durch den Abbau formaler Hürden, die Zahl der Hochschulzugangsberechtigten erhöht wird und mehr Jugendliche und junge Erwachsene so gut qualifiziert werden, dass sie ein Hochschulstudium aufnehmen und erfolgreich absolvieren können.

Den beruflichen Schulen kommt bei der Steigerung der realen Durchlässigkeit des Bildungssystems am Übergang zu den Hochschulen eine Schlüsselrolle zu. Sie bieten vielfältige Möglichkeiten, um von jeder Stelle des Bildungssystems aus und zu jedem Zeitpunkt der individuellen Bildungsbiografie den höchstmöglichen allgemeinbildenden Abschluss, die Fachhochschulreife oder Hochschulreife, erwerben zu können:

a) direkt nach dem Erwerb eines mittleren Schulabschlusses an der Realschule, der Hauptschule (M-Zug), der Wirtschaftsschule oder des Gymnasiums über die **Berufliche Oberschule – Fachoberschule,**
b) nach einer Berufsausbildung oder nach mehrjähriger Berufstätigkeit über die **Berufliche Oberschule – Berufsoberschule,**
c) doppelqualifizierend während einer Berufsausbildung über die Ergänzungsprüfung zum Erwerb der Fachhochschulreife an den **Mittleren beruflichen Schulen – Berufsschule/Berufsfachschule,**
d) nach einer Berufsausbildung und beruflicher Fortbildung über die Ergänzungsprüfung zum Erwerb der Fachhochschulreife an **Höheren beruflichen Schulen.**

Inzwischen werden in Bayern mehr als 40 % der (Fach-)Hochschulreifen an beruflichen Schulen erworben.

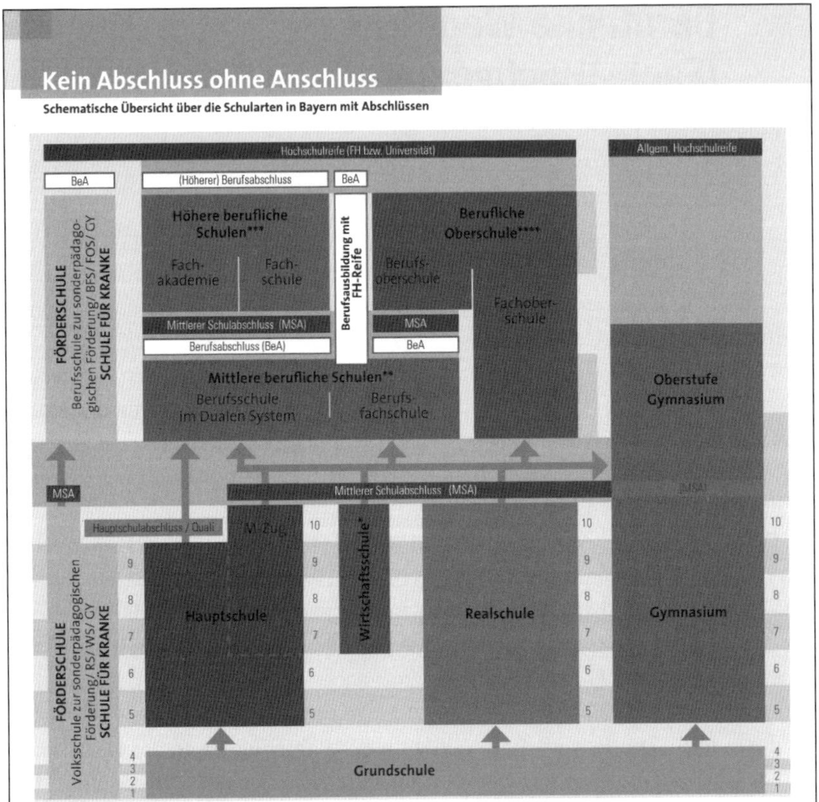

* Die Wirtschaftsschule ist ein eigenständiges schulisches Angebot in vierstufiger, dreistufiger und zweistufiger Form. Der Übertritt erfolgt im Regelfall aus der Hauptschule.

** Mittlere berufliche Schulen ist ein Sammelbegriff für Schulen der beruflichen Erstausbildung, die einen mittleren Schulabschluss ermöglichen.

*** Höhere berufliche Schulen ist ein Sammelbegriff für Schulen der beruflichen Aufstiegsfortbildung, die eine Hochschulreife ermöglichen.

**** Die Berufliche Oberschule führt künftig Fachoberschule und Berufsoberschule zusammen.

Abb. 1: Übersicht über die Schularten in Bayern mit Abschlüssen

a) Berufliche Oberschule – Fachoberschule

Die Berufliche Oberschule Bayern (BOB) umfasst die Schularten Fachoberschule (FOS) und Berufsoberschule (BOS).

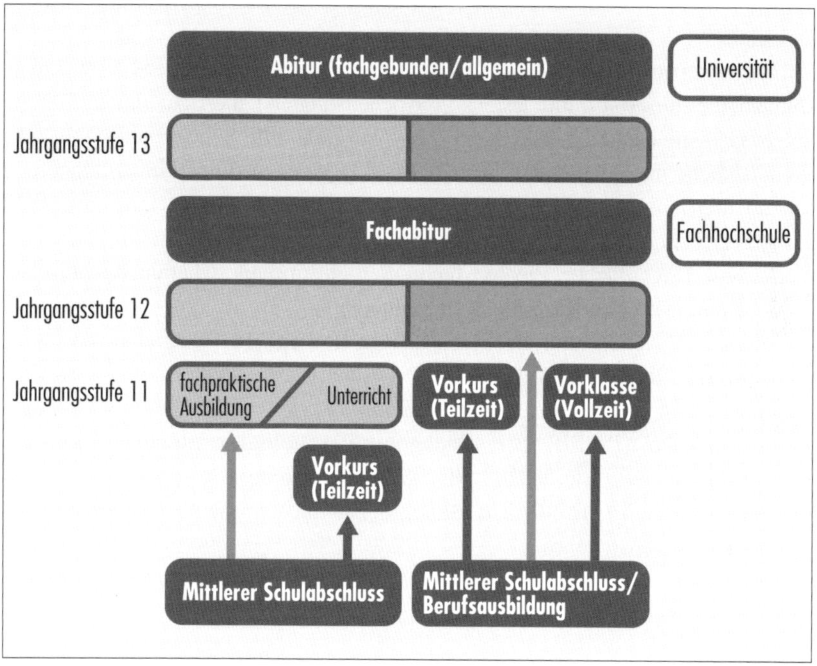

Abb. 2: Struktur der Beruflichen Oberschule

Die bayerische Fachoberschule baut auf einem mittleren Schulabschluss auf, setzt einen Eignungsnachweis voraus und führt innerhalb von zwei Schuljahren (Jahrgangsstufen 11 und 12) zum Fachabitur (Fachhochschulreife). Absolventen der 12. Jahrgangsstufe, die mindestens einen Durchschnitt von 2,8 im Zeugnis der Fachhochschulreife erzielt haben, können durch Besuch einer 13. Jahrgangsstufe die fachgebundene oder – bei Nachweis der notwendigen Kenntnisse in einer zweiten Fremdsprache – allgemeine Hochschulreife erwerben.

Die Fachoberschule vermittelt eine allgemeine, fachtheoretische und fachpraktische Bildung. Die fachpraktische Ausbildung (fpA) umfasst die Hälfte der Unterrichtszeit in der Jahrgangsstufe 11 (800 Stunden) und wird in der Regel in

Einrichtungen der Wirtschaft, der Verwaltung sowie des Sozial- und Gesundheitswesens durchgeführt. Sie ist ihrem Wesen nach eine in diese Betriebe verlegte schulische Maßnahme. In den Ausbildungsrichtungen Technik und Gestaltung findet die fachpraktische Ausbildung auch in schulischen Werkstätten statt, soweit betriebliche Ausbildungsstätten nicht in ausreichendem Umfang vorhanden sind.

Der Unterricht umfasst ohne fpA bis zum Fachabitur mindestens 48 Wochenstunden, bis zum Abitur mindestens 81 Wochenstunden Unterricht, davon 27 bzw. 46 Wochenstunden allgemeinbildenden Unterricht mit Schwerpunkt Deutsch, Fremdsprache und Mathematik und 21 bzw. 35 Wochenstunden im fachtheoretischen Unterricht im Profilbereich.

An der Fachoberschule werden fünf Ausbildungsrichtungen geführt:

- Technik (Profilfächer: Physik, Technologie/Informatik, Chemie, Technisches Zeichnen, vertiefte Ausbildung in Mathematik),
- Wirtschaft, Verwaltung und Rechtspflege (Profilfächer: Betriebswirtschaftslehre mit Rechnungswesen, Volkswirtschaftslehre, Wirtschaftsinformatik, Französisch, Rechtslehre, Technologie),
- Sozialwesen (Profilfächer: Pädagogik/Psychologie, Chemie, Biologie, Rechtslehre, Wirtschaftslehre, Musik/Kunsterziehung),
- Agrarwirtschaft (Profilfächer: Biologie, Chemie, Physik, Technologie/Informatik, Wirtschaftslehre),
- Gestaltung (Profilfächer: Darstellung, Gestaltungslehre/Kunstbetrachtung, Technologie/Informatik).

Sowohl bei der Fachabitur- als auch bei der Abiturprüfung sind zentrale schriftliche Prüfungen in vier Fächern – Deutsch, Fremdsprache, Mathematik und einem Profilfach (Physik, Betriebswirtschaft mit Rechnungswesen, Pädagogik/ Psychologie …) – obligatorisch.

Ein Vorkurs in den Fächern Deutsch, Englisch und Mathematik für Schülerinnen und Schüler der Haupt- und Wirtschaftsschulen hilft dabei, unterschiedliches Vorwissen aus der Unter- und Mittelstufe anzugleichen. In der 11. Klasse wird bis zum Ende der Probezeit zur individuellen Unterstützung aller Schülerinnen und Schüler intensiv klassenübergreifender Förderunterricht in einzelnen Fächern angeboten.

b) Berufliche Oberschule Bayern – Berufsoberschule

Die bayerische Berufsoberschule baut auf einer der jeweiligen Ausbildungsrichtung entsprechenden abgeschlossenen Berufsausbildung oder mindestens fünfjährigen Berufserfahrung und einem mittleren Schulabschluss auf, setzt einen Eignungsnachweis voraus und führt innerhalb von zwei Schuljahren (Jahrgangsstufen 12 und 13) zum Abitur (fachgebundene oder allgemeine Hochschulreife). Am Ende der Jahrgangsstufe 12 kann an der Fachabiturprüfung der Fachoberschule teilgenommen werden.

Der Unterricht umfasst bis zum Fachabitur 34 Wochenstunden, bis zum Abitur mindestens 67 Wochenstunden Unterricht, davon 23 bzw. 44 Wochenstunden allgemeinbildenden Unterricht mit Schwerpunkt Deutsch, Fremdsprache und Mathematik und 11 bzw. 23 Wochenstunden im fachtheoretischen Unterricht im Profilbereich.

Bewerber ohne mittleren Schulabschluss können diesen durch den Besuch der Vorklasse (36 Wochenstunden Vollzeitunterricht) erwerben.

An der Berufsoberschule werden vier Ausbildungsrichtungen geführt (Profilfächer im Wesentlichen wie bei der Fachoberschule):

- Technik
- Wirtschaft
- Sozialwesen
- Agrarwirtschaft.

Die Abitur- und Fachabiturprüfungen sind identisch mit den Prüfungen an der Fachoberschule.

Berufstätige und Auszubildende können vor dem Eintritt in die Jahrgangsstufe 12 ihre bis zum mittleren Schulabschluss erworbenen Kenntnisse in Vorkursen auffrischen. Der Unterricht findet samstags und/oder an anderen Wochentagen abends statt. Er umfasst die Fächer Deutsch, Englisch und Mathematik.

Absolventen mit beruflichem mittlerem Schulabschluss oder mit einem mittleren Schulabschluss der Hauptschule oder der Wirtschaftsschule (H-Zweig) weisen trotz vertiefter beruflicher Kenntnisse und Fertigkeiten erfahrungsgemäß in den Abschlussprüfungsfächern Defizite auf. Ihnen wird daher der Besuch der vollzeitschulischen Vorklasse empfohlen. Durch entsprechende Leistungen im Rahmen des Vorkurses oder der Vorklasse kann auch die Eignung für den Eintritt in die Berufsoberschule nachgewiesen werden.

Eine besondere Form der Berufsoberschule ist die zwei- bzw. vierjährige Teilzeitform. In der Teilzeitform findet der Unterricht abends und gegebenenfalls samstags statt.

c) Mittlere berufliche Schulen – Berufliche Erstausbildung und Fachhochschulreife

Mit der dualen Berufsausbildung, bei der Ausbildungsbetrieb und Berufsschule als duale Partner zusammenarbeiten, oder einer schulischen Ausbildung an Berufsfachschulen stehen zwei gleichberechtigte Wege zu einem qualifizierten Berufsabschluss offen. Über beide Wege können die Absolventen mit dem Berufsabschluss auch einen mittleren Schulabschluss erwerben.

Für besonders leistungsfähige und motivierte Jugendliche, die bereits über einen mittleren Schulabschluss verfügen und schon in dieser Phase höhere schulische Abschlüsse anstreben, führen drei doppelqualifizierende Angebote parallel zu einer Berufsausbildung in drei Jahren auch zu einer Fachhochschulreife:

Duale Berufsausbildung und Fachhochschulreife (DBFH)

Der Bildungsgang „Duale Berufsausbildung und Fachhochschulreife" (DBFH) wendet sich an Jugendliche, die eine betriebliche Berufsausbildung durchlaufen. Im Rahmen von DBFH werden in einem integrativen Ansatz zwei sonst aufeinanderfolgende Bildungsgänge – Berufsausbildung mit Berufsschule und anschließend Besuch der Berufsoberschule – miteinander verzahnt und in enger Kooperation mit den beteiligten Ausbildungsbetrieben angeboten. Mit DBFH verbunden ist eine Ausweitung des Berufsschulunterrichts auf zwei Tage pro Woche, im letzten Halbjahr erhalten die Schülerinnen und Schüler Vollzeitunterricht an der Fachoberschule.

Der Zusatzunterricht zum Erwerb der Fachhochschulreife wird in der Summe im gleichen Stundenumfang wie in der 12. Jahrgangsstufe der Berufsoberschule erteilt (33 Wochenstunden). Die Schülerinnen und Schüler nehmen an der Fachabiturprüfung an der Fachoberschule teil.

Die Absolventen dieses sehr anspruchsvollen Bildungsgangs haben gute Chancen, über den anschließenden einjährigen Besuch der Berufsoberschule (13. Jahrgangsstufe) auch die fachgebundene oder allgemeine Hochschulreife und damit die Berechtigung zum Universitätsstudium zu erlangen. DBFH wird zurzeit an 14 Berufsschulen in Kooperation mit Fachoberschulen und Ausbildungsbetrieben in zehn Ausbildungsberufen durchgeführt. Betriebliche Partner sind in der Regel größere Firmen, die eine geringere Präsenzzeit im Betrieb zugunsten einer erweiterten Schulzeit organisieren können.

Schulversuch „Berufsausbildung und Fachhochschulreife" an Berufsfachschulen des Gesundheitswesens

An ausgewählten Berufsfachschulen des Gesundheitswesens besteht seit dem Schuljahr 2005/06 im Rahmen eines Schulversuchs „Berufsausbildung und Fachhochschulreife" die Möglichkeit zur Doppelqualifizierung. Am Schulversuch nehmen derzeit insgesamt 19 Berufsfachschulen für Krankenpflege, Kinderkrankenpflege, Altenpflege und Hebammen teil, die wiederum mit weiteren 56 Berufsfachschulen des Gesundheitswesens kooperieren.

Dabei besuchen die Schülerinnen und Schüler neben ihrer Ausbildung einen Zusatzunterricht in den Fächern Deutsch, Englisch und Mathematik im Umfang von insgesamt 12 Wochenstunden. Die darüber hinaus zum Erwerb der Fachhochschulreife erforderlichen naturwissenschaftlich-technischen und gesellschaftswissenschaftlichen Inhalte sowie Teile der zusätzlichen Inhalte im Fach Deutsch werden integrativ im regulären Unterricht der Berufsschule vermittelt. Da dieser zusätzliche Unterricht aber nicht zulasten der praktischen Ausbildung gehen darf, werden die erforderlichen Stunden z.B. am Abend, an Samstagen oder an anderen arbeits- bzw. dienstfreien Tagen angeboten.

Die Schülerinnen und Schüler legen neben der Berufsabschlussprüfung zusätzlich die im Vergleich zum Fächerkanon und Prüfungsumfang der Berufsoberschule reduzierte „Ergänzungsprüfung zum Erwerb der Fachhochschulreife" in den Fächern Deutsch, Englisch, Mathematik gemäß der Vereinbarung über den Erwerb der Fachhochschulreife in beruflichen Bildungsgängen ab (Beschluss der Kultusministerkonferenz vom 5.6.1998 i.d.F. vom 9.3.2001). Diese Vereinbarung geht davon aus, „dass berufliche Bildungsgänge in Abhängigkeit von den jeweiligen Bildungszielen und -inhalten sowie ihrer Dauer Studierfähigkeit bewirken können".

Schulversuch „Berufsschule Plus – BS+"

Zum Schuljahr 2008/09 startete der Schulversuch „Berufsschule Plus – BS+". Auch im Rahmen von „BS+" wird Zusatzunterricht außerhalb des regulären Berufsschulunterrichts und – im Unterschied zu DBFH – außerhalb der Arbeitszeit im Ausbildungsbetrieb angeboten. Dieser Unterricht findet in der Regel ebenfalls samstags oder abends statt. Die Schülerinnen und Schüler besuchen neben ihrer Ausbildung einen Zusatzunterricht in den Fächern Deutsch, Englisch, Mathematik sowie naturwissenschaftlichen und gesellschaftswissenschaftlichen Unterricht im Umfang von insgesamt 19 Wochenstunden. Neben dem Abschluss einer beruflichen Erstausbildung legen die Schülerinnen und Schüler die „Ergänzungsprüfung zum Erwerb der Fachhochschulreife" in den Fächern Deutsch, Englisch, Mathematik gemäß der Vereinbarung über den Erwerb der Fachhochschulreife in beruflichen Bildungsgängen ab (siehe oben). Das Projekt ist vorerst auf vier Jahre befristet und hat an insgesamt zehn Standorten in ganz Bayern begonnen. Realisiert wird der Schulversuch vom Staatsministerium gemeinsam mit der Stiftung Bildungspakt.

d) Höhere Berufliche Schulen

Fachschulen und Fachakademien sind wichtige Bestandteile im Bereich der beruflichen Weiterbildung. Sie sind die Brücke hin zu einer gehobenen beruflichen Tätigkeit, zur Übernahme von Führungsaufgaben auf der mittleren Ebene oder zur Vorbereitung auf die unternehmerische Selbstständigkeit. Sie schließen aber auch die Möglichkeiten zum Erwerb einer Fachhochschulreife ein. Absolventen von Fachschulen und Fachakademien, Meister und beruflich gleichwertig Qualifizierte (z.B. Fachwirte) können bereits seit mehreren Jahren durch die Ergänzungsprüfung (siehe oben) die allgemeine oder die fachgebundene Fachhochschulreife erwerben.

Daneben war seit Inkrafttreten des Bayerischen Hochschulgesetzes vom 23. Mai 2006 bislang den besten 20 Prozent der Absolventen eines Prüfungsjahrgangs der fachgebundene Zugang zur Fachhochschule für bestimmte Studiengänge in Bayern ohne weitere Prüfung möglich.

Mit dem am 25. Juni 2008 vom Bayerischen Landtag verabschiedeten Gesetz zur Änderung des Bayerischen Hochschulgesetzes, das am 1. August in Kraft trat, wurde der Hochschulzugang erweitert; danach haben nun alle diese Absolventen eine *fachgebundene Fachhochschulzugangsberechtigung* in Bayern erhalten. Voraussetzung für den fachgebundenen Fachhochschulzugang ist lediglich, dass ein Beratungsgespräch an der Fachhochschule wahrgenommen wird.

Dessen ungeachtet wird an den Fachschulen und Fachakademien auch weiterhin die *Ergänzungsprüfung zum Erwerb der Fachhochschulreife* angeboten. Sie wird für all diejenigen wichtig bleiben, die an mehr als an einem fachgebundenen

Fachhochschulzugang interessiert sind oder die eine Fachhochschulzugangsberechtigung anstreben, die bundesweit anerkannt wird.

Ausblick

Die Bundesregierung und die Regierungschefs der Länder haben auf dem Bildungsgipfel am 22. Oktober 2008 in Dresden unter dem Motto „Aufstieg durch Bildung – Die Qualifizierungsinitiative für Deutschland" unter anderem vereinbart, dass der Übergang von beruflicher Bildung bzw. Weiterbildung in die Hochschulen durch ein „Aufstiegspaket" verbessert werden soll. Die Länder werden bis zum Jahr 2010 länderübergreifend die Voraussetzungen formulieren, „unter denen der allgemeine Hochschulzugang für Meister, Techniker, Fachwirte und Inhaber gleichgestellter Abschlüsse ermöglicht wird und der fachgebundene Zugang zur Hochschule für beruflich Qualifizierte nach erfolgreichem Berufsabschluss und dreijähriger Berufstätigkeit eröffnet wird"[1].

Damit werden formale Hürden beim Hochschulzugang abgebaut werden. Ob die verschiedenen beruflichen Bildungsgänge zur Hochschulreife, die nicht nur eine Studienberechtigung verleihen, sondern durch ihr differenziertes Bildungsangebot auch qualifiziert auf ein Studium vorbereiten, dadurch an Bedeutung verlieren werden, bleibt abzuwarten.

[1] http://www.kmk.org/aktuell/pm081017a.htm

Akademische Weiterbildung für Facharbeiter

Ernst A. Hartmann, Institut für Innovation und Technik der VDI/VDE Innovation + Technik

1 Hochschulzugang für beruflich Qualifizierte: Zur aktuellen Situation in Deutschland und Europa

Wird nach den Möglichkeiten einer akademischen Weiterbildung für beruflich qualifizierte Personen gefragt, steht oftmals – gerade in der deutschen bildungspolitischen Diskussion – der Zugang zur Hochschule für sogenannte „nicht-traditionelle Studierende" im Vordergrund.[1] Zu dieser Gruppe zählen Studierende, die

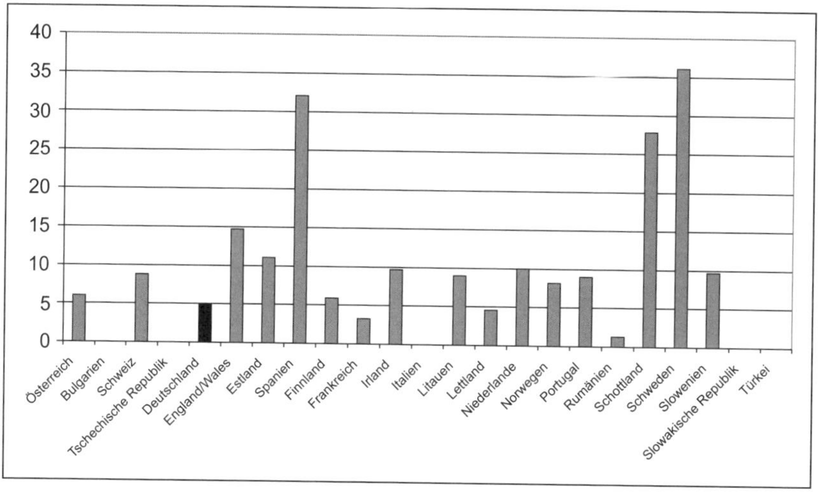

Abb. 1: Anteile nicht traditioneller Studierender in Europa (in Prozent)[2]

[1] Z.B. Teichler, U./Wolter, A.: Zugangswege und Studienangebote für nicht-traditionelle Studierende. In: Die Hochschule, 13. Jahrgang, Heft 2, Wittenberg 2004, S. 64–80. Siehe auch http://www.kmk.org/hschule/Synopse2006.pdf

[2] HIS: Social and Economic Conditions of Student Life in Europe – Eurostudent III. Hannover 2008

ihre Hochschulzugangsberechtigung nicht auf einem der traditionellen schulischen Wege (z.B. Abitur, Fachabitur) erlangt haben. Das bekannte Schlagwort „Studieren ohne Abitur“ bezieht sich auf diesen nicht traditionellen Zugangsweg.

Vergleicht man die Anteile dieser nicht traditionellen Studierenden zwischen den europäischen Ländern, zeigt sich für Deutschland ein sehr niedriger Wert von etwa fünf Prozent (Abb. 1). Aber auch dieser Wert stellt eine eher zu hoch gegriffene Schätzung dar, denn es werden hier ganz unterschiedliche Wege des Hochschulzugangs zusammengefasst: Der schulische Weg zum Abitur für Berufstätige, also der „zweite Bildungsweg“, und das „Studieren ohne Abitur“ im engeren Sinne, der Hochschulzugang einzig und unmittelbar aufgrund beruflicher Qualifizierung („dritter Bildungsweg“).

Differenziert man nach diesen beiden Gruppen, so stellt man fest, dass die eigentlichen „nicht-traditionellen“, die allein durch berufliche Qualifizierung zum Studium berechtigten Studierenden nur etwa ein Prozent aller Studierenden in Deutschland ausmachen (Abb. 2). Dieser direkte Weg ist also in Deutschland quantitativ äußerst gering ausgeprägt.

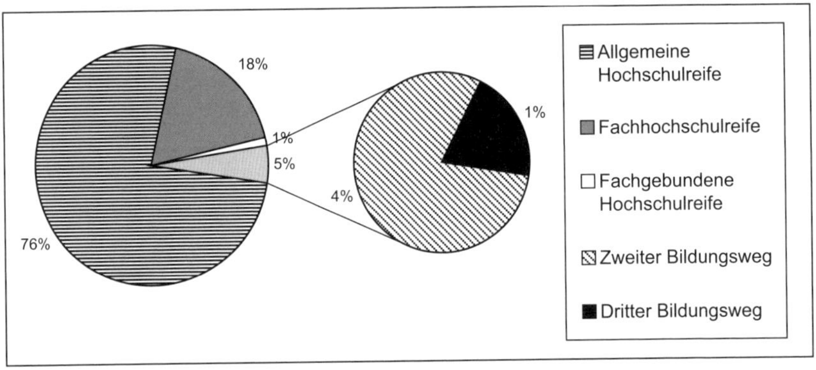

Abb. 2: Arten des Hochschulzugangs in Deutschland (Quelle: Statistisches Bundesamt, 2008)

Aufgrund des Bildungsföderalismus bestehen hinsichtlich des Anteils Berufsqualifizierter (im o.g. Sinne) unter den Studierenden (Abb. 3) weiterhin erhebliche Unterschiede zwischen den Bundesländern. Sehr hohe Anteile finden sich etwa in Berlin, Hamburg, Niedersachsen und Hessen, sehr niedrige in Sachsen, Bayern, Baden-Württemberg und dem Saarland. In der Tendenz lässt sich ein Nordwest-Südost-Gefälle erkennen. Dabei ist zu berücksichtigen, dass die höchs-

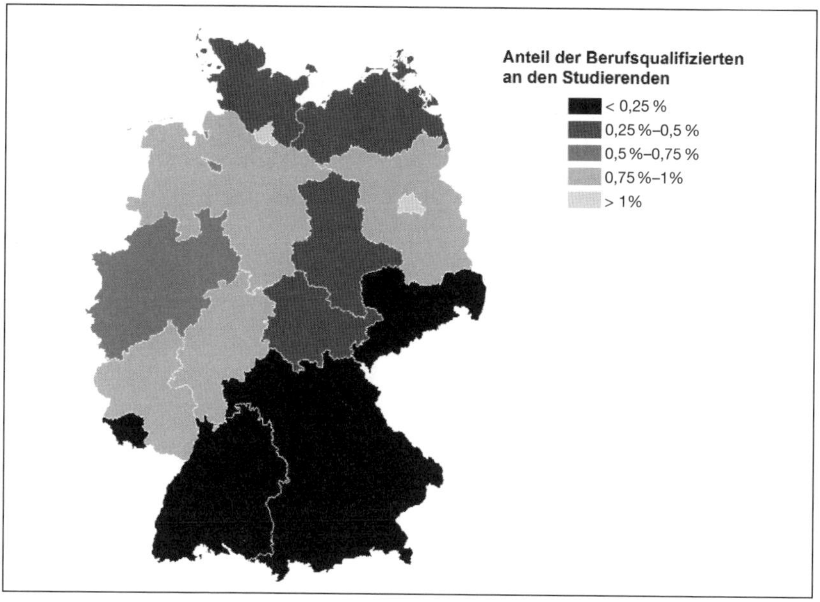

Abb. 3: Anteil der qua beruflicher Qualifizierung zum Studium Berechtigten an allen Studierenden (Quelle: Statistisches Bundesamt, Wintersemester 2007/2008)[3]

ten Werte nur knapp über einem Prozent liegen, die niedrigsten hingegen unter 0,2 %.

Diese unterschiedlichen „Durchlässigkeitswerte“ für beruflich Qualifizierte ins Studium reflektieren unterschiedliche Zugangswege ins Studium, die die Bildungspolitiken der einzelnen Bundesländer jeweils für Berufsqualifizierte vorsehen. Während beispielsweise in Bayern und Schleswig-Holstein die Berufsoberschule den „Königsweg“ für Berufsqualifizierte ins Studium darstellt, spielt in Bremen, Sachsen-Anhalt, Hessen und Baden-Württemberg auch die Begabtenprüfung eine bedeutsame Rolle. Der direkte Weg qua beruflicher Qualifizierung ist im Vergleich dazu in Hessen, Niedersachsen, Hamburg, Thüringen, Brandenburg und Berlin deutlicher ausgeprägt (Abb. 4).

[3] Die Daten stellen die Summen aus drei Unterkategorien dar: Studierende mit fachgebundener Hochschulreife, mit Fachhochschulreife und mit allgemeiner Hochschulreife, jeweils aufgrund beruflicher Qualifizierung.

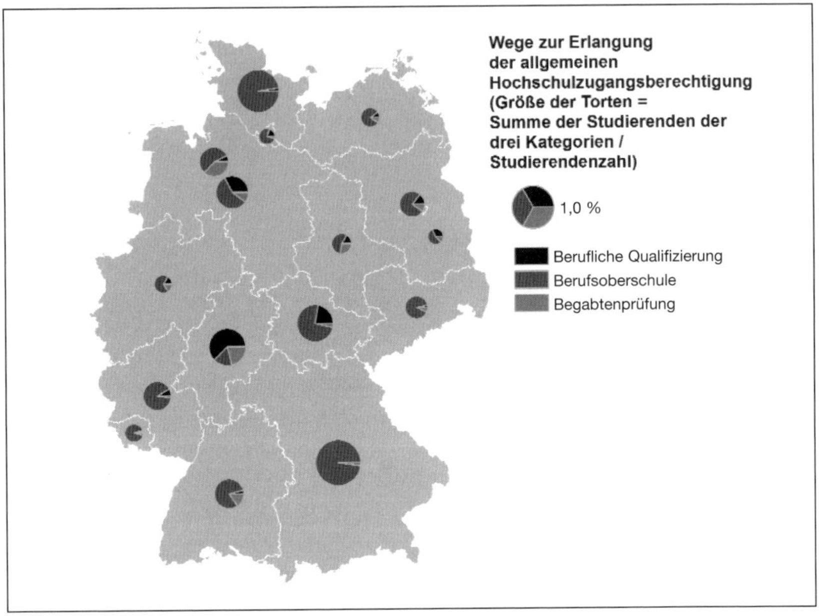

Abb. 4: Quantitative Bedeutsamkeit von Berufsoberschulen, Begabtenprüfung und direktem Zugang qua beruflicher Qualifizierung (Quelle: Statistisches Bundesamt, Wintersemester 2007/2008)

Für Personen mit beruflicher Bildungskarriere ist der Hochschulzugang durch berufliche Weiterbildung von besonderer Bedeutung, also durch Meisterprüfung oder gleichwertige Weiterbildungszertifikate (Techniker, Fachwirte etc.). Auch hier zeigen sich erhebliche Differenzen zwischen den Regelungen der einzelnen Bundesländer (Abb. 5). Während in Niedersachsen und Hessen ein direkter Zugang für Meister zu allen Hochschulen – Fachhochschulen und Universitäten – möglich ist, waren in Bayern die Universitäten für Personen ohne schulische Hochschulzugangsberechtigung bislang verschlossen. Mittlerweile ist die Einführung einer fachgebundenen Fachhochschulreife für Meister in Bayern beschlossen. In anderen Ländern gibt es Beratungsregelungen (z.B. Schleswig-Holstein) oder Zugangsprüfungen (z.B. Sachsen, Brandenburg, Mecklenburg-Vorpommern, Rheinland-Pfalz), wobei der Hochschulzugang in der Regel fachgebunden gewährt wird, also nur für Studienfächer, die inhaltlich zur Weiterbildungsprüfung affin sind.

Zusammenfassend lässt sich feststellen:

- Der Zugang zu akademischer Bildung für beruflich Qualifizierte ist in Deutschland je nach Bundesland sehr unterschiedlich ausgeprägt.
- Selbst dort, wo sehr liberale Zugangsregelungen herrschen, ist die quantitative Bedeutung des Hochschulzugangs qua beruflicher Qualifizierung mit maximal ca. ein Prozent aller Studierenden äußerst gering.

Dies führt zu der zunächst ernüchternden Erkenntnis, dass bildungspolitische Bemühungen zur Öffnung des Hochschulzugangs bislang kaum praktische Konsequenzen hatten. Andererseits ist für einen erheblichen Anteil der Absolventen beruflicher Weiterbildung (Meister, Techniker, Fachwirte etc.) der Hochschulzugang problemlos möglich, weil sie ohnehin über ein (Fach-)Abitur verfügen. Nach Daten der aktuellen Absolventenbefragung der Industrie- und Handelskammern gilt dies für gut ein Drittel dieser Zielgruppe (36,5 %).[4] Dennoch bestehen erhebliche Hürden für diese Personen, eine Weiterbildung auf Hochschulniveau wahrzunehmen. Diese Hürden liegen allerdings weniger in der Hochschulzugangsberechtigung, sondern eher in zwei anderen Aspekten: der Anrechnung beruflich erworbener Kompetenzen und der Verfügbarkeit von Studienmodellen, die für Berufstätige lebenspraktisch angemessen sind.

2 Elemente der Durchlässigkeit: Hochschulzugang, Anrechnung beruflicher Kompetenzen, Studienmodelle

Für eine praktisch bedeutsame Durchlässigkeit zwischen beruflicher und hochschulischer Bildung lassen sich unterschiedliche Begründungszusammenhänge nennen:

- *Durchlässigkeit als bildungspolitisches Desiderat:* Es ist ein bildungspolitisches Ziel, im Sinne der Chancengerechtigkeit möglichst vielen Menschen möglichst viele Optionen ihrer (Weiter-)Bildung zu eröffnen. Dies ist momentan für Absolventen des beruflichen (Weiter-)Bildungssystems im Hinblick auf eine akademische Weiterbildung nur sehr eingeschränkt gegeben.

[4] Kuper, J.: Aufstieg mit System – Berufliche Weiterbildung für mehr Akademiker. In: R. Buhr, W. Freitag, E. A. Hartmann, C. Loroff, K.-H. Minks & I. Stamm-Riemer (Hrsg.): Durchlässigkeit gestalten! Wege zwischen beruflicher und hochschulischer Bildung. Münster 2008

- *Erschließung zusätzlicher Potenziale zur Bewältigung des Fachkräftemangels:* In spezifischen Wirtschaftssektoren ist hinsichtlich spezifischer Qualifikationsbedarfe ein Mangel an akademisch gebildeten Fach- und Führungskräften erkennbar oder absehbar. Neben verstärkten Bemühungen zur Erhöhung der Attraktivität entsprechender Studiengänge etwa im Bereich der Natur- und Ingenieurwissenschaften für traditionelle Studierende (Abiturienten) wird die akademische Weiterbildung des vorhandenen, beruflich qualifizierten Personals zunehmend wichtig für die Unternehmen und die wirtschaftlich-technologische Leistungsfähigkeit Deutschlands insgesamt.

Wie im letzten Abschnitt bereits angedeutet, müssen für eine Gestaltung dieser praktisch wirksamen Durchlässigkeit mehrere Aspekte in ihrem Zusammenhang betrachtet werden:

- *Hochschulzugang:* Dieser Aspekt wurde oben bereits ausführlich dargestellt; er ist auch weiterhin von hoher Bedeutung, u.a. weil ungefähr zwei Drittel der Absolventen beruflicher Weiterbildung nicht über eine schulische Hochschulzugangsberechtigung verfügen (s.o.). Darüber hinaus ist auch der symbolische Wert eines geöffneten Hochschulzugangs für beruflich Qualifizierte nicht gering zu schätzen, im Sinne einer Ermunterung der Zielgruppe, diesen Weg wahrzunehmen und ggf. auch einzuschlagen.
- *Anrechnung:* Die Anrechnung beruflicher Kompetenzen auf Hochschulstudiengänge soll die Hürden für die Aufnahme eines Studiums durch Anrechnung bereits vorhandener Lernergebnisse und damit das noch zu bewältigende Lernvolumen reduzieren.
- *Studienmodelle:* Anrechnung im oben dargestellten Sinne reduziert die Durchlässigkeitshürden, allerdings in vielen Fällen nur in einem unterkritischen Maße. Für beruflich engagierte Studieninteressierte ist auch ein um beispielsweise 50 % im Umfang reduziertes Studium praktisch noch nicht studierbar, wenn die Studienorganisation nicht explizit auf die Belange dieses Typs von Studierenden zugeschnitten ist. Neben traditionellen Formen des Fernstudiums und des berufsbegleitenden Studiums entstehen neue Modelle des berufsintegrierten, projektbasierten Studierens. Interessante und langjährige Erfahrungen hierzu finden sich v.a. in Großbritannien (s.u.).[5]

[5] Z.B. C. Costley and D. Portwood (eds.): Work Based Learning and the University: New Perspectives and Practices; SEDA paper 109, London 2000

Eine praktisch wirksame Durchlässigkeit zwischen beruflicher und akademischer Bildung erfordert eine innovative Gestaltung aller drei Komponenten: Hochschulzugang, Anrechnung und Studienmodellgestaltung.

3 Anrechnung: Die BMBF-Initiative „Anrechnung beruflicher Kompetenzen auf Hochschulstudiengänge – ANKOM"

Mit speziellem Fokus auf der zweiten der oben genannten Komponenten – der Anrechnung – fördert bzw. förderte das Bundesministerium für Bildung und Forschung (BMBF) in der Initiative „Anrechnung beruflicher Kompetenzen auf Hochschulstudiengänge – ANKOM" zwölf Entwicklungsprojekte und eine wissenschaftliche Begleitung.[6] Zu den Akteuren in den Entwicklungsprojekten gehören Hochschulen, Träger der beruflichen Bildung und – fallweise unterschiedlich – Unternehmen, Verbände, Kammern etc.

In einem begleitenden Ausschuss sind – neben dem BMBF und dem Projektträger BIBB – die Sozialpartner, der DIHK und die Hochschulrektorenkonferenz vertreten.

Die Entwicklungsaufgaben dieser Projekte lassen sich unter drei Aspekten zusammenfassen:

- Beschreibung von *Lernergebnissen* der beruflichen und akademischen Bildung
- Bestimmung von *Äquivalenzbeziehungen* zwischen beruflichen und akademischen Lernergebnissen
- Entwicklung von *Anrechnungsverfahren,* die die konkrete Durchführung solcher Kompetenzanrechnungen an Hochschulen regeln.

Zu allen diesen Aspekten liegen mittlerweile Ergebnisse vor; einige Lösungen wurden auch schon praktisch implementiert.

[6] Die Förderung der Entwicklungsverbünde durch das BMBF und den ESF lief bis zum 30. Juni 2008. Das Land Niedersachsen fördert die niedersächsischen Projekte vom 1. Juli bis zum 31. Dezember 2008. Die wissenschaftliche Begleitung wird noch bis zum 30. Juni 2009 gefördert. Die Begleitforschung wird durchgeführt von der HIS Hochschul-Informations-System GmbH (Hannover) und der VDI/VDE Innovation + Technik GmbH (Berlin).

Alice-Salomon-Fachhochschule Berlin: Anrechnung beruflicher Kompetenzen auf die Hochschulausbildung von ErzieherInnen. **Fachhochschule Bielefeld, Fachbereich Pflege & Gesundheit:** Anrechnung beruflich erworbener Kompetenzen in Gesundheitsberufen auf den Bachelor-Studiengang Pflege und Gesundheit. Teilprojekt I: Pflegeberufe Teilprojekt II: Gesundheitsfachberufe nach Berufsbildungsgesetz (BBiG). **Universität Lüneburg:** KomPädenZ – Anrechnung erworbener Kompetenzen von Erzieherinnen und Erziehern auf den Bachelor-Studiengang Sozialarbeit/Sozialpädagogik unter Berücksichtigung des Gender-Mainstreaming-Prinzips.	**Fachhochschule Bielefeld, Fachbereich Wirtschaft:** Anrechnung von beruflichen Kompetenzen aus den Fortbildungsprofilen Technische(r) Betriebswirt/in, Geprüfte(r) Industriefachwirt/in, Geprüfte(r) Bilanzbuchhalter/in und Controller/in. **Carl von Ossietzky Universität Oldenburg:** Qualifikationsverbund Nord-West. **Universität Duisburg-Essen:** KArLos Rhein-Ruhr – Berufliche Kompetenzen zur Anrechnung auf Logistikstudiengänge in der Region RheinRuhr. **IHK Bildungszentrum Stralsund:** Regionales Entwicklungsprojekt REAL – Anrechnung der beruflichen Kompetenzen des Meisters/ Technischen Betriebswirtes auf den Bachelor-Studiengang Wirtschaftsingenieurwesen.
Universität Hannover: Anerkennung beruflicher Kompetenzen auf Hochschulstudiengänge in der Fakultät Maschinenbau. **Technische Universität Ilmenau:** Anrechnung beruflicher Kompetenzen auf universitäre ingenieurwissenschaftliche Studiengänge in Thüringen (bkus-ing).	**Technische Universität Carolo-Wilhelmina zu Braunschweig:** ANKOM-IT – Anrechnung beruflicher Kompetenzen aus dem IT-Sektor auf Hochschulstudiengänge. **Technische Universität Darmstadt:** ProIT Professionals.

Abb. 5: Die Entwicklungsprojekte (links oben: Cluster Gesundheit – Soziales – Erziehung; rechts oben: Cluster Wirtschaft; links unten: Cluster Ingenieurwissenschaften; rechts unten: Cluster IuK/Informatik). Benannt sind jeweils die Konsortialführer, in allen Projekten arbeiten weitere Institutionen und Organisationen mit.

Wie aus Abb. 5 ersichtlich, sind bzw. waren Institutionen aus folgenden Bundesländern an ANKOM beteiligt: Mecklenburg-Vorpommern (ein Projekt), Niedersachsen (vier Projekte), Berlin (ein Projekt), Nordrhein-Westfalen (drei bzw.

vier[7] Projekte), Hessen (ein Projekt) und Thüringen (ein Projekt). Indirekt – durch Beteiligung einzelner Institutionen an Verbünden, deren Koordination in einem der bereits genannten Länder angesiedelt war – waren auch Bremen und Rheinland-Pfalz vertreten.

3.1 Lernergebnisbeschreibung

Hinsichtlich der Lernergebnisse ist festzustellen, dass vorliegende Dokumente des beruflichen wie akademischen Sektors (Modulbeschreibungen, Prüfungsordnungen etc.) oftmals keine Lernergebnisse ausweisen, sondern in eher traditioneller Form Lernziele und Lerninhalte darstellen. Weiterhin sind Struktur und Terminologie der Dokumente sowohl zwischen wie innerhalb der beiden Bildungssektoren sehr heterogen. Um eine Vergleichbarkeit herzustellen, ist also erheblicher „Übersetzungsaufwand" notwendig. Für eine in diesem Sinne auf Vergleichbarkeit abzielende Beschreibung von Lernergebnissen können Deskriptoren verwendet werden, die auf europäischer Ebene zum Zwecke der Harmonisierung entwickelt wurden (z.B. die „Dublin Descriptors"[8] des Europäischen Hochschulraums oder die Deskriptoren des Europäischen Qualifikationsrahmens[9]). Alternativ können auch generische Deskriptoren herangezogen werden, wie sie etwa die kognitiven Taxonomien nach Bloom (1956)[10] oder darauf basierende Weiterentwicklungen wie etwa nach Anderson/Krathwohl (2001)[11] kennzeichnen. Diese unterschiedlichen Ansätze wurden in ANKOM-Projekten praktisch demonstriert.

Zusammenfassend kann festgestellt werden, dass eine valide und praktikable Lernergebnisbeschreibung für akademische wie berufliche Lernsettings auf unterschiedlichen Wegen machbar ist. Rahmenwerke wie etwa EQR/DQR können dazu hilfreich sein, wie in einigen ANKOM-Projekten demonstriert. Zwin-

---

[7] Das Projekt der Fachhochschule Bielefeld, Fachbereich Pflege & Gesundheit, wurde in zwei selbstständige Teilprojekte aufgeteilt.

[8] Zu finden auf der Homepage der Joint Quality Initiative http://www.jointquality.nl.

[9] Empfehlung des Europäischen Parlaments und des Rates zur Einrichtung des Europäischen Qualifikationsrahmens für lebenslanges Lernen, Brüssel, 29. Januar 2008 (http://ec.europa.eu/education/policies/educ/eqf/rec08_de.pdf)

[10] B. S. Bloom: Taxonomy of Educational Objectives, Handbook I: The Cognitive Domain. New York 1956

[11] Anderson, L. W. & Krathwohl, D. R. (Eds.) (2001): A Taxonomy for Learning, Teaching and Assessing: A Revision of Bloom's Taxonomy of Educational Objectives. New York: Longman

gend erforderlich sind sie für Zwecke der Anrechnung nicht, wie alternative Entwicklungen in anderen Projekten zeigen.

3.2 Äquivalenzfeststellung

Auch für die Feststellung von Äquivalenzbeziehungen zwischen beruflichen und hochschulischen Lernergebnissen wurden unterschiedliche Methoden entwickelt. Alle Methoden basieren auf Expertenurteilen, Unterschiede finden sich hinsichtlich der methodischen Ausrichtung und Strukturierung.

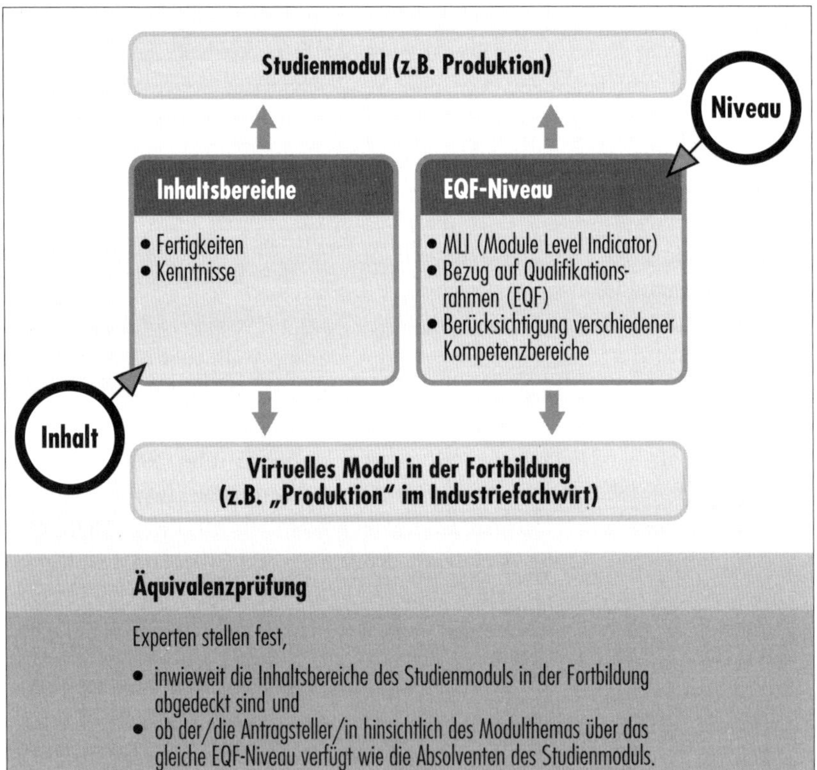

Abb. 6: Äquivalenzprüfung nach dem im Qualifikationsverbund Nord-West entwickelten Vorgehensmodell (© Carl von Ossietzky Universität Oldenburg, Wolfgang Müskens 2007)

Beispielhaft ist, basierend auf Ergebnissen der Carl von Ossietzky Universität Oldenburg im Qualifikationsverbund Nord-West der ANKOM-Initiative, ein methodisch sehr ausgereiftes und anspruchsvolles Konzept in Abb. 6 dargestellt.

Es wird zunächst unterschieden zwischen inhaltlicher und niveaubezogener Äquivalenzprüfung. Für beide Aspekte ist hervorzuheben, dass nach *Äquivalenz,* nicht jedoch nach *Identität* gefragt wird. Es werden sich immer Unterschiede finden; dies gilt im Übrigen auch für die intrasektorale Anrechnung, etwa von Modulprüfungen oder sonstigen „Scheinen“ zwischen Universitäten. Eine Äquivalenzprüfung benötigt daher immer einen Kompensationsmechanismus, mit dem sich diese Unterschiede im Sinne vergleichbarer Qualität „verrechnen“ lassen.

Hinsichtlich der inhaltlichen Prüfung besteht diese Kompensation in der Regel in einer Abschätzung der prozentualen Abdeckung des Zielmoduls (Hochschule) durch das anzurechnende „Modul“[12] (berufliche Bildung). Diese Abdeckung kann durchaus auch über 100 % betragen, wenn diese Inhalte im beruflichen System besonders intensiv thematisiert werden. Als „Cut-off“-Kriterium der inhaltlichen Äquivalenz werden allerdings Werte deutlich kleiner 100 % definiert (z.B. 75 %).

Die Abschätzung der niveaubezogenen Äquivalenz ist methodisch anspruchsvoller. Ein bewährtes Werkzeug für diesen Zweck ist der in Oldenburg entwickelte Module Level Indicator (MLI). Es handelt sich hierbei um ein nach testtheoretischen Standards entwickeltes Verfahren, das die üblichen Anforderungen an Reliabilität und Validität erfüllt. Der MLI enthält für die EQR-Kategorien „Kenntnisse“, „Fertigkeiten“ und „Kompetenzen“ Beschreibungsdimensionen[13], die in Fragebogen-Items operationalisiert sind. In Abhängigkeit von der Ausprägung dieser Dimensionen bestimmt der MLI das angemessene EQR-Niveau. Dabei findet eine implizite Kompensation zwischen den einzelnen Dimensionen statt: Unterkritische Ausprägungen auf einer Dimension können durch überkritische Ausprägungen auf anderen Dimensionen innerhalb gewisser Grenzen ausgeglichen werden. Der MLI wurde bereits in mehreren ANKOM-Projekten erfolgreich eingesetzt.

---

[12] Die beruflichen Lernergebnisbeschreibungen orientieren sich üblicherweise nicht nach Modulen, und wenn doch, dann nicht nach dem Modulschnitt des Zielstudiengangs. Als methodisches Hilfsmittel hat sich bewährt, „virtuelle Module“ zu definieren, die Lernergebnisse aus der beruflichen Bildung so (um-)gruppieren, dass eine möglichst hohe Deckung mit dem akademischen Modul zu erreichen ist.

[13] Z.B. für Kenntnisse: Breite und Aktualität, kritisches Verstehen; für Fertigkeiten: Problemlösen, Praxisbezug; für Kompetenzen: Selbstständigkeit, Berücksichtigung ethischer und sozialer Fragen.

Neben diesem Instrument wurden weitere methodische Zugänge entwickelt, die ebenfalls zu praktikablen und verlässlichen Lösungen führen. Es ist zu vermuten – und erste Erfahrungen deuten darauf hin –, dass für unterschiedliche akademische bzw. professionelle Kulturen unterschiedliche Äquivalenzbestimmungsverfahren angemessen sein könnten. Dies betrifft etwa unterschiedliche Akzentuierungen von qualitativen versus quantitativen Datenerhebungsverfahren.

Als Ergebnis einer Äquivalenzprüfung kann neben einer vollständigen Äquivalenz – was zur unmittelbaren Anrechnung der entsprechenden Leistungspunkte führt – auch eine partielle Äquivalenz festgestellt werden. Je nach Ausprägung des Anrechnungsmodells der jeweiligen Hochschule stehen dann weitere Handlungsoptionen zur Verfügung:

- Möglichkeit der Teilnahme an einem „Upgrading-Modul" mit anschließender Prüfung und ggf. Anrechnung,
- Möglichkeit der Teilnahme an einem verkürzten individuellen (s.u.) Anrechnungsverfahren.

3.3 Anrechnungsverfahren

Hinsichtlich der Anrechnungsverfahren insgesamt ist zwischen pauschalen, individuellen und kombiniert pauschal-individuellen Verfahren zu unterscheiden:

- *Pauschale Anrechnung:* Die Äquivalenzbeziehungen zwischen bestimmten Weiterbildungszertifikaten und bestimmten Studienmodulen werden einmalig personenunabhängig festgestellt. Antragsteller bekommen für diese Zertifikate ohne weitere Prüfung pauschal die entsprechenden Leistungspunkte zuerkannt. Die pauschale Anrechnung bezieht sich in der Regel auf formell dokumentierte Lernergebnisse (Zertifikate). In Grenzfällen können auch informell erworbene Lernergebnisse (Erfahrung) pauschal angerechnet werden, etwa als Äquivalente von Industriepraktika.
- *Individuelle Anrechnung:* Zusätzlich besteht die Möglichkeit, in einem individuellen Verfahren weitere Lernergebnisse beurteilen und ggf. anrechnen zu lassen. Dies kann sich auf bisher noch nicht pauschal erfasste Zertifikate oder auch auf informell erworbene Lernergebnisse beziehen, wobei der letztere Fall der typischere ist. Ein bewährtes Instrument der individuellen Anrechnung ist das Portfolio. Im Portfolio stellen die Anrechnungsinteressierten Dokumente zusammen, die den Erwerb bestimmter Lernergebnisse belegen können (z.B. betriebliche Dokumente über Projekt- oder Führungsverantwortung, Arbeitsproben etc.).

Die Durchführbarkeit von Anrechnungsverfahren wurde von den ANKOM-Entwicklungsprojekten belegt. Für zahlreiche Kombinationen von beruflichen Weiterbildungen und Studiengängen wurden pauschale Anrechnungspotenziale identifiziert. Auch für individuelle Anrechnungsverfahren liegen Erfahrungen und praktisch bewährte Instrumente vor. In einigen Hochschulen haben auch bereits die zuständigen Gremien Anrechnungsregelungen für bestimmte Studiengänge autorisiert. Erste praktische Implementierungen im „Normalbetrieb" liegen vor bzw. stehen unmittelbar bevor.

4 Studienmodelle

Wie bereits weiter oben angesprochen, reduziert die Anrechnung beruflicher Kompetenzen zwar die Durchlässigkeitshürden, aber in vielen Fällen nur in einem unterkritischen Maße. Für beruflich engagierte Studieninteressierte ist auch ein erheblich im Umfang reduziertes Studium oftmals noch nicht praktisch studierbar, weil die Studienorganisation nicht hinreichend auf die Belange dieses Typs von Studierenden zugeschnitten ist. Neben traditionellen Formen des Fernstudiums und des berufsbegleitenden Studiums entstehen neue Modelle des berufs*integrierten,* projektbasierten Studierens.

Als ein besonders weitreichendes Konzept solcher Angebote – orientiert an Erfahrungen aus Großbritannien[14] – soll im Folgenden ein tätigkeits- bzw. projektbasiertes Studienmodell beispielhaft skizziert werden. Dieses Modell besteht aus drei Komponenten:

1. Anrechnung beruflicher Zertifikate durch Accreditation of Prior Learning (APL) und beruflicher Erfahrungen durch Accreditation of Prior Experiential Learning (APEL)
2. Tätigkeitsbasiertes akademisches Lernen
3. Kombination aus Coaching, Studium und Beratung als neue universitäre Dienstleistung.

Ein solches Weiterbildungssystem nutzt zunächst eine Methodik zur Anrechnung beruflicher Kompetenzen im oben beschriebenen Sinne. Die Weiterbildungs-

[14] Seit über zehn Jahren organisiert das National Centre for Work Based Learning Partnerships an der Middlesex University in London solche Programme und wurde dafür zweifach mit dem Queen's Anniversary Prize sowie als „Centre of Excellence in Teaching" ausgezeichnet (http://www.mdx.ac.uk/www/ncwblp/). Vgl. auch Costley und Portwood, a.a.O.

studenten verfügen dadurch bereits am Anfang ihres Studiums über ein „Konto" von akademischen Leistungspunkten. Die Differenz zwischen diesen „A-priori"-Leistungspunkten und den für einen bestimmten akademischen Abschluss notwendigen Punkten definiert den Umfang des zu absolvierenden Lernprogramms.

Das zweite Element bezieht sich auf ein neuartig gestaltetes Weiterbildungsstudium, das Arbeiten und akademisches Lernen sowie Forschen in einer besonderen Weise verbindet. Ziel ist dabei, möglichst viele der für den entsprechenden Abschluss notwendigen Leistungspunkte durch *tätigkeitsbasierte Lernprojekte* zu realisieren. In der Praxis stellt sich das so dar: Im Aufgabenbereich des Studenten werden Projekte identifiziert, die sich von ihrem Problemgehalt und Anspruchsniveau für eine Auseinandersetzung auf akademischem Niveau eignen. Je nach Studienprogramm können diese Projekte sehr unterschiedlich aussehen: Einführung eines Management-Informationssystems, Reorganisation der Patientenbetreuung in einem Pflegeheim, Entwicklung eines neuen technischen Produkts oder eines neuen Fertigungsprozesses etc. Angeleitet von einem akademischen Tutor bereitet der Student dieses Projekt auf wissenschaftlichem Niveau vor (Zieldefinition, Entwicklung von Lösungsalternativen, rationale Entscheidung, Implementierung) und wertet es wissenschaftlich aus. Ein Forschungskolloquium über dieses Projekt, seine theoretischen Hintergründe und den wissenschaftlichen Erkenntnisgehalt stellt zugleich die Prüfung – oder eine Teilprüfung – im entsprechenden Fach dar (Angewandte Informatik, Pflegeorganisation, Industrial Engineering etc.).[15]

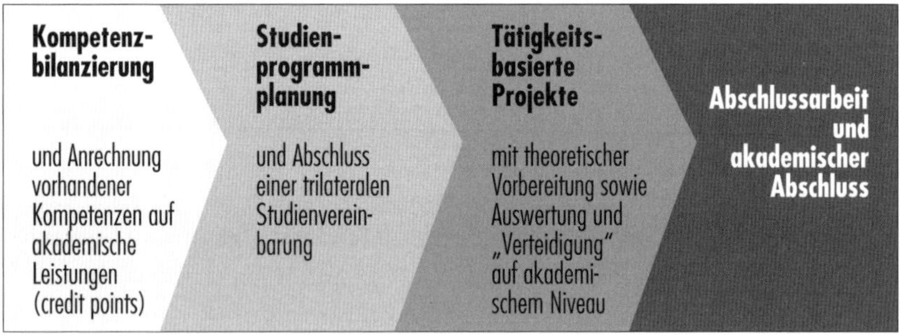

Abb. 7: Elemente des tätigkeitsbasierten Studiums (Work Based Learning)

[15] Das Originalstudienmodell der Middlesex University ist an diesem Punkt noch radikaler: Es werden individuelle Lernpfade definiert, die zu *individuellen Degrees* führen. Dadurch entstehen „Studiengänge der Losgröße 1". Die Darstellung im Text berücksichtigt das aktuelle deutsche Verständnis, das an individuenübergreifend definierten Fächern orientiert ist.

Nur diejenigen Lerninhalte, die nicht durch tätigkeitsbasierte Lernprojekte erarbeitet werden können, werden zum Gegenstand konventioneller Lehrveranstaltungen (Vorlesungen, Seminare) oder anderer Formen der Lehr-/Lernorganisation (z.B. E-Learning, Web Based Learning).

Letztlich entsteht so für jeden Studenten ein individueller Lernweg. Über diesen Lernweg wird ein dreiseitiges Abkommen zwischen dem Studenten, seinem Sponsor (Finanzier der Weiterbildung, in der Regel der Arbeitgeber) und der Universität abgeschlossen (vgl. Abb. 7).

Über die Verknüpfung betrieblich relevanter Projektfragestellungen mit Weiterbildungsaspekten, wissenschaftlicher Methodik und akademischem Mentoring/Coaching entsteht zugleich eine „implizite Unternehmensberatung" als weitere, dritte Facette dieses Dienstleistungsbündels.

Dieses Beispiel stellt – gemessen an der Situation in Deutschland – eine vergleichsweise radikale Innovation dar. Es finden sich allerdings durchaus Elemente des projektorientierten weiterbildenden Studiums auch im Angebot deutscher Hochschulen.[16] Es gilt, diese vorhandenen nationalen wie internationalen Erfahrungen aufzugreifen und im Sinne einer Förderung sowohl der Leistungsfähigkeit der Hochschulen im Weiterbildungsbereich wie auch der Durchlässigkeit des deutschen Bildungssystems insgesamt fortzuentwickeln.

5 Fazit und Ausblick

Die Durchlässigkeit zwischen beruflicher und akademischer Bildung ist in Deutschland noch relativ schwach entwickelt. Dies bezieht sich auf alle drei Gestaltungselemente einer praktisch wirksamen Durchlässigkeit: Hochschulzugang für beruflich Qualifizierte, Anrechnung beruflicher Kompetenzen auf Hochschulstudiengänge und Gestaltung zielgruppengerechter Studienmodelle. Andererseits finden sich in allen drei Bereichen Entwicklungen, die neue Wege aufzeigen: Bundesländer haben den Hochschulzugang für beruflich Qualifizierte (weiter) geöffnet oder sind im Begriff, es zu tun; Anrechnungsmodelle wurden entwickelt und pilothaft eingeführt; neue projektorientierte Studiengänge wurden entworfen und implementiert.

Diese Entwicklungen sind dringend notwendig, und es bedarf weiterer Anstrengungen, um diese neuen Wege der Durchlässigkeit so weiterzuentwickeln,

[16] Z.B. der berufsbegleitende internetgestützte Bachelorstudiengang Business Administration (BA) in mittelständischen Unternehmen der Carl von Ossietzky Universität Oldenburg

dass letztlich für alle studierwilligen und studierfähigen beruflich qualifizierten Personen praktikable und qualitativ angemessene Angebote der wissenschaftlichen Weiterbildung entstehen.

Das Interesse aufseiten der individuellen Nachfrager ist durchaus vorhanden. Aus der aktuellen Absolventenbefragung der Industrie- und Handelskammern geht hervor, dass etwa 15 % der Befragten eine Weiterbildung auf Hochschulniveau anstreben.[17] Hochgerechnet auf insgesamt rund 100 000 Absolventen geregelter beruflicher Weiterbildung pro Jahr besteht allein hier ein Nachfragepotenzial von ungefähr 15 000 Personen jährlich. Dabei ist zu berücksichtigen, dass diese Zahl eine äußerst konservative Schätzung darstellt: Die Befragten äußerten sich im Bewusstsein der aktuell für sie sehr beschränkten Möglichkeiten akademischer Weiterbildung. Sichtbare Fortschritte im Bereich der Durchlässigkeit würden diese Einschätzungen sicherlich deutlich im Sinne einer höheren Studierneigung beeinflussen.

Darüber hinaus sind diese Absolventen beruflicher Weiterbildung keineswegs die einzige beruflich qualifizierte Zielgruppe für akademische Weiterbildung. Gerade in anspruchsvollen beruflichen Erstausbildungsgängen (etwa in den Bereichen IT, Mikrotechnologie, Markt- und Sozialforschung) stellt sich die Frage, inwieweit akademische Weiterbildung eine unmittelbare Alternative zur beruflichen Weiterbildung sein kann. Im Rahmen von ANKOM wurden auch beispielhaft im Fall des Mikrotechnologen Anrechnungspotenziale aus der Erstausbildung im Hinblick auf die Hochschulbildung identifiziert.

Aber auch bei den Unternehmen als Nachfrager nach neuen Angeboten für die betriebliche Weiterbildung besteht hohes Interesse. Angesichts zunehmender Schwierigkeiten der externen Rekrutierung insbesondere technisch-naturwissenschaftlicher Fachkräfte stellt die akademische Weiterbildung vorhandenen gewerblichen Personals eine interessante Alternative dar. Für die Rekrutierung von gewerblichem Nachwuchs wird es immer wichtiger werden, den Bewerbern konkrete Perspektiven der Personalentwicklung und Weiterbildung aufzeigen zu können.

Dieses Interesse ist besonders groß in (hoch-)technologisch geprägten Branchen oder Sektoren, die vom Fachkräftemangel in erheblichem Maße betroffen sind. In einer Befragung von Unternehmen aus dem Bereich der Sensorik und Messtechnik wurde beispielhaft deutlich, dass eine Mehrheit der Unternehmen Modelle der akademischen Weiterbildung nach dem Muster des Work Based

[17] Kuper, a.a.O.

Learning (s.o.) als interessant für ihre personalwirtschaftlichen Belange ansieht.[18]

Wenn es also gelingt, die begonnenen Innovationen in den Feldern Hochschulzugang, Anrechnung und Studienmodelle bedarfsorientiert weiterzuentwickeln, entstehen erhebliche Nutzenpotenziale für unterschiedliche Interessengruppen. Für Absolventen beruflicher (Weiter-)Bildung eröffnen sich neue Wege der Karriereentwicklung. Unternehmen erhalten neue Instrumente der Fachkräfteentwicklung. Für Hochschulen schließlich stellen kostendeckend privat finanzierte Weiterbildungsstudiengänge nicht nur eine zusätzliche Finanzierungsquelle dar, sondern sie bilden zugleich einen Kristallisationspunkt für intensivere Kommunikations- und Kooperationsbeziehungen zur Praxis und zur Wirtschaft.

---

[18] Künzel, M. & E. A. Hartmann (i. Vorb.): Technische Fach- und Führungskräfte in der Sensorik und Messtechnik: Problemlage und Bewältigungsstrategien. Wird veröffentlicht auf der Webseite des Instituts für Innovation und Technik. www.iit-berlin.de.

Studium ohne Abitur in Finnland

Marjaliisa Hentilä, Finnland-Institut in Deutschland

Die finnische Bildungspolitik

Traditionell war eine Berufsausbildung in Finnland „etwas für Nachbarskinder", d.h. eine für die Gesellschaft und die Wirtschaft wichtige und auch geschätzte Sache, aber nicht unbedingt die erste Wahl für die eigenen Kinder. Die nach wie vor hohe Wertschätzung einer akademischen Ausbildung zeigt sich darin, dass auch heute noch nach der Gemeinschaftsschule über die Hälfte jedes Jahrgangs in der gymnasialen Oberstufe weiterlernt. Es gibt Kommunen, in denen dieser Anteil über 80 % beträgt.

Das Credo der finnischen Bildungspolitik lautet: Bildung bzw. eine gute Ausbildung aller Menschen ist die wichtigste Ressource für den wirtschaftlichen Erfolg des Landes – das wichtigste Kapital Finnlands sind hoch qualifizierte Arbeitskräfte. Unter dem Motto „Möglichst viel Bildung für alle" wurde das ursprünglich gegliederte Schulsystem in den 60er- und 70er-Jahren radikal reformiert, die Gemeinschaftsschule für alle wurde eingeführt. Gleiche Bildungschancen für alle Bürger und das lebenslange Lernen werden in Finnland sehr ernst genommen, und dementsprechend wird Erwachsenenbildung auf allen Bildungsstufen angeboten. Erwachsenenbildung ist ein wichtiges Mittel zur Förderung der Chancengleichheit und aktiven Staatsbürgerschaft.

Das finnische Bildungssystem

Das finnische Bildungssystem ist in drei Teile gegliedert: den grundlegenden obligatorischen neunjährigen Unterricht in der Gemeinschaftsschule für alle Kinder, die Sekundarstufe II und die höhere Bildung an den Universitäten und Fachhochschulen. Alle Schülerinnen und Schüler bleiben die ersten neun Jahre in der Gemeinschaftsschule, wo der Unterricht und die Unterrichtsmaterialien kostenfrei sind. Mit dem Abschluss der Gemeinschaftsschule endet in Finnland die Schulpflicht.

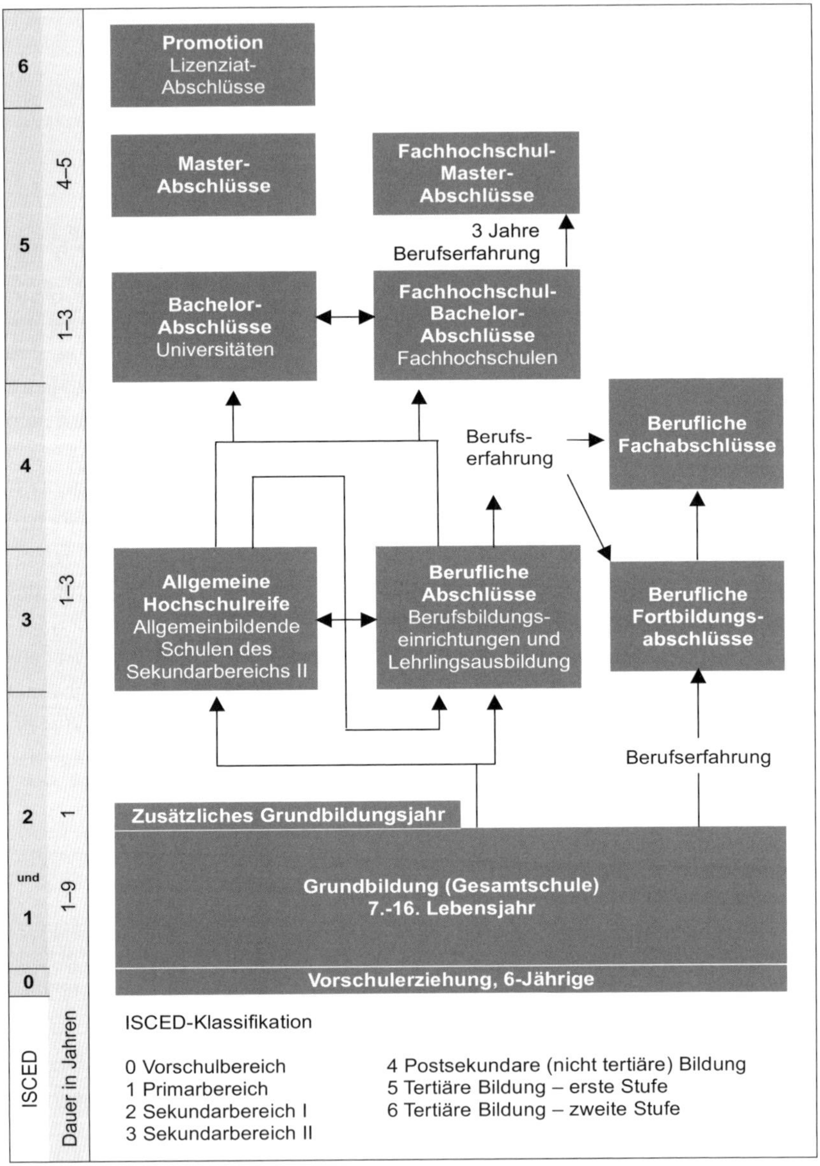

Abb. 1: Das finnische Bildungssystem im Überblick (Quelle: Finnisches Bildungsministerium, www.minedu.fi)

Der Anteil derjenigen, die ihre Ausbildung nach Abschluss der Gemeinschaftsschule nahtlos fortsetzen, ist von Jahr zu Jahr gestiegen und liegt aktuell bei über 95 %. Auch wenn die berufliche Ausbildung in den letzten Jahren an Beliebtheit gewonnen hat, entscheidet sich nach Abschluss der Gemeinschaftsschule wie zuvor die Mehrheit jedes Jahrgangs – über 54 % – für den weiteren Schulbesuch auf der gymnasialen Oberstufe. Die Abschlüsse beider Ausbildungsformen – der gymnasialen Oberstufe ebenso wie einer dreijährigen berufsqualifizierenden Ausbildung in einer Berufsschule oder im Rahmen eines Lehrverhältnisses – führen heute in Finnland zur allgemeinen Hochschulreife. Beide berechtigen zum Ablegen einer Aufnahmeprüfung für ein weiterführendes Studium an Universitäten und Fachhochschulen.

Es besteht auch die Möglichkeit, Komponenten der allgemeinbildenden gymnasialen Oberstufe und der beruflichen Ausbildung zu kombinieren und die Abiturprüfung und einen beruflichen Abschluss parallel zu absolvieren. Aber auch ein beruflicher Grundabschluss allein verleiht die allgemeine Hochschulreife.

Die Möglichkeit des Übergangs der Schüler oder Studierenden von einer Bildungsstufe zur nächsten ist in Finnland gesetzlich gesichert. Das Bildungssystem ist auf allen Ebenen durchlässig: die Entscheidung für eine berufliche Ausbildung führt so nicht länger in eine Sackgasse, alle Wege zu weiterer Bildung bis hin zur Aufnahme eines Studiums bleiben offen. Zwischen beruflicher Grundausbildung und Erwachsenenbildung, beruflicher Ausbildung und Studienmöglichkeiten an Hochschulen gibt es viele Schnittstellen und Übergangsmöglichkeiten.

1 Berufliche Ausbildung

Im Bereich der beruflichen Grundausbildung gibt es die Möglichkeit, eine Berufsfachschule zu besuchen oder eine Lehrlingsausbildung in einem Lehrverhältnis zu durchlaufen, wobei der Schwerpunkt auf den Berufsfachschulen liegt.

1.1 Berufsfachschulen

Dass die berufliche Ausbildung in Finnland sehr stark schulisch ausgerichtet ist, erklärt sich durch die Entwicklung der Bevölkerungs- und Wirtschaftsstruktur. Die Industrialisierung und die Entstehung des Dienstleistungssektors begannen in Finnland erst in den 1950er-Jahren, und zwar sehr schnell. Da es keine Möglichkeit für eine Ausbildung am Arbeitsplatz oder eine duale Berufsausbildung gab, übernahm der öffentliche Sektor die Verantwortung für die Ausbildung von fachkundigen Arbeitskräften.

In den 1960er-Jahren wurden die Kommunen verpflichtet, die Berufsausbildung entweder in Alleinverantwortung oder zusammen mit Nachbarkommunen zu organisieren. Der Staat unterstützte Bau und Unterhalt der Berufsfachschulen in erheblichem Maße, zog sich aber zunehmend zurück.

Mittlerweile werden die Berufsfachschulen überwiegend von den Kommunen und Gemeindeverbänden getragen. Anfang des Jahres 2006 gab es insgesamt 177 Träger für Berufsausbildung, die ca. 350 Berufsfachschulen unterhielten. Im Bereich der beruflichen Grundausbildung können hier aktuell 53 verschiedene Abschlüsse erworben werden.

Die Berufsfachschulen tragen eine besondere Verantwortung für die Ausbildung des gesamten Jahrgangs von Absolventen der Gemeinschaftsschule, weil sie auch Schüler aufnehmen, die in der Gemeinschaftsschule die schwächsten Lernerfolge hatten. Allerdings wählen auch immer mehr Jugendliche diesen Weg, die die Gemeinschaftsschule mit einem guten Abschluss verlassen haben.

Ein wichtiger Beitrag für die Durchlässigkeit des finnischen Bildungssystems ist, dass die Ausbildung an Berufsfachschulen auch Erwachsenen offensteht: Ein Fünftel der Studienplätze in den Berufsfachschulen ist auf Erwachsene mit Vorbildung und Berufserfahrung ausgerichtet.

Die berufliche Bildung in einer Berufsfachschule dauert in der Regel drei Jahre. Die Fachbereiche mit den größten Teilnehmerzahlen sind Industrie und Verkehr, Sozial- und Gesundheitswesen sowie Handel und Betriebswirtschaft.

1.2 Lehrlingsausbildung

Eine berufliche Grundausbildung kann auch am Arbeitsplatz in einem Lehrverhältnis absolviert und abgeschlossen werden. Auch diese Möglichkeit besteht sowohl für Jugendliche als auch für Erwachsene. Der Schwerpunkt der Lehrlingsausbildung liegt auf der betrieblichen Ausbildung: Rund 80 % der Ausbildungszeit verbringt der Auszubildende im Betrieb. Dieser praktische Teil der Lehrlingsausbildung wird durch einen berufstheoretischen Teil ergänzt, der ca. 20 % der Ausbildungszeit ausmacht. Dieser Teil kann an einer Berufsbildungsanstalt, einem Berufsbildungszentrum für Erwachsene oder einer anderen Bildungseinrichtung absolviert werden. Die Ausbilder am Arbeitsplatz sind fachlich kompetente Mitarbeiter, die aber keine formelle Kompetenz als Lehrkraft oder Ausbildungsleiter nachweisen müssen. Die Lehrlingsausbildung führt zu denselben beruflichen Abschlüssen wie die Ausbildung an einer Berufsfachschule. Von allen beruflichen Grundabschlüssen werden allerdings nur knapp 10 % in einem Lehrverhältnis absolviert, bei Jugendlichen ist der Anteil noch geringer. Denn Arbeitgeber beschäftigen lieber Jugendliche, die schon eine berufliche Ausbildung an einer Berufsfachschule beendet haben und die sie im Rahmen dieses Ausbildungswegs während eines Betriebspraktikums kennen lernen konnten, als die Ausbildung von 16- bis 17-Jährigen selbst zu übernehmen.

Die Auszubildenden in der Berufsausbildung – in den Berufsfachschulen wie in der Lehrlingsausbildung – kommen hauptsächlich direkt aus der Gemeinschaftsschule. Für Lernende mit Abiturprüfung ist die Ausbildungszeit in der Regel um ein Jahr verkürzt, ebenso können bei erwachsenen Auszubildenden früher erworbene berufliche Kenntnisse die Ausbildungszeit verkürzen.

In der beruflichen Grundausbildung gelten für Erwachsene die gleichen fachlichen Kompetenzanforderungen wie für Jugendliche, aber für erwachsene Lernende sind Erleichterungen in den allgemeinbildenden Fächern vorgesehen.

1.3 Kompetenzprüfungen

Berufliche Abschlüsse können in Finnland entweder an einer Berufsfachschule oder im Rahmen einer Lehrlingsausbildung erworben werden. Darüber hinaus gibt es seit den 1990er-Jahren das System der *kompetenzbasierten Qualifikationsprüfungen,* die unabhängig von absolvierten Bildungsgängen zu einem berufsqualifizierenden Erstabschluss oder auch zu einem spezialberuflichen Abschluss führen.[1] Diese Kompetenzprüfungen sind insbesondere im Bereich der Weiterbildung bzw. Erwachsenenbildung von besonderer Bedeutung.

2 Erwachsenenbildung

In Finnland nimmt international gesehen eine hohe Zahl – über die Hälfte der Bevölkerung – an Erwachsenenbildung in den verschiedensten Lehranstalten teil: in gymnasialen Oberstufen, Volkshochschulen, in Fernuniversitäten usw. Praktisch alle beruflichen Bildungseinrichtungen und Hochschulen veranstalten berufliche Fort- und Weiterbildungen für Erwachsene. Die Kurse der Fernuniversitäten werden in lokalen Bildungseinrichtungen angeboten und sind für

[1] Im Jahr 2006 gab es insgesamt 185 Berufsabschlüsse und 120 Spezialberufsabschlüsse.

alle Bürger offen. Die freie Bildungsarbeit ist überall im Lande für erwachsene Lernende erreichbar. Um die Kompetenz der erwachsenen Bevölkerung abzusichern, strebt man danach, dass alle Arbeitnehmer ihr berufliches Können alle 10 bis 15 Jahre gründlich auffrischen sowie ihre berufliche Kompetenz ständig weiterentwickeln.

Das heutige System der Berufsausbildung für Erwachsene wurde in den 1990er-Jahren entwickelt. Die hier erwerbbaren Fortbildungs- und Fachabschlüsse machen es berufstätigen Erwachsenen möglich, ihre fachlichen Kompetenzen formal anerkennen zu lassen, unabhängig davon, auf welchem Wege diese erworben wurden. In diesem Bereich werden sämtliche Abschlüsse auf der Grundlage von Kompetenznachweisen erworben, die speziell für Erwachsene mit Arbeitserfahrung konzipiert wurden. Um den Abschluss zu erwerben, müssen entsprechende berufliche Kenntnisse und Fähigkeiten im Rahmen einer Kompetenzprüfung nachgewiesen werden, bei der es nicht darauf ankommt, auf welchem Wege diese Kompetenzen erworben wurden.

Die Abschlüsse können auch ohne den vorherigen Besuch von Weiterbildungsmaßnahmen erworben werden. Allerdings ist es in der Praxis so, dass die meisten Prüfungskandidaten vor der Prüfung entsprechende Weiterbildungsveranstaltungen besuchen. Erwachsene absolvieren viele Berufs- und Spezialberufsabschlüsse auf diesem Weg.

3 Zugang zum Studium ohne Abitur in Finnland

Der Zugang zu einem Studium ist in Finnland auf verschiedenen Wegen möglich. Sowohl der erfolgreiche Abschluss der gymnasialen Oberstufe als auch eine dreijährige berufsqualifizierende Ausbildung berechtigen zum Ablegen einer Aufnahmeprüfung für ein weiterführendes Studium an den 20 Universitäten und 26 Fachhochschulen des Landes. Das Studium ist kostenfrei.

- Das Studium bis zum Fachhochschulabschluss dauert normalerweise dreieinhalb bis vier Jahre, wobei ein betriebliches Praktikum von mindestens sechs Monaten obligatorisch ist. Zum Studium mit Fachhochschulabschluss können Studenten zugelassen werden, die das Lernpensum der gymnasialen Oberstufe oder die Abiturprüfung, einen berufsqualifizierenden Erstabschluss oder ein entsprechendes Studium im Ausland absolviert haben. Die Vergabe von Studienplätzen an den Fachhochschulen erfolgt im Rahmen eines landesweit gültigen Bewerbungsverfahrens. Die Fachhochschulen veranstalten Aufnahmeprüfungen und suchen sich aufgrund der von ihnen festgelegten Kriterien zur Studienplatzvergabe ihre Studenten selbst aus.

- Auch die 20 finnischen Universitäten, die alle in staatlicher Trägerschaft sind, wählen ihre Studenten anhand von Zeugnissen und verschiedener Aufnahmeprüfungen selbst aus. Ein zum Studium zugelassener Studienplatzbewerber kann innerhalb eines Studienjahres nur einen zum Hochschulabschluss führenden Studienplatz annehmen, unabhängig davon, auf wie viele Studienplätze er sich beworben hat und an wie vielen Hochschulen seine Bewerbung erfolgreich war. Diese Regelung soll für eine Vereinfachung der Studienplatzvergabe sorgen.

Erwachsene Studierende können für ein Vollzeitstudium oder auch für ihre Ausbildung finanzielle Förderung vom Staat bekommen. Erwachsene Arbeitnehmer sind berechtigt, ein Sabbatjahr zu nehmen, um zu studieren. Wenn man während dieses Jahres studiert, kann man eine – allerdings bescheidene – Vergütung bekommen.

Ein Studium ohne Abitur ist in Finnland somit aufgrund der gewollten Durchlässigkeit des Bildungssystems zumindest formal für viele möglich und wird auch finanziell unterstützt. Allerdings ist es aufgrund der anspruchsvollen Aufnahmeprüfungen der Hochschulen nur relativ selten tatsächlich der Fall, dass Studienbewerber ohne Abitur von den Hochschulen zum Studium zugelassen werden: Ein Studium ohne Abitur gelingt in Finnland aktuell nur ca. 2 % der Studenten.

Seit einigen Jahren wird verstärkt nach Wegen gesucht, diese Quote zu vergrößern. Es wird überlegt, wie man die Hochschulen zu einer stärkeren Ausrichtung ihrer Aufnahmeverfahren zu einer Anerkennung beruflich erworbener Kompetenzen bewegen kann, beispielsweise dadurch, dass man allen Studenten ein Recht auf Validierung aller Lernergebnisse einräumt. Ziel ist, die hohe Durchlässigkeit des finnischen Bildungssystems auch an dieser Stelle noch weiter zu verbessern.

Literatur

Marita Savola, Jukka Sarjala:
Erwachsenenbildung. In: Jukka Sarjala & Esko Häkli (Hrsg.): Jenseits von PISA. Finnlands Schulsystem und seine neuesten Entwicklungen. Schriftenreihe des Finnland-Instituts in Deutschland, Band 10, Berliner Wissenschafts-Verlag. Berlin 2008, S. 173–180

Heli Kuusi:
Berufliche Ausbildung in Finnland. In: Jukka Sarjala & Esko Häkli (Hrsg.): Jenseits von PISA. Finnlands Schulsystem und seine neuesten Entwicklungen. Schriftenreihe des Finnland-Instituts in Deutschland, Band 10, Berliner Wissenschafts-Verlag. Berlin 2008, S. 155–172

ECOTEC:
Souto Otero, M.; Hawley, J.; Nevala, A.-M. (eds.):
European Inventory on Validation of non-formal and informal learning. 2007 Update. A Final Report to DG Education & Culture of the European Commission. ECOTEC Research and Consulting Limited. Birmingham 2008

Validierung nonformalen und informellen Lernens im europäischen Vergleich – Ansätze und Perspektiven für mehr Durchlässigkeit

Gabriele Fietz, Forschungsinstitut Betriebliche Bildung (f-bb)

Dass stetige Anpassung und Aktualisierung beruflichen Wissens und beruflicher Fertigkeiten unerlässlich sind – für den Einzelnen, die Unternehmen und die Volkswirtschaften –, darf als unbestritten gelten. Dass hierzu fließende Übergänge zwischen unterschiedlichen Lernformen und Lernorten möglich sein müssen – innerhalb verschiedener Pfade der beruflichen Bildung ebenso wie im Verhältnis berufliche Bildung und Hochschulbildung –, ist zumindest in der Rhetorik der Bildungsdiskussion mittlerweile ebenfalls kaum mehr umstritten. Dass schließlich auch die Ergebnisse nonformalen und informellen Lernens ermittelt, bewertet und nach bestimmten allgemein anerkannten Standards anerkannt werden müssen, wenn Übergänge geschaffen werden sollen und „lebenslanges Lernen Realität werden" soll, ist zwar ebenfalls fester Bestandteil dieser Rhetorik – Realität ist die Umsetzung dieser Aufgabe und die Entwicklung geeigneter Verfahren allerdings ebenso wenig wie die Schaffung geeigneter Übergänge innerhalb und zwischen den Bildungssystemen.

Andere Länder Europas sind mit Blick auf die „Validierung"[1] von Lernergebnissen, die auf nonformalem oder informellem Wege erzielt wurden, schon sehr viel weiter fortgeschritten als Deutschland. Der Beitrag zeigt an Beispielen anderer europäischer Berufsbildungs- und Qualifikationssysteme verschiedene Wege auf, wie Ergebnisse auch nonformalen und informellen Lernens transparent gemacht, bewertet und anerkannt sowie Übergänge ermöglicht werden können. Zugleich werden Herausforderungen für die Verbesserung von Qualität und Wirksamkeit derartiger Verfahren deutlich, denen die europäischen Länder und insbesondere Deutschland sich in den nächsten Jahren werden stellen müssen.

---

1 Als Validierung werden in der europäischen Bildungsdiskussion Prozesse der Ermittlung, Bewertung und Anerkennung von Lernergebnissen nach bestimmten Standards bezeichnet.

Berufliches Lernen – zunehmend nonformal und informell

Einmal erworbene Kenntnisse und Qualifikationen reichen längst nicht mehr aus für ein ganzes Berufsleben, sie müssen angesichts beschleunigten technischen Wandels, immer schnellerer Innovationszyklen und geänderter betrieblicher Organisationsformen ständig erweitert und erneuert werden. Das bedeutet auch, dass im Vergleich zu einem „Vorratslernen" in der Erstausbildung Lernformen immer wichtiger werden, die sich außerhalb der traditionellen Institutionen des Bildungssystems und formaler Lernarrangements vollziehen. Erwerb und Anpassung von Kenntnissen, Fertigkeiten und Kompetenzen finden *nonformal* ebenso statt wie *informell* und ohne explizite Lernabsicht – quasi „en passant" im praktischen Handeln, vor allem am Arbeitsplatz, aber auch bei vielen anderen Gelegenheiten in Freizeit, Familie, Ehrenamt. Die aktuelle europäische Diskussion legt folgende Definitionen zugrunde:

Formales Lernen: Lernen, das in einem organisierten und strukturierten Kontext (Bildungs- oder Ausbildungseinrichtung, am Arbeitsplatz) stattfindet, explizit als Lernen bezeichnet wird (in Bezug auf Lernziele, Lernzeit oder Lernförderung). Formales Lernen ist aus der Sicht des Lernenden beabsichtigt. Es führt typischerweise zu Validierung und Zertifizierung.

Nicht formales Lernen: Lernen, das in planvolle Tätigkeiten eingebettet ist, die nicht explizit als Lernen bezeichnet werden (in Bezug auf Lernziele, Lernzeit oder Lernförderung), jedoch ein ausgeprägtes „Lernelement" beinhalten. Nicht formales Lernen ist aus Sicht der Lernenden mit der Absicht verbunden zu lernen. (...) Die Ergebnisse nonformalen Lernens können validiert werden und zu Zertifizierung führen.

Informelles Lernen: Lernen, das im Alltag, am Arbeitsplatz, im Familienkreis oder in der Freizeit stattfindet. Es ist in Bezug auf Lernziele, Lernzeit oder Lernförderung nicht organisiert oder strukturiert. Informelles Lernen ist in den meisten Fällen nicht intentional. (...) Die Ergebnisse informellen Lernens führen gewöhnlich nicht zu Zertifizierung; sie können jedoch im Rahmen der Anerkennung von Prior Learning[2] validiert und zertifiziert werden. Informelles Lernen wird auch als Erfahrungs- oder zufälliges Lernen bezeichnet (CEDEFOP 2008a, S. 45 f.).

2 Als „Prior Learning" wird die Gesamtheit der Kenntnisse, des Know-how und der Kompetenzen bezeichnet, die der Einzelne durch eine frühere Ausbildung oder durch Erfahrung erworben hat (CEDEFOP 2004, S. 121).

Die Ergebnisse der zunehmend bedeutsamen nonformalen und informellen Lernprozesse werden häufig nicht erfasst oder gar zertifiziert. Nur in einigen Bildungssystemen Europas existieren Verfahren der Validierung, die zum Eintritt in weiterführende Bildungsgänge des formalen Systems berechtigen.

Transparenz und Durchlässigkeit

Wo es um die stetige Anpassung und Aktualisierung beruflichen Wissens und beruflicher Fertigkeiten geht, sind Möglichkeiten zum Übergang zwischen unterschiedlichen Lernformen und Lernorten unerlässlich. Schon bei der Anrechnung und Anerkennung von Lernergebnissen, die in formalen Kontexten innerhalb eines Landes erzielt werden, erweist sich allerdings, dass in vielen Berufsbildungssystemen die institutionellen Voraussetzungen hierfür fehlen. Das gilt in besonderem Maße im Verhältnis berufliche Bildung und Hochschulbildung, aber auch innerhalb verschiedener Pfade der beruflichen Bildung. Institutionelle Wege, um auch die Ergebnisse nonformalen und informellen Lernens zu identifizieren und anzuerkennen, fehlen weitgehend. Traditionelle Formen der Ermittlung und Zertifizierung von Lernerfolgen, wie sie aus Prozessen schulischen oder lehrgangsförmigen Lernens geläufig sind, sind hierzu wenig tauglich. Benötigt werden daher Verfahren, die Lernergebnisse unabhängig davon sichtbar machen, wo, wann und wie diese erworben wurden – ob im Lehrgang, im Selbststudium oder einfach in der Praxis.

Innerhalb der Europäischen Union und der europäischen Länder wächst seit einigen Jahren die Aufmerksamkeit für die Notwendigkeit, geeignete Validierungsverfahren auf transnationaler wie auch nationaler Ebene zu entwickeln: „Validierung wird mehr denn je zuvor als wesentlicher Bestandteil der europäischen Strategie des lebenslangen Lernens angesehen“ (CEDEFOP 2008a, S. 33, Übers. d. Verf.).

Voraussetzung der Validierung ist allerdings, dass eine gemeinsame Sprache gefunden wird, dieses „verborgene Lernen sichtbar (zu) machen“ (Bjørnåvold 2001). Für alle drei Phasen des Validierungsprozesses – Identifikation, Bewertung und Anerkennung nonformalen und informellen Lernens – sind Verfahren und Instrumente zu entwickeln, in deren Mittelpunkt nicht die verschiedenen *Wege* des Kompetenzerwerbs stehen, sondern die *Lernergebnisse*.

Bewertung von Lernergebnissen, nicht von Lernwegen: „The shift to Learning Outcomes“[3]

Um nicht nur die formal erworbenen Qualifikationen, sondern das gesamte Kompetenzspektrum eines Individuums abzubilden, wurden in zahlreichen europäischen Ländern Validierungsverfahren entwickelt, die sich an Lernergebnissen – den „Learning Outcomes“ – orientieren, unabhängig davon, wann, wo und wie diese zustande gekommen sind. Unter „Learning Outcomes“ wird in der europäischen Berufsbildungsdebatte „das Set von Wissen, Fähigkeiten und/oder Kompetenzen (verstanden), das ein Individuum erworben hat und/oder das es nach dem Abschluss eines Lernprozesses nachweisen kann“ (CEDEFOP 2008a, S. 46, Übers. d. Verf.). In der Bildungspolitik der EU wie in der einzelner europäischer Länder vollzieht sich die Hinwendung zu outcomeorientierten Verfahren mit zunehmender, wenngleich nach wie vor sehr unterschiedlicher Geschwindigkeit (ECOTEC 2008, S. iii).

Ein wesentlicher Grund für die wachsende Bedeutung outcomeorientierter Ansätze zur Erfassung, Beschreibung und Bewertung von Lernergebnissen liegt auch in der Internationalisierung der Arbeits- und Kapitalmärkte: In dem Maße, wie Arbeit grenzüberschreitend nachgefragt wird und Unternehmen die Freiheit der Auswahl auswärtiger Standorte als Mittel der Herstellung ihrer Wettbewerbsfähigkeit begreifen, reichen Verfahren der Dokumentation von Lernprozessen, die eng mit den nationalen (Berufs-)Bildungssystemen und ihren formellen Regelungen verknüpft sind, nicht mehr aus. Benötigt werden Beschreibungen beruflicher Kompetenzen, die jenseits formaler Abschlüsse des jeweiligen nationalen Bildungssystems die handlungsrelevanten Lernergebnisse beschreiben. Ziel ist die Vergleichbarkeit der beruflichen Abschlüsse und die Nachvollziehbarkeit der Dokumentation von Bildungsinhalten über alle Mitgliedsstaaten der EU hinweg (Fietz/Junge/Reglin 2006, S. 5–18).

Europäische Berufsbildungspolitik: Bologna – Lissabon – Kopenhagen

Vor diesem Hintergrund stehen die Systeme der beruflichen Bildung in den Ländern Europas vor großen und neuen Herausforderungen, die in der viel zitierten „Lissabon-Erklärung“ des Europäischen Rates bereits im Jahr 2000 formuliert und im Verlauf des „Kopenhagen-Prozesses“ konkretisiert wurden:

[3] CEDEFOP 2008b

Europas Bildungssysteme sollen *flexibler* werden, sie sollen *systematische Übergänge* zwischen Aus- und Weiterbildung sowie *vertikale Durchlässigkeit* der beruflichen Bildung zur Hochschulbildung und zu anderen Bildungsgängen erlauben.

Pionierarbeit im Hinblick auf mehr Flexibilität und europaweite Vergleichbarkeit wurde auf dem Feld der Hochschulbildung geleistet: Bereits im Jahr 1998 haben die Bildungsminister Frankreichs, Deutschlands, Italiens und Großbritanniens mit der sogenannten „Sorbonne-Erklärung“[4] eine Initiative in Gang gebracht, die darauf gerichtet war, Vergleichbarkeit im europäischen Hochschulwesen herzustellen. 1999 brachte die „Bologna-Erklärung“[5] von 29 Bildungsministern die Schaffung eines Systems leicht verständlicher und vergleichbarer Abschlüsse auf den Weg: undergraduate und graduate – „Bachelor“ und „Master“ – mit dem Doktorat als dritter Stufe. Um die europäische Vergleichbarkeit von Studienabschlüssen garantieren zu können und die Mobilität der Studierenden zu fördern, wurde beschlossen, ein *Leistungspunktesystem* zu entwickeln, das *European Credit Transfer System (ECTS)*.

Auch in der beruflichen Bildung bieten die im Zuge des „Kopenhagen-Prozesses“ entwickelten Transparenzinstrumente Chancen auf mehr Vergleichbarkeit und Durchlässigkeit: Nach dreijähriger Vorbereitung hat das Europäische Parlament am 25. Oktober 2007 der Schaffung eines *Europäischen Qualifikationsrahmens (EQR)* zugestimmt. Die für die einzelnen Mitgliedsländer unverbindliche Empfehlung trat im April 2008 formell in Kraft. Der EQR ist ein Referenzsystem für den transnationalen Vergleich von Bildungsergebnissen. Anerkennungsverfahren in Europa können damit wesentlich erleichtert werden. Gegenwärtig laufen in vielen Ländern Aktivitäten für die Schaffung *Nationaler Qualifikationsrahmen (NQR)*. Diese können zu einem wichtigen Hilfsmittel werden, um mehr Durchlässigkeit im Bildungssystem zu schaffen – so auch zwischen beruflicher Bildung und Hochschulbildung. Seit April 2008 liegt der endgültige Vorschlag der Europäischen Kommission für das parallel zum EQR entwickelte *Leistungspunktesystem für die berufliche Bildung (ECVET)*[6] vor.

Alle im Verlauf des „Kopenhagen-Prozesses“ entwickelten Instrumente beruhen auf dem „Learning Outcome“-Ansatz. Um Fähigkeiten und Kompetenzen über die Grenzen von Bildungssystemen und/oder Bildungsgängen hinweg sicht-

---

4 www.bologna-berlin2003.de/pdf/Sorbonne_declaration.pdf

5 www.bmbf.de/pub/bologna_deu.pdf

6 http://ec.europa.eu/governance/impact/docs/ia_2008/sec_2008_0443_en.pdf

bar zu machen, bedürfen sie der Ergänzung durch Verfahren zur Validierung von Lernergebnissen.

Validierung: Good Practice in europäischen Ländern

Während die praktische Umsetzung der Validierung von Lernergebnissen lange Zeit nur in wenigen Ländern Europas im Blickpunkt der Bildungspolitik stand, ist mittlerweile ein Paradigmenwechsel wahrzunehmen. „Die Länder nehmen lebenslanges Lernen zunehmend ernst. Kaum ein Land wendet sich gegen die Bedeutung und Notwendigkeit der möglichst umfassenden Bewertung von Learning Outcomes“ (CEDEFOP 2008a, S. 32, Übers. d. Verf.). Auch die Entwicklung Nationaler Qualifikationsrahmen in ganz Europa hat zum wachsenden Interesse an Validierung beigetragen (CEDEFOP 2008a, S. 6). Allerdings ist die Bedeutung, die der Erfassung und Bewertung informellen und nonformalen Lernens zugewiesen wird, in den einzelnen Ländern Europas nach wie vor sehr unterschiedlich. So unterscheidet auch das 2007 aktualisierte „European Inventory on Validation of non-formal and informal learning“ die untersuchten 32 europäischen Länder in solche mit „high, medium and low degrees of development of VINFL“ (ECOTEC 2008, S. iii)[7].

I. *High* degree	BE	DK	EE	FI	FR	IE	NL	NO	PT	SL	RO	ES	UK
II. *Medium* degree	AT	CZ	IS	IT	**DE**	HU	LT	LU	MT	PL	SW		
III. *Low* degree	BU	HR	CY	GR	LV	LI	SK	TR					

Tab. 1: Stand der Umsetzung der Validierung in 32 europäischen Ländern (eigene Darstellung, Quelle: CEDEFOP 2008a)

Auf hohem Stand der Entwicklung werden Länder eingestuft, in denen „Validierung für die Individuen praktische Realität“ ist (CEDEFOP 2008a, S. 24). Das sind mit gegenwärtig dreizehn Ländern über ein Drittel der untersuchten Länder. Neben Ländern mit vergleichsweise langer Tradition in Validierungsfragen wie Frankreich, Großbritannien, Irland finden sich in dieser Kategorie auch die nor-

7 VINFL: Validation of Informal and Non-formal Learning

dischen Länder sowie einige neue EU-Staaten wie Estland, Slowenien und Rumänien, die ihren Beitritt zur EU genutzt haben, ihre Bildungssysteme grundlegend an den strategischen Vorgaben des Kopenhagen-Prozesses auszurichten. Auf mittlerem Stand der Entwicklung der Validierung informellen Lernens werden Länder eingestuft, in denen „Validierung im Entstehungsprozess" ist (CEDEFOP 2008a, S. 24). Hier ist unter anderen auch Deutschland eingestuft.

Mit Blick auf Möglichkeiten des Übergangs von der beruflichen zur Hochschulbildung und die Berücksichtigung beruflichen und außerberuflichen Erfahrungslernens zeigt sich vor allem bei den europäischen Ländern der Einstufung II und III erheblicher Handlungsbedarf: Nach wie vor stehen in vielen dieser Länder, darunter auch in Deutschland, die Universitäten nur einer Minderheit derjenigen offen, die sich für ihr Berufsleben qualifizieren. Zugang und Zulassung zu den Hochschulen sind in diesen Ländern in erster Linie vom schulischen Erwerb einer Studienberechtigung abhängig. Inhalte, Institutionen und Strukturen von beruflicher Ausbildung auf der einen und hochschulischer Ausbildung auf der anderen Seite sind deutlich voneinander geschieden. Berufsbildungssystem – sei es dual oder schulisch ausgerichtet – und Hochschulsystem sind kaum aufeinander bezogen.[8]

Anders in Ländern der Kategorie I. Vor allem in den angelsächsischen Ländern, aber auch in Ländern wie Frankreich, Finnland oder Norwegen sind Zugänge zum Hochschulstudium durch Validierung von Erfahrungslernen – wenn auch auf unterschiedliche Weise – systemisch verankert. Die im Folgenden knapp dargestellten Systeme Frankreichs, Englands sowie der nordischen Länder Finnland und Norwegen haben verschiedene Wege und Verfahren zur Validierung nonformalen und informellen Lernens entwickelt.

• Frankreich: Validierung von Erfahrungslernen als Brücke zum formalen System

Der *Shift to Learning Outcomes,* die Umorientierung auf Lernergebnisse, ist wesentliche Voraussetzung dafür, dass Validierung von nonformalem und informellem Lernen integraler Bestandteil eines Bildungssystems werden kann. Dabei ist es wichtig, dass „die Verbindung zwischen Qualifikationen und formalen Berufsbildungsgängen verringert/beseitigt wird, um Validierung zur Norma-

[8] Zur Situation im deutschen Bildungssystem sei auf den Beitrag von Severing im vorliegenden Band verwiesen.

lität werden zu lassen und zum ‚Mainstream' zu machen" (CEDEFOP 2008a, S. 34, Übers. d. Verf.). Wie diese Umorientierung gestaltet werden kann, soll im Folgenden am Beispiel Frankreichs gezeigt werden, das in der Fachliteratur als klassisches Beispiel eines „Top-down"-Ansatzes zur Einführung von VINFL gilt (ECOTEC 2008, S. 17).[9]

Abschlüsse und Zertifikate des formalen Bildungssystems spielen in Frankreich traditionell und bis heute eine herausragende Rolle. Frankreich wurde oft als das Land charakterisiert, in dem die „Titellogik" dominiert. Auf der anderen Seite ist Frankreich eines der europäischen Länder „mit der längsten Tradition der Identifizierung, Ermittlung und Anerkennung nonformalen Lernens" (Bjørnåvold 2001). Festzustellen sind zwei unterschiedliche Entwicklungsstränge: auf der einen Seite die[10] formativ auf die individuelle Kompetenzbilanzierung und -entwicklung ausgerichtete *Bilan de compétences* und auf der anderen Seite summativ ausgerichtete Verfahren, die auf Anrechnung und Anerkennung von Erfahrungslernen zielen und die in jüngerer Zeit auch den Übergang zur Hochschulbildung ermöglichen.

Bereits 1985 fasste die französische Regierung die Schaffung eines für die ganze Nation geltenden Systems zur Identifikation und Dokumentation informellen Erfahrungslernens ins Auge. Die *Bilan de compétences,* 1989 vom französischen Arbeitsministerium eingeführt, sollte sowohl Berufstätigen als auch Arbeitslosen ermöglichen, ihre auf nonformalem Weg erworbenen beruflich relevanten Kompetenzen zu evaluieren sowie Unternehmen bei der Entwicklung ihrer Humanressourcen zu unterstützen. Zu diesem Zweck wurden staatliche und private Assessment-Center in ganz Frankreich eingerichtet. Mit der *Bilan de compétences* wurden die gesetzlichen und organisatorischen Voraussetzungen für eine breit angelegte Ermittlung und Validierung von im beruflichen Handeln wie in außerberuflichen Situationen erworbenen Kompetenzen geschaffen. Allerdings ist dieses formativ ausgerichtete Instrument unterhalb der Ebene der ordnungs-

[9] Die folgenden Darstellungen der Bildungssysteme Frankreichs, Englands und Norwegens basieren auf „Länderreports", die von europäischen Partnern im Rahmen des Projekts „europass +" erarbeitet wurden. Das LEONARDO-DA-VINCI-Pilotprojekt europass+ wurde in den Jahren 2006 bis 2008 von Partnern aus sieben europäischen Ländern unter Leitung des Forschungsinstituts Betriebliche Bildung (f-bb) durchgeführt. Die Projektergebnisse werden in Ausgabe 35 der Reihe impuls der Nationalen Agentur Bildung für Europa beim Bundesinstitut für Berufsbildung (NA beim BIBB) publiziert (Fietz, Junge et al. 2009). Die Länderreports sind auch im Internet abrufbar unter www.europassplus.info.

[10] *Le* bilan – der besseren Lesbarkeit wegen wird hier in Analogie zum Deutschen die weibliche Form gewählt.

politischen Anerkennung angesiedelt: Es erfüllt vor allem für die Individuen die Funktion, Bilanz über das gesamte Spektrum des eigenen lebenslangen Lernens zu ziehen und auf dieser Basis die weitere berufliche Entwicklung zu planen. Die Akzeptanz bei den Unternehmen jedoch scheint eher gering zu sein.

Etabliert und durchgesetzt haben sich in Frankreich aber auch Formen der Validierung, die auf Anrechnung und Anerkennung der Ergebnisse des lebenslangen Lernens zielen. Bereits in den 30er-Jahren des vergangenen Jahrhunderts wurde gesetzlich geregelt, dass Abschlüsse in der Metall- und Elektroindustrie auf Basis beruflicher Erfahrung erworben werden konnten. Seit 1985 wurde durch *Validation des acquis professionnels (VAP)* die Anrechnung während des Berufslebens erworbener Kompetenzen auf bestimmte Ausbildungsgänge des formalen Bildungssystems gesetzlich geregelt. Mit dem 2002 in Kraft getretenen *Loi de modernisation sociale* (Gesetz zur sozialen Erneuerung) wurde die Anerkennung von Erfahrungswissen umfassender geregelt: Seither ist mit der *Validation des acquis de l'expérience (VAE)* der Zugang zu formalen Ausbildungsgängen und die Anerkennung durch Erfahrung erworbener Kompetenzen und somit der Erwerb formaler Qualifikationen, einschließlich Hochschulabschlüssen, möglich. VAE kann somit sowohl zum Erwerb vollständiger Qualifikationen oder – alternativ – von Units (Teilen von Abschlüssen) führen. Alle Bürger mit mindestens dreijähriger Berufserfahrung oder Erfahrung in der Freiwilligenarbeit haben das Recht darauf, sich über VAE einer Validierung ihrer Fähigkeiten zu unterziehen. Wie die *Validation des acquis professionnels* beruht die *Validation des acquis de l'expérience* auf dem Portfolio-Ansatz: In einem Portfolio werden die relevanten beruflich und außerberuflich erworbenen Kompetenzen belegt. Das Portfolio wird durch ein Interview ergänzt und stellt so die Grundlage für die externe Bewertung der Kompetenzen des Kandidaten durch den zuständigen Ausschuss dar. Die institutionellen Voraussetzungen werden durch die *Commission nationale de la certification professionelle (CNCP)* sichergestellt. Diese ist verantwortlich für die Erfassung aller national verfügbaren Qualifikationen in dem *Répertoire national des certifications professionnelles (RNCP)*. Die nationale Kommission überprüft auch die Verfahren der Verleihung der Qualifikationen durch die zuständigen Stellen und richtet in allen Regionen Beratungsstellen ein, in denen Bürger und Unternehmen sich über das Spektrum der zu erlangenden Qualifikationen informieren können. Mit der *Validation des acquis de l'expérience* ist in Frankreich *neben* dem formalen Bildungssystem ein System der Anerkennung von *Learning Outcomes* entstanden, das nonformales und informelles, berufliches und außerberufliches Lernen einbezieht.

Validierung auf betrieblicher Ebene – Einbeziehung der Sozialpartner

Bei der Umsetzung der Validierung nonformal und informell erworbener Kompetenzen in den französischen Unternehmen kommt den Sozialpartnern eine bedeutende Rolle zu. Bei den Feststellungsverfahren von beruflichen Fähigkeiten und Kompetenzen der Mitarbeiter, etwa in alle zwei Jahre stattfindenden Jobinterviews mit dem Arbeitgeber, stehen formative Aspekte, also die individuelle Kompetenzentwicklung, im Vordergrund. Jeder Mitarbeiter kann auf eigene Initiative einen Weiterbildungspass erstellen, der seine gesamten beruflich verwertbaren Kompetenzen dokumentiert. Dieser Weiterbildungspass zielt darauf, inner- und außerbetriebliche Mobilität zu erleichtern. Insbesondere erfahrene Mitarbeiter (Mitarbeiter über 45 Jahre und mit über 20 Jahren Berufserfahrung) profitieren von der Validierung ihrer beruflichen Erfahrungen.

• England: NVQ-System ermöglicht Transfer von Lernergebnissen

Als Beispiel für eine besonders umfassende und strikte „Outcome-Orientierung" gilt das *NVQ (National Vocational Qualifications)-System* der angelsächsischen Länder. Am Beispiel Englands zeigt sich, dass dieses System den Transfer von Lernergebnissen von einer Lernumgebung in eine andere schon seit Langem ermöglicht. Zugleich sind in jüngster Zeit Reformbemühungen im Gang, die sich z.B. mit der Ausbalancierung summativer, den Lernerfolg feststellender und formativer, den Lernprozess berücksichtigender Elemente befassen, die „Outcome-Orientierung" durch engere Orientierung des Lernprozesses an den jeweiligen Bedarfen der Unternehmensseite ergänzen oder auch den häufig beklagten hohen Aufwand einzudämmen versuchen, der mit den Assessment-Verfahren des NVQ-Systems verbunden ist.

Mit dem *National Vocational Qualifications (NVQ)-System* verfügt England bereits seit 1986 über ein System, das Aussagen über die im Prozess der Arbeit vor allem auf informellen Wegen erworbenen Kompetenzen ermöglicht. Das System basiert auf einem standardisierten nationalen Bezugsrahmen für Qualifikationen, den NVQ. *National Occupational Standards* (NOS) bilden die Grundlage für die NVQ: Berufliche Tätigkeitsfelder werden in fünf Niveaustufen (Levels) von einfacher Routinetätigkeit bis hin zu Aufgaben des mittleren Managements unterteilt. Jede dieser Niveaustufen wiederum ist in kleinere „Units" untergliedert. Ob und in welchem Maß ein Lerner über die jeweils erforderlichen Kompetenzen verfügt, wird in Prüfungen – idealerweise am Arbeitsplatz, zumeist jedoch in simulierten Arbeitssituationen in Assessment-Centern – festgestellt. Beurteilende Instanz sind Vorgesetzte, Kollegen oder externe Prüfer. Die erworbenen Kompetenzelemente werden in Portfolios gesammelt und führen nach und nach zum Erwerb der sogenannten NVQ auf dem jeweiligen Level. Wie viel Zeit der Einzelne zum Erwerb einer NVQ benötigt, ist dabei irrelevant. Die Sozialpartner sind sowohl bei der Festlegung der Standards und der Inhaltsbereiche, die ein NVQ umfasst, als auch bei der Festlegung der Qualifikationsanforderungen und Niveauzuordnungen sehr eng eingebunden in den Entwicklungsprozess der NVQ. Vonseiten der Wirtschaft wird die Stärke des NVQ-Systems darin gesehen, dass es sich rein auf die Feststellung der sich im Arbeitsprozess äußernden Kompetenzen bezieht.

Vor dem Hintergrund forcierter Anstrengungen zur Hebung des Qualifikationsniveaus englischer Arbeitnehmer werden seit einiger Zeit auch Bemühungen verstärkt, das summativ ausgerichtete NVQ-System durch formative Elemente zu ergänzen. Im Zuge dieser Bestrebungen wurden auch auf der Mikroebene in den Unternehmen Initiativen angestoßen, die auf mehr Durchlässigkeit zwischen verschiedenen Lernformen und die Verbindung zwischen Lern- und Validierungsprozessen abzielen. Damit erfährt der *Lernprozess* erhebliche Aufwertung. Prominentes Beispiel ist das Instrument RARPA (Recognising and Recording Progress and Achievement in non accredited learning)[11]. Ursprünglich durch den *Learning and Skills Council*[12] entwickelt, wurde das Verfahren durch verschiedene Bildungsanbieter adaptiert und schließlich unter Einbindung der Sozialpartner so zugeschnitten, dass es auch dem Bedarf von KMU gerecht werden kann. Der fünfstufige RARPA-Prozess kombiniert summative und formative Elemente, allerdings werden bei der Kompetenzfeststellung lediglich nonformal erworbene Lernerfolge berücksichtigt, während der Bereich des informellen Lernens ausgeklammert bleibt (ECOTEC 2008, S. 620).

Das Verfahren *Accreditation of Prior Learning (APL)* zur Anerkennung von erworbenen Kompetenzen wurde Anfang der 90er-Jahre von Bildungsanbietern entwickelt und findet mittlerweile auch in der Hochschulbildung Anwendung. Es umfasst die Validierung nonformalen wie auch informellen Lernens mit Blick sowohl auf die Zulassung zu Studiengängen als auch auf die Verkürzung von Studienzeiten. Ende 2004 wurde mit der Veröffentlichung der umfassenden

---

11 Nähere Informationen sind abrufbar unter http://readingroom.lsc.gov.uk/lsc/National/10._RARPA.pdf. Vgl. auch Fietz, Junge et al. 2006, S. 40 f.

12 http://www.lsc.gov.uk/

„Guidelines on the Accreditation of Prior Learning“[13] durch die „Quality Assurance Agency for Higher Education“ ein bedeutender Schritt zur Qualitätssicherung von Einrichtungen der Weiterbildung und der höheren Bildung unternommen.

Anders als andere europäische Länder verfügt England gemeinsam mit Wales und Nordirland bereits seit 2000 über einen Nationalen Qualifikationsrahmen (NQR). Dieser Qualifikationsrahmen umfasst 9 Niveaustufen vom Eingangslevel 0 bis hin zum höchsten Level 8, der Einstufung von Qualifikationen der Postgraduiertenstudiengänge. Seit 2004 wird der NQR Englands überarbeitet, da er im Kontext der „Skills Agenda“ der Regierung einem Qualifikationssystem gerecht werden soll, das eng am Qualifikationsbedarf der Wirtschaft ausgerichtet ist und schnell auf neu aufkommende Bedarfe reagieren kann. Das aktuell entwickelte *Qualifications and Credit Framework (QCF)* zielt auf ein wesentlich breiteres Wirkungsfeld als der gegenwärtige NQR und die beiden Initiativen APL und RARPA. Es ist darauf ausgerichtet, die Lernergebnisse auf jeder Stufe und Lernform – formal, nonformal, informell – einzubeziehen. Die Überarbeitung des NQR zielt damit auch auf die Verbesserung der Anschlussfähigkeit an europäische Qualifikationsrahmen: „The new system will also be compatible with qualifications frameworks across Europe, ensuring people who work elsewhere in the EU will be able to build a portfolio of qualifications“ (QCA 2008).

• Finnland und Norwegen: Bemühungen um Qualität und Wirksamkeit der Validierung

In Finnland und Norwegen wird die Integration lebenslangen Lernens in das formale System der Berufsbildung bereits seit Jahren über Reform- und Anpassungsschritte kontinuierlich vorangebracht und ist dort mittlerweile institutionell fest verankert. Obwohl die institutionellen Voraussetzungen gegeben sind, spielt allerdings die Anerkennung von *Prior Learning* im *Hochschulbereich* bislang in der Praxis in beiden Ländern noch eine eher untergeordnete Rolle. Bemühungen sind im Gang, um diesen Zustand zu ändern.

In **Finnland**[14] wurde über zwei Gesetzgebungsverfahren in den Jahren 1998 und 2004 geregelt, dass der Zugang zur Hochschule auch für Personen möglich ist, die nicht über die entsprechenden formalen Voraussetzungen verfügen, wenn

---

13 http://www.qaa.ac.uk/academicinfrastructure/apl/apl.pdf

14 Zum finnischen Bildungssystem vgl. auch den Beitrag von Hentilä im vorliegenden Band.

sie auf anderem Weg nachweisen können, dass sie das entsprechende Wissen bzw. die entsprechenden Kompetenzen haben, die einen erfolgreichen Studienabschluss erwarten lassen. Der Spielraum für die Universitäten ist groß: Ob und in welchem Umfang sie Bewerbern diese gesetzlich gegebenen Möglichkeiten einräumen, bleibt ihnen überlassen. Vielleicht erklärt sich daraus, dass die Zahl derjenigen, die über diese „flexible Studentenauswahl" einen Studienplatz bekommen, eher niedrig ist: Zahlen aus dem Studienjahr 2002/2003 zeigen, dass sich mit 335 Personen lediglich 0,5 % aller Bewerber um einen Studienzugang über die „flexible Studentenauswahl" bewarben, von denen lediglich 76 von den Hochschulen angenommen wurden, das sind 0,3 % aller Bewerber. Besser sieht es bei Bewerbern für spezielle Masterstudiengänge aus: Dort waren es im Studienjahr 2001/2002 immerhin 7 %, die über die Validierung ihrer meist beruflich erworbenen Kompetenzen einen Studienplatz erhielten (ECOTEC 2008, S. 257).

In jüngster Zeit zeichnet sich jedoch ab, dass vonseiten der Politik mit mehr Nachdruck darauf gedrungen wird, dass die Hochschulen die Anerkennungsverfahren umsetzen. In der Diskussion ist, den Studenten ein *Recht auf Validierung* einzuräumen. Besondere Anstrengungen werden gegenwärtig darauf gerichtet, die Validierungsverfahren für die zwei unterschiedlichen Stufen – den Zugang zur Hochschule und die Verkürzung von Studiengängen – zu vereinheitlichen und deren Verlässlichkeit sicherzustellen (ECOTEC 2008, S. 258).

Auch in **Norwegen** wurden in den letzten Jahren neue Zugänge für Erwachsene zur Hochschulbildung geschaffen. Seit dem Jahr 2001 ist gesetzlich vorgesehen, dass Erwachsene ab dem Alter von 25 Jahren ihre nonformalen und informellen Kompetenzen validieren lassen und so Zugang zu bestimmten Studiengängen erhalten können. Wie auch in Finnland sieht die Gesetzgebung die Befreiung von Prüfungen und die Zulassung zu Studiengängen vor, wenn entsprechende Nachweise über Prior Learning erbracht werden. Migranten mit formellem Hochschulabschluss können von einem speziell für Flüchtlinge eingerichteten Verfahren der Anerkennung von Hochschulabschlüssen profitieren. Dieses Verfahren sieht vor, dass die Bewerber ihre Ausbildung beschreiben und zusätzlich an einem Interview in einer Institution teilnehmen, die Lehrgänge in dem entsprechenden Studienfach anbietet. Das norwegische Ministerium für Bildung und Forschung hat die Empfehlung ausgesprochen, dass alle Hochschuleinrichtungen dieses Verfahren für die Anerkennung der Abschlüsse von Flüchtlingen anwenden (ECOTEC 2008, S. 468).

Herausforderungen der Zukunft: *„Transferability is a ‚must'!"*

Mit unterschiedlichen Ansatz- und Schwerpunkten zeigen die Beispiele aus den verschiedenen europäischen Ländern Wege auf, die auch im deutschen Bildungssystem genutzt bzw. weiterentwickelt werden können, um geänderten Anforderungen des Beschäftigungssystems mit adäquaten Antworten des Berufsbildungssystems und dementsprechend neu gestalteten Verfahren zur Erfassung, Dokumentation und Bewertung nonformal bzw. informell erworbener Kompetenzen zu begegnen:

- In *Frankreich* wurden erfolgreich in einem traditionell auf formale Abschlüsse orientierten Umfeld Verfahren implementiert, die auch dem nonformalen und informellen Lernen Geltung und Anerkennung verschaffen.
- In *England* ist das NVQ-System – jenseits aller Kritik und aktueller Reformbemühungen – ein erfolgreich etabliertes System, das den Transfer von Lernergebnissen von einer Lernumgebung in eine andere schon seit Langem ermöglicht. Gerade auch von den aktuellen Bestrebungen, die summative Erfassung von Kompetenzen mit formativen Elementen der Kompetenz*entwicklung* zu verbinden, gehen wichtige Impulse aus.
- *Finnland* und *Norwegen* verfügen über langjährige Praxis im Bereich der Anerkennung von Prior Learning und legen aktuell verstärkt Wert auf die Umsetzung der Anerkennung nonformal und informell erworbener Lernergebnisse auch im Hochschulbereich.

Für die Wirksamkeit und Akzeptanz von Validierungsverfahren ist deren *Qualität* von entscheidender Bedeutung. Gegenwärtig werden auf europäischer Ebene, aber auch in Deutschland von verschiedenen Seiten und auf verschiedenen Ebenen Aktivitäten unternommen, um Qualität und Wirksamkeit von Validierungsverfahren zu erhöhen.

Auf EU-Ebene wurden Herausforderungen für eine europäische Validierungsstrategie „beyond 2010" formuliert (CEDEFOP 2008a, S. 33 ff.). Diese schließen die in den „Gemeinsamen Europäischen Prinzipien 2004 für die Validierung non formalen und informellen Lernens" (Europäische Kommission 2004) formulierten Minimalanforderungen an Verfahren der Validierung lebenslangen Lernens ein – etwa die zentrale Rolle des Individuums, die Einbeziehung der Sozialpartner oder auch ethische Fragen der Validierung –, gehen jedoch in vielen Punkten weit darüber hinaus und zeichnen sich durch ein weit höheres Maß an Konkretion aus. Der im November 2008 vorgelegten Endfassung eines Entwurfs für „European Guidelines for the Validation of non formal and informal learning“ (Europäische Kommission 2008) ist insbesondere auch das Bemühen um *Anschlussfähigkeit* an die europäischen Transparenzinstrumente – das Europass Rahmenkonzept, den Europäischen Qualifikationsrahmen EQF und das Leistungspunktesystem für die berufliche Bildung ECVET – zu entnehmen. Die Transferierbarkeit der Lernergebnisse von einer Lernumgebung in eine andere wird als unabdingbar herausgestellt: „Transferability is a ‚must‘“ (CEDEFOP 2008a, S. 35).

Eine besondere Rolle dabei, diesen Transfer zwischen den verschiedenen Subsystemen des Bildungssystems *innerhalb* der Länder zu unterstützen, wird auf europäischer Ebene den Nationalen Qualifikationsrahmen zugesprochen, die aktuell auf Basis des EQR entwickelt werden (Europäische Kommission 2008, S. 20). Die Weiterentwicklung von Validierungsverfahren sollte, so die Empfehlung, daher eng mit der Entwicklung der Nationalen Qualifikationsrahmen verknüpft werden, die darauf zielen, bestehende Barrieren zwischen den Segmenten und Institutionen innerhalb und zwischen nationalen Bildungssystemen abzubauen und Transparenz und Durchlässigkeit zu erhöhen.

Gegenwärtig wird der Deutsche Qualifikationsrahmen (DQR) entwickelt. Mit Blick auf die genannten Herausforderungen ist vor dem Hintergrund europäischer Entwicklungen und des Vorsprungs anderer europäischer Bildungssysteme auf dem Gebiet der Validierung nonformalen und informellen Lernens zu wünschen, dass die vielfältigen Impulse aus anderen Ländern und aus der europäischen Diskussion genutzt werden, um ein an die Bedarfslage in Deutschland angepassten Qualifikationsrahmen zu entwickeln. Ohne größere Durchlässigkeit zwischen den Subsystemen des Bildungssystems und ohne die Entwicklung bzw. Adaption geeigneter Verfahren zur Erfassung und Bewertung von auf nicht traditionellen Wegen erworbenen Kompetenzen wird dieses Ziel kaum zu erreichen sein.

Literatur

Bjørnåvold, J.:
Lernen sichtbar machen – Ermittlung, Bewertung und Anerkennung nicht formal erworbener Kompetenzen in Europa. CEDEFOP (Hrsg.), Thessaloniki 2001

CEDEFOP:
Tissot, P.: Terminology of vocational training policy. A multilingual glossary for an enlarged Europe. Luxembourg 2004

CEDEFOP:
Bjørnåvold, J.: Validation of non formal and informal learning in Europe – A snapshot 2007. Luxembourg: Publications Office 2008a. www.trainingvillage.gr/etv/Upload/Information_resources/Bookshop/493/4073_en.pdf

CEDEFOP:
The shift to learning outcomes: conceptual, political and practical developments in Europe. Luxemburg: Amt für amtliche Veröffentlichungen der Europäischen Gemeinschaften, 2008b. www.trainingvillage.gr/etv/upload/etvnews/news/3541-att1-1-shift-to-learning-outcomes.pdf

ECOTEC:
Souto Otero, M.; Hawley, J.; Nevala, A.-M. (eds.): European Inventory on Validation of non-formal and informal learning. 2007 Update. A Final Report to DG Education & Culture of the European Commission. ECOTEC Research and Consulting Limited. Birmingham 2008. www.ecotec.com/europeaninventory/

Europäische Kommission:
Gemeinsame europäische Grundsätze für die Ermittlung und Validierung von nicht-formalen und informellen Lernprozessen. Brüssel, Europäische Kommission 2004. http://ec.europa.eu/education/policies/2010/doc/validation2004_de.pdf

Europäische Kommission:
European Guidelines for the Validation of non-formal and informal learning. Draft Final – 7 November 2008. www.eu2007.min-edu.pt/np4/?newsId=29&fileName=Guidelines.pdf

Fietz, G.; Junge, A.; Nicholls, B.; Reglin, T.:
Promoting Visibility of Competences – The exemplo Toolkit for SMEs. Nationale Agentur Bildung für Europa (Hrsg.): impuls H. 25. Bonn 2006. www.na-bibb.de/uploads/publikationen_leonardo_da_vinci/impuls_25.pdf

Fietz, G.; Junge, A.; Reglin, T.:
Recording, development and assessment of informally acquired vocational competences: A European challenge. In: Fietz, G.; Junge, A.; Nicholls, B.; Reglin, T.: Promoting Visibility of Competences – The

exemplo Toolkit for SMEs. Nationale Agentur Bildung für Europa (Hrsg.): impuls H. 25, Bonn 2006, S. 5–18

Fietz, G.; Junge, A. et al.:
europass+ – Promoting visibility of young Europeans' talents. Nationale Agentur Bildung für Europa (Hrsg.): impuls H. 35 (im Erscheinen). Bonn 2009

Leitch Review of Skills:
Prosperity for all in the global economy – world class skills, December 2006. http://www.dcsf.gov.uk/furthereducation/uploads/documents/2006-12%20LeitchReview1.pdf

QCA (2008):
QCF implementation. New flexible qualifications and credit framework will widen access to learning. http://www.qca.org.uk/qca_8152.aspx

Teil 3

Innovative Angebote und Angebotsformen

Studium ohne Abitur: Was brauchen Unternehmen?

Impulse für die wissenschaftliche Weiterbildung durch Formen der Kooperation zwischen Wirtschaft und Hochschule

Thomas Freiling, Forschungsinstitut Betriebliche Bildung (f-bb)

1 Ausgangslage

Vor dem Hintergrund aktueller bildungspolitischer Entwicklungen wird wissenschaftliche Weiterbildung in Zukunft nicht nur verstärkt neue Angebote entwickeln – neben Kurzzeitangeboten insbesondere weiterbildende Masterstudiengänge oder auch berufsbegleitende Bachelorstudiengänge –, sondern auch auf neue Organisations- und Kooperationsformen zwischen Hochschulen und Organisationen der Wirtschaft bauen müssen. Hintergrund dieser Entwicklungen sind einerseits steigende Anforderungen an die Qualifikationen der Beschäftigten und andererseits ein sich abzeichnender Fachkräftebedarf, der aktuell bereits im Bereich der Ingenieure spürbar ist.

• Steigende Qualifikationsanforderungen an die Beschäftigten

Veränderte und weitgehend erhöhte Anforderungen an die Qualifikation der Beschäftigten ergeben sich in den Unternehmen nicht nur aufgrund sich rasch wandelnder Technologien, sondern auch durch Veränderungen der Betriebsorganisation. Denn die Einführung neuer Technologien eröffnet deutlich größere Dispositionsspielräume in den Bereichen Arbeitsorganisation, Technik und Personal (Rese 2001, S. 172; Bergmann 2006, S. 147). Die Zerstückelung von Arbeitsinhalten, geringe Interaktionsmöglichkeiten, rigide Trennung von Arbeitsplanung und -ausführung, direkte Kontrolle und eine weitgehende Vereinfachung der Arbeit weichen zunehmend Konzepten, welche die Produktivitätspotenziale der Arbeit durch die Nutzung eines breiteren Spektrums von Kompetenzen und Qualifikationen der Beschäftigten erhöhen, deren fachliche Souveränität vergrößern und in denen Gruppenarbeit, Aufgabenintegration, Jobrotation und erhöhte

Kooperation erhebliche Bedeutung haben. Die Prozessorientierung rückt in den Fokus der Arbeitsorganisation. Bereits Baethge u.a. wiesen darauf hin, dass die mit dem Begriff Prozessorientierung gefasste Veränderungsdynamik in der Betriebs- und Arbeitsorganisation weitreichende Auswirkungen auf die Anforderungen an die Kompetenz der Beschäftigten und in der Folge auch auf Konzeption und Inhalte von Weiterbildung haben wird und haben muss (Baethge u.a. 1998, S. 83 ff.).

Da die Anforderungen an Qualifikationen und Kompetenzen sich in immer kürzeren Zeiträumen ändern, müssen entsprechende Weiterbildungsangebote ebenfalls in immer kürzeren Zeitintervallen zur Verfügung gestellt werden. Vor dem Hintergrund der genannten Entwicklungen wird lebenslanges berufliches Lernen unerlässlich. Insbesondere die Weiterbildung Hochqualifizierter (Fach- und Führungskräfte) gewinnt zunehmend an Bedeutung.

• Steigender Fachkräftebedarf und sinkende Zahl der Hochschulabsolventen im Bereich technischer Berufe

Zahlreiche Untersuchungen zeigen, dass in Deutschland die Bevölkerung gleichzeitig altert und schrumpft: Der Anteil der Älteren steigt, das Erwerbspersonenpotenzial nimmt ab. Im Jahr 2020 wird es Prognosen zufolge mit rund 40 Millionen Personen etwa 4,3 Millionen Personen weniger als noch 2004 umfassen (Fuchs/Weber 2007, S. 7). Zugleich steigen der Fachkräftebedarf und die Nachfrage nach höher qualifizierten Beschäftigten. Am Beispiel ingenieurwissenschaftlich Qualifizierter ist diese Entwicklung bereits heute nachvollziehbar.

Nach Berechnungen des VDI sind in Deutschland 100 000 Stellen für Ingenieure nicht besetzt.[1] Die Zahl der Ingenieurabsolventen sinkt; die Quote der Studienabbrecher in ingenieurwissenschaftlichen Studiengängen ist zudem hoch (Heublein u.a. 2008).[2] Im internationalen Vergleich wird deutlich, dass das Problem, aus dem Berufsleben ausscheidende Ingenieure durch geeignet qualifizierte Jüngere zu ersetzen, in Deutschland besonders gravierend ist. Während in Deutschland im Jahr 2004 auf zehn ältere bald aus dem Berufsleben ausscheidende Ingenieure lediglich neun jüngere mit vergleichbarer Qualifikation kamen, kann in der Mehrzahl der anderen Länder wie Schweden, Irland oder Frankreich

1 Vgl. Pressemeldung VDI vom 21.10.2008 unter www.vdi.de (abgerufen am 27.10.2008)

2 Vgl. hierzu ausführlich den Beitrag von Galiläer im vorliegenden Band

von einem Ersatzproblem nicht die Rede sein (OECD 2007, S. 40). Von einer mittelfristigen Entspannung dieser Lage kann nicht ausgegangen werden, da jährlich mehr Ingenieure aus dem Erwerbsleben ausscheiden, als Absolventen nachwachsen. Die Schere zwischen der sinkenden Zahl arbeitslos gemeldeter Ingenieure und dem steigenden Angebot offener Ingenieurstellen wird sich somit absehbar weiter öffnen.

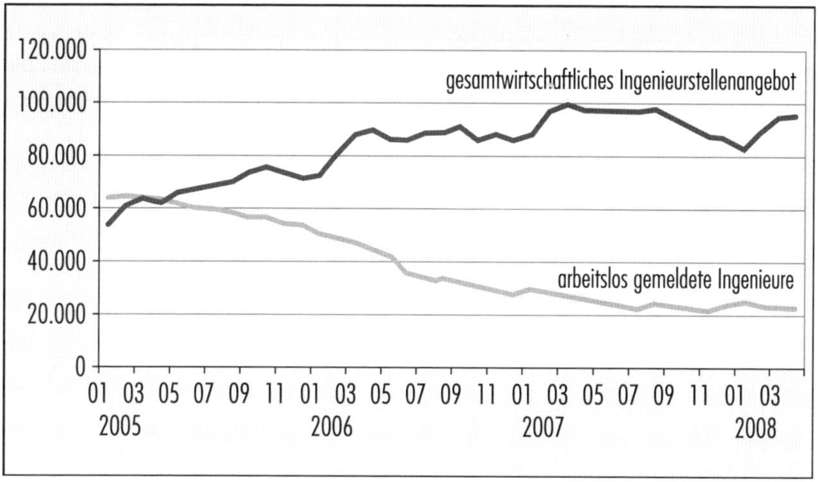

Abb. 1: Entwicklung der Ingenieurlücke in Deutschland (Quelle: Koppel 2008, S. 8)

Den Wertschöpfungsverlust, der den deutschen Unternehmen allein aus der Ingenieurlücke erwächst, beziffert das Bundeswirtschaftsministerium auf sieben Milliarden Euro pro Jahr.[3] Wird der aus dem gesamten Fachkräftemangel resultierende Wertschöpfungsverlust zugrunde gelegt, so ergibt sich je nach Studie eine Größenordnung von bis zu 23 Milliarden Euro (DIHK 2007).

Angesichts der Diskrepanz zwischen den steigenden Anforderungen an Qualifikationen und Kompetenzen der Beschäftigten einerseits und der sich abzeichnenden Fachkräftelücke andererseits werden Unternehmen ihre Weiterbildungsaktivitäten deutlich verstärken müssen, um ihren Bedarf an hoch qualifizierten und gut ausgebildeten Mitarbeitern zu decken. Der Bedarf an wissenschaftlicher Weiterbildung wird vor diesem Hintergrund kontinuierlich zunehmen, zumal zumindest mittelfristig der Ersatzbedarf an qualifizierten Fach- und Führungs-

[3] Vgl. Pressemitteilung des BMWi vom 29.04.2008 unter www.bmwi.de (abgerufen am 29.04.2008)

kräften allein aus den Reihen der Hochschulabsolventen nicht zu decken sein wird. Im internationalen Vergleich bewegen sich die Studienanfängerzahlen in Deutschland unterhalb des Durchschnitts der OECD-Staaten, wobei – nicht zuletzt auch aufgrund der nationalen Diskussion um Studiengebühren für Hochschüler – nicht abzusehen ist, dass sich diese Situation in naher Zukunft ändern wird. Während in Deutschland 35 Prozent eines Jahrgangs ein Studium beginnen, liegt diese Zahl in Großbritannien bei 58 Prozent und in Finnland gar bei 78 Prozent (OECD 2008). Um in der internationalen Standortkonkurrenz bestehen zu können und die Wettbewerbsfähigkeit der Unternehmen zu sichern, muss die Zahl akademisch qualifizierter Personen in Deutschland nicht nur stabil gehalten, sondern zukünftig noch gesteigert werden – eine Aufgabe, die auch angesichts des oben skizzierten demografischen Faktors die Suche nach neuen Lösungen geradezu erzwingt.

An dieser Stelle setzt die Diskussion um eine Erhöhung der Durchlässigkeit im Bildungssystem und die Schaffung neuer Möglichkeiten der Anrechnung von im Beruf erworbenen Kompetenzen auf ein Hochschulstudium an. Im Folgenden wird der Bedarf von Unternehmen im Bereich der wissenschaftlichen Weiterbildung skizziert, aus dem sich wichtige Impulse für die wissenschaftliche Weiterbildung, insbesondere durch eine Kooperation von Hochschule und Wirtschaft, ergeben.

2 Erhöhung der Durchlässigkeit des Berufsbildungssystems: Chancen zur Förderung der Zusammenarbeit von Wirtschaft und Hochschule

Angesichts der skizzierten Herausforderungen rückt das Ziel der Gleichwertigkeit beruflicher und allgemeiner Bildung zunehmend in den Fokus der Bildungspolitik in Deutschland und Europa. In der deutschen Diskussion findet diese Zielsetzung in verschiedenen aktuellen bildungspolitischen Strategiepapieren ihren Niederschlag:

- Der vom Bundesministerium für Bildung und Forschung (BMBF) eingesetzte *Innovationskreis Weiterbildung* empfiehlt nachdrücklich, Übergänge zwischen beruflicher Bildung und Hochschulbildung zu erleichtern. Für Personen ohne Abitur soll der Zugang zum Hochschulsystem und zur wissenschaftlichen Weiterbildung unter Anrechnung von im Beruf erworbenen Kompetenzen vereinfacht werden (BMBF 2008, S. 2).

- Dementsprechend schlägt die *Bundesregierung* in ihren Leitlinien zur Qualifizierungsinitiative den Ländern vor, „den Hochschulzugang für beruflich Qualifizierte deutlich zu erleichtern“ (Bundesregierung 2008, S. 34). Als erforderlich hierfür werden die Berücksichtigung der in der beruflichen Bildung erworbenen Qualifikationen sowie die Entwicklung von transparenten Anerkennungs- und Anrechungsverfahren genannt.
- Die *Länder* haben im Rahmen des Bildungsgipfels 2008 beschlossen, bis zum Jahr 2010 Voraussetzungen zu formulieren, „unter denen der allgemeine Hochschulzugang für Meister, Techniker, Fachwirte (...) ermöglicht wird und der fachgebundene Zugang zur Hochschule für beruflich Qualifizierte nach erfolgreichem Berufsabschluss und dreijähriger Berufstätigkeit eröffnet wird“ (Bundesregierung 2008, S. 11). Hochschulen sollen berufliche Qualifikationen auf die Studienleistung anrechnen.

Vor diesem Hintergrund ist zu erwarten, dass in den nächsten zehn Jahren die bisherigen stringenten formalen Zugangshürden zu einem Hochschulstudium und auch zur wissenschaftlichen Weiterbildung schrittweise abgebaut werden.

Die ersten außerschulischen Möglichkeiten, den Hochschulzugang für Berufserfahrene ohne herkömmliche Studienvoraussetzungen zu öffnen, wurden in vielen Bundesländern bereits Ende der 1980er-Jahre geschaffen (Teichler/Wolter 2004, S. 7)[4]. Von diesen Regelungen macht allerdings mit nur knapp einem Prozent der Studienanfänger eines Jahrgangs lediglich eine kleine Minderheit der potenziell Zugangsberechtigten tatsächlich Gebrauch.

2.1 Hochschulzugang ohne Abitur – rechtliche Regelungen

Die rechtliche Grundlage für den Quereinstieg bietet das Hochschulrahmengesetz (HRG). Dieses sieht vor, dass „in der beruflichen Bildung Qualifizierte“ den Qualifikationsnachweis für ein Studium „nach näherer Bestimmung des Landesrechts auch auf andere Weise“ als durch einschlägige Schulbildung erbringen können (§ 27 Abs. 2 HRG). Mittlerweile gibt es in allen 16 Bundesländern Regelungen, die beruflich Qualifizierten ohne schulische Hochschulzugangsberechtigung die Aufnahme eines Hochschulstudiums ermöglichen (Sekretariat der Kultusministerkonferenz 2006). Die länderspezifischen Hochschulgesetze überlassen

[4] In Niedersachsen gibt es die nachträgliche Prüfung zur Hochschulzulassung seit 1972 (Sekretariat der Kultusministerkonferenz 2006).

es in aller Regel den Hochschulen selbst, beruflich qualifizierte Bewerber ohne schulische Hochschulzugangsberechtigung zum Studium zuzulassen.

Der Hochschulzugang für beruflich Qualifizierte ohne schulische Hochschulzugangsberechtigung ist in den einzelnen Bundesländern rechtlich sehr unterschiedlich geregelt. Fast immer werden neben einer für das Studium geeigneten abgeschlossenen Berufsausbildung eine einschlägige Berufspraxis von zwei bis fünf Jahren oder eine qualifizierte Weiterbildung (z.B. Meister, Techniker, Fachwirt, Fachkraft aus dem Erziehungs- und Pflegebereich) sowie teilweise auch Mindestnoten verlangt. Im Wesentlichen lassen sich drei Modelle unterscheiden:

Hochschulzugang für beruflich qualifizierte Bewerber und Bewerberinnen ohne schulische Hochschulzugangsberechtigung

Bundesland	Zugangsprüfung	Probestudium	Beratungs-/ Eignungsgespräch	Direktzugang
Baden-Württemberg	FH/Uni			
Bayern		FH*		
Berlin		FH/Uni		
Brandenburg	FH/Uni	FH/Uni		
Bremen	FH/Uni	FH/Uni		FH/Uni (Kontaktstudium)
Hamburg	FH/Uni		FH/Uni	
Hessen	FH/Uni			
Mecklenburg-Vorpommern	FH/Uni			
Niedersachsen	FH/Uni			FH/Uni**
Nordrhein-Westfalen	FH/Uni			FH (Modellversuch)
Rheinland-Pfalz	Uni	FH/Uni		
Saarland			FH/Uni	
Sachsen	FH/Uni			
Sachsen-Anhalt	FH/Uni			
Schleswig-Holstein	FH	FH/Uni	FH/Uni	
Thüringen	FH/Uni	FH/Uni		

* Vorsemester mit abschließender Ergänzungsprüfung
** unbefristete Einschreibung an Universitäten setzt ein erfolgreiches Studium von i. d. R. zwei Semestern voraus

Der Übersicht liegen Informationen des Sekretariats der Ständigen Konferenz der Kultusminister der Länder der Bundesrepublik Deutschland zugrunde, Stand: Januar 2002

Abb. 2: Zugangsmöglichkeit ohne schulische Hochschulzugangsberechtigung (Quelle: Bundesagentur für Arbeit 2007, S. 13)

a) Hochschulzugangsprüfung: In den meisten Bundesländern sind Zugangsprüfungen (auch Eignungs-, Einstufungs- oder Feststellungsprüfungen genannt) vorgesehen. Die Prüfung besteht meist aus einem schriftlichen und einem mündlichen Teil und umfasst sowohl Allgemeinwissen als auch fachliche Grundlagen des gewählten Studiengangs. Die Hochschulzugangsprüfungen werden von den Hochschulen selbst abgenommen (Bundesagentur für Arbeit 2007, S. 12; Famulla 1997). In Brandenburg, Hessen und Nordrhein-Westfalen ermöglichen Einstufungsprüfungen der Universitäten und Fachhochschulen, das Studium in einem höheren Fachsemester zu beginnen.

b) Probestudium: Bei diesem Zugangsweg wird eine vorläufige Studienberechtigung erteilt, die nach Feststellung der Eignung in eine endgültige Studienberechtigung umgewandelt wird. Die Dauer des Probestudiums variiert zwischen einem und vier Semestern und bezieht sich auf ein Studienfach, für das auf beruflichem Wege einschlägige Kenntnisse erworben wurden. Häufig sind Beratungsgespräche verbindlich (Bundesagentur für Arbeit 2007, S. 12; Teichler/Wolter 2004, S. 9).

c) Direktzugang/Eignungsgespräch: In einigen Bundesländern ist eine prüfungsfreie Zulassung möglich, wenn der Bewerber eine anerkannte Fortbildungsprüfung auf dem Niveau Meister, Techniker, Betriebswirt, Erzieher o.Ä. vorweisen kann. In einigen Fällen sind vor Aufnahme des Studiums Beratungs- und Eignungsgespräche obligatorisch. In Bayern ist die direkte Zulassung zum Studium für Meister seit Herbst 2008 möglich.

Die in den Bundesländern unterschiedlich geregelten Anerkennungsprozeduren und Prüfungsverfahren sind allerdings lediglich auf die Anerkennung der formalen Zugangsberechtigung ausgerichtet. Bereits beruflich erworbene Qualifikationen und Kompetenzen haben keine Anerkennung als (Teil-)Studienleistungen zur Folge (Mucke 2004, S. 11; Gehmlich 2004, S. 19).

Trotz der *de iure* bestehenden Hochschulzugangsmöglichkeiten bleibt der Weg zur Hochschule der überwiegenden Mehrzahl beruflich Qualifizierter *de facto* weiterhin verschlossen. Doppelqualifizierungen und ebenso zeitaufwendige wie demotivierende Redundanzen von Lerninhalten sind vorprogrammiert. Zudem ist die Aufnahme eines Studiums bei der derzeitigen Situation schon aus finanziellen Gründen kaum mit einer wenn auch nur partiellen Berufstätigkeit vereinbar. Dies zeigt sich auch daran, dass die Sonderregelungen an deutschen Hochschulen insgesamt pro Jahr gerade einmal von knapp einem Prozent aller Studienanfänger an Universitäten in Anspruch genommen werden (Henke u.a. 2004, S. 253). Trotz der bestehenden alternativen Hochschulzugangsregelungen kann somit von einer Lösung des Problems der geringen Durchlässigkeit zwischen Berufsbildung und Hochschulbildung nicht die Rede sein.

Ein wesentliches Problem ist darin zu sehen, dass alternative Hochschulzugangsregelungen zu wenig die beruflichen bzw. beruflich relevanten Kompetenzen berücksichtigen, die informell oder nonformal in der beruflichen Praxis bzw. in Lehrarrangements erworben wurden, deren Lernergebnisse nicht zu öffentlich anerkannten Zertifikaten führen.

Die Schaffung allgemeingültiger und transparenter Verfahren zur Anrechnung beruflich erworbener Kompetenzen auf ein Hochschulstudium ist somit von entscheidender Bedeutung dafür, beruflich qualifizierten Berufspraktikern den Zugang zu weiterführender hochschulischer Bildung zu eröffnen.

2.2 Anrechnung beruflich erworbener Kompetenzen

Die mittlerweile zumindest in Ansätzen erkennbaren Bemühungen der (bildungs-)politischen Entscheidungsträger, beruflich erworbene Kompetenzen jenseits formaler Nachweise auf die Hochschulausbildung anrechenbar machen zu wollen, markieren einen ersten wichtigen Schritt auf dem Weg zu mehr Durchlässigkeit zwischen beruflichem und hochschulischem Bildungsbereich.

Dies stellt eine wesentliche Voraussetzung für die Gleichwertigkeit und Anerkennung der Bildungswege und -abschlüsse, für die Attraktivität der beruflichen Bildung für Schulabgänger und Unternehmen sowie für die Positionierung des deutschen Berufsbildungssystems im europäischen und internationalen Rahmen dar.

Wesentlicher Meilenstein auf dem Weg zu mehr Durchlässigkeit der nationalen Bildungssysteme ist auf europäischer Ebene die 1999 von 29 europäischen Bildungsministern unterzeichnete Bologna-Erklärung. Die Erklärung formuliert das Ziel, bis zum Jahr 2010 einen europäischen Hochschulraum mit einheitlichen Standards zu gestalten, der die regionale und berufliche Mobilität der europäischen Bürger erleichtert und zur Steigerung der internationalen Wettbewerbsfähigkeit des europäischen Hochschulsystems beiträgt. Die Erklärung sieht unter anderem vor, dass außerhalb der Hochschule erworbene Qualifikationen durch Leistungspunktesysteme (Credit-Point-Systeme) erfasst und auf ein Hochschulstudium angerechnet werden sollen. Das im europäischen Hochschulkontext mittlerweile übliche Leistungspunktesystem „European Credit Transfer System (ECTS)“ erfüllt die Voraussetzungen zur Anrechnung beruflich erworbener Kompetenzen und Qualifikationen allerdings nicht ganz, da es lediglich den quantitativen Studienaufwand misst, nicht aber die Qualität und das Niveau der Studieninhalte.

Mit der Durchlässigkeitsthematik wird Neuland betreten, gerade wenn es darum geht, die Qualität solcher Systeme und das damit zusammenhängende Anerkennungsverfahren zu bewerten und zu verbessern. Im Fokus stehen neben formalen insbesondere informell erworbene Kompetenzen. Projekte zur Erprobung von Anerkennungsverfahren wurden durch die Bund-Länder-Kommission sowie vom Bundesministerium für Bildung und Forschung gefördert. Ein Beispiel stellt die sogenannte ANKOM-Initiative zur Anrechnung beruflicher Kompetenzen auf Hochschulstudiengänge dar (Buhr 2007, S. 32).[5]

Vor dem Hintergrund der europäischen wie der nationalen Entwicklungen – etwa auch im Zusammenhang mit der Konzeption eines Deutschen Qualifikationsrahmens – ist zu erwarten, dass das weitgehend unverbundene Nebeneinander beruflicher und hochschulischer Bildungssysteme zunehmend aufgelöst wird und neue Verfahren nicht nur der *Anerkennung von Abschlüssen,* sondern auch der *Anrechnung* bereits in der Berufspraxis erworbener Kompetenzen entwickelt und anerkannt werden – eine logische und notwendige Konsequenz auch zur Deckung des für die Zukunft absehbaren Fachkräftebedarfs.

3 Ansätze für eine Kooperation von Wirtschaft und Hochschule

Mit zunehmender Akzeptanz der Anrechnung von beruflich erworbenen Kompetenzen auf ein Hochschulstudium sowie entsprechend neu gestalteten Hochschulzugangsregelungen wird die Gleichwertigkeit von Berufsbildung und tertiärer Bildung unterstützt und der Kreis potenzieller Nachfrager und Kunden wissenschaftlicher (Weiter-)Bildung weiter ausgedehnt. Mit erhöhter Durchlässigkeit steigt grundsätzlich die Zahl möglicher Studieninteressenten, die nach einer Berufsphase einen akademischen Abschluss erwerben wollen oder die zur weiteren Vertiefung ihrer Kenntnisse ein weiterbildendes Studium beginnen. Sogenannte weiterbildende Studiengänge sind allerdings im internationalen Vergleich in Deutschland ein relativ neues Betätigungsfeld.

---

[5] Für eine ausführliche Darstellung der ANKOM-Initiative und ihrer Ergebnisse vgl. den Aufsatz von Hartmann in diesem Band.

Die Möglichkeit der Verleihung akademischer Grade oder zertifizierter wissenschaftlicher Weiterbildungsabschlüsse führt zu einer Ausweitung des Produktportfolios wissenschaftlicher Weiterbildung, zur Ausdehnung von Wettbewerbsvorteilen sowie zur Erhöhung der Attraktivität einzelner Angebote.

Vor diesem Hintergrund ergeben sich neue Anknüpfungspunkte für Kooperationsmodelle zwischen Hochschule und Wirtschaft. Dabei geht es zum einen um die Fortführung und Ausbreitung bereits bestehender Aktionsfelder wie die Berufung von Hochschullehrern aus der Wirtschaft, Anfertigung von Diplomarbeiten in Unternehmen unter Berücksichtigung von Problemen aus der Praxis, Entwicklung neuer oder Überarbeitung bestehender Studiengänge, Kooperationen bei dualen Ausbildungsgängen oder Initiierung des Technologietransfers von Hochschulen in die Wirtschaft (Anz 2005, S. 3 f.). Darüber hinaus wird es in Zukunft verstärkt um Formen der Kooperation im Bereich der Weiterbildung gehen, die sich auf die gemeinsame Gestaltung und Durchführung von Weiterbildungsangeboten bzw. die Mitwirkung von Wirtschaftsvertretern an Weiterbildungsangeboten der Hochschulen konzentrieren. Die bestehenden Möglichkeiten hierzu sind längst noch nicht ausgeschöpft.[6]

Im Zusammenwirken von Wirtschaft und Hochschulen im Tätigkeitsfeld der wissenschaftlichen Weiterbildung muss berücksichtigt werden, dass es aufgrund der erst beginnenden Öffnung der Hochschulen auf dem Gebiet der Weiterbildung zunächst noch an Vorstellungen über marktfähige, nachfrageorientierte Angebote fehlt. Darüber hinaus werden neue Anforderungen an die Lehrenden gestellt, die sich in die Lernsituation von bereits im Beruf stehenden Lernenden versetzen können müssen, um die Lehrveranstaltungen problem- und adressatengerecht aufbauen und methodisch gestalten zu können.

Berufsbegleitende Bachelorangebote sind in Deutschland stark unterrepräsentiert. Im Kern existiert in Deutschland noch eine stärkere Angebots- denn Bedarfsorientierung. Im Vordergrund steht, dass Kompetenzen der Hochschulen vermarktet werden sollen. Positives Beispiel sind die USA. Deutsche Hochschulen, die Weiterbildung allein vermarkten, haben sich mit einem Verantwortungsvakuum zwischen Fakultäten und Weiterbildungseinrichtungen auseinanderzusetzen. Nach wie vor kann im Bereich wissenschaftlicher Weiterbildung von einem stra-

[6] Beispielhaft sind in diesem Zusammenhang die gemeinsame Entwicklung praxisnaher weiterbildender Masterstudiengänge (siehe die Beiträge von Schulte/Engel und Freiling/Schmidt in diesem Band) oder auch die institutionelle Zusammenarbeit von Hochschule und Wirtschaft in Form einer eigenen Akademie zu nennen (siehe den Beitrag von Freiling/Schmidt).

tegisch geplanten Vorgehen an Hochschulen sowie einem umfassenden flächendeckenden Angebot zurzeit nicht gesprochen werden (Hochschulrektorenkonferenz 2008, S. 4). Das Marketing von Hochschulseite beschränkt sich bei der Produktpräsentation zumeist auf Websites und Pressearbeit (Hanft/Knust 2007).

Hier ergeben sich weitere Anknüpfungspunkte für eine Zusammenarbeit von Wirtschaft und Hochschule, um gemeinsam anwendungs- und wirtschaftsnahe Studiengänge zu entwickeln und zu vermarkten. Die Kompetenzen der Beteiligten werden so effektiv gebündelt: Wissenschaftliches Know-how und Kompetenzen im Bereich eines professionellen Weiterbildungsmanagements ergänzen sich als wichtige Voraussetzungen für die Entwicklung attraktiver wissenschaftlicher Weiterbildungsangebote und Studiengänge für Berufstätige.

4 Schlussfolgerungen und Ausblick: Was brauchen Unternehmen?

Der Bedarf von Unternehmen geht in eine einheitliche Richtung: Nicht nur die Möglichkeit des Hochschulzugangs für beruflich Qualifizierte ist dabei von Interesse, sondern auch die Frage der Anrechnung bereits beruflich erworbener Kompetenzen auf das anstehende Studium.

Hinsichtlich der *Zulassung* beruflich Qualifizierter besteht nach wie vor das Problem der Unübersichtlichkeit rechtlicher Zulassungsbedingungen. Während Handwerksmeister beispielsweise in Hamburg ein Beratungsgespräch und in Berlin und Bremen nach bestandener Eignungsprüfung ein Probestudium absolvieren müssen, haben Meister in Hessen und Niedersachsen die allgemeine Hochschulreife und damit uneingeschränkten Zugang zur Hochschule. Eine Harmonisierung der Zugangsregelungen auf Länderebene ist letztlich die Voraussetzung dafür, dass der Hochschulzugang für beruflich Qualifizierte bundesweit stärker in Anspruch genommen werden kann.

Wie gezeigt wurde, sind in Deutschland grundständige Bildung, Weiterbildung und berufliche Bildung noch zu wenig miteinander verzahnt. Aus Sicht der Nachfrager nach Fachkräften – der Unternehmen – stehen insbesondere folgende Anforderungen an wissenschaftliche Weiterbildung im Vordergrund:

- Die stärkere Modularisierung von Angeboten wissenschaftlicher Weiterbildung ermöglicht eine Flexibilisierung des Studiums; auch Angebote wie z.B. Summer Schools erleichtern die Vereinbarkeit von Berufstätigkeit und Weiterbildung.

- Die Möglichkeit des Erwerbs von Kreditpunkten auch außerhalb des Hochschulsystems (z.B. Anrechnung beruflicher Kompetenzen, Durchführung von Anrechnungsverfahren unter Sicherung der erforderlichen Qualität) öffnet den Zugang zu wissenschaftlicher Weiterbildung auch für erfahrene Berufspraktiker.
- Eine gezielte Erhebung des Unternehmensbedarfs und die Entwicklung maßgeschneiderter Leistungspakete ist Voraussetzung für die „Passung" zwischen Angebot und Nachfrage.

In anderen europäischen Ländern wie etwa in Finnland[7] sind Fragen des Hochschulzugangs und Möglichkeiten der Anrechnung flexibler geregelt. Vielfältige Verfahren wurden und werden entwickelt, um berufliche Kompetenzen auf Hochschulstudiengänge anrechenbar zu machen. Von diesen Erfahrungen könnte und sollte auch in Deutschland verstärkt Gebrauch gemacht werden, um das Potenzial der Hochschulen auch denjenigen besser zugänglich zu machen, deren berufliche Kompetenzen entscheidend sind für die Wettbewerbsfähigkeit der Unternehmen.

Für die Unternehmen sind letztlich drei Faktoren entscheidend, wenn es darum geht, den eigenen Fachkräftenachwuchs auch aus den Reihen der Bestandsmitarbeiter zu sichern:

- Liberalisierung des Hochschulzugangs in Anlehnung an das Prozedere im europäischen Ausland,
- Anrechnung beruflicher Erfahrungen der Beschäftigten auf das Studium zur Vermeidung von inhaltlichen Doppelungen und zur Erreichung eines überschaubaren und leistbaren zeitlichen Studienumfangs und
- die Entwicklung von Studienkonzepten, die berufsbegleitend und berufsintegrierend zum einen auf der Vorerfahrung der Studierenden aufbauen und zum anderen den Transfer in die Praxis sichern.[8]

Die Zusammenarbeit von Wirtschaft und Hochschule bietet dazu günstige Anknüpfungspunkte.

Mittelfristig wird sich die Durchlässigkeit des Bildungssystems erhöhen, Berufsausbildung, Weiterbildung und Hochschulbildung werden besser und vielfäl-

---

7 Vgl. den Beitrag von Hentilä im vorliegenden Band.

8 Vgl. dazu auch die Erklärung der Personalvorstände führender Unternehmen in Deutschland zum strukturellen Mangel an Hochschulabsolventen in den MINT-Fächern vom 20.06.2008: www.zfs.uni-freiburg.de/Aktuelles/arbeitsmarkt.

tiger miteinander verzahnt sein, als dies heute noch der Fall ist. Diese Entwicklung wird die Gleichwertigkeit von Berufsbildung und tertiärer Bildung sowie von allgemeiner und beruflicher Bildung zum Erwerb und Erhalt der Beschäftigungsfähigkeit unterstreichen. Bessere Übergangsmöglichkeiten zwischen Berufs- und Hochschulbildung eröffnen neue bzw. erweiterte Weiterbildungsperspektiven für Berufstätige auf akademischem Niveau und bieten damit auch neue Anknüpfungspunkte für wissenschaftliche Weiterbildung über die Zusammenarbeit von Wirtschaft und Hochschulen. Insgesamt wird durch die Öffnung unterschiedlicher Bildungswege zur Erlangung eines Hochschulabschlusses die Ausschöpfung von Bildungspotenzialen verbessert und dem Bedarf der Unternehmen nach auf aktuellem wissenschaftlichem Niveau aus- und weitergebildeten Fachkräften entsprochen.

Literatur

Anz, C.:
Kooperation zwischen Hochschule und Wirtschaft. In: Kreklau/Siegers (Hrsg.): Handbuch der Aus- und Weiterbildung, Kap. 2431, München 2005, S. 2

Baethge, M./Baethge-Kinsky, V./Kupka, P.:
Facharbeit – Auslaufmodell oder neue Perspektive? In: SOFI-Mitteilungen, Nr. 26, Göttingen 1998, S. 81–97

Bergmann, B.:
Lernen im Prozess der Arbeit – Funktionsweise und Unterstützungsmöglichkeiten. In: Loebe, H./Severing, E. (Hrsg.): Weiterbildung auf dem Prüfstand. Bielefeld 2006, S. 147–160

Buhr, R.:
Anrechnung ist machbar. In: Weiterbildung, Nr. 6, Neuwied 2007, S. 32–35

Bundesagentur für Arbeit (Hrsg.):
Nachholen schulischer Abschlüsse und Studieren ohne Abitur, Nürnberg 2007

Bundesministerium für Bildung und Forschung (Hrsg.):
Empfehlungen des Innovationskreises Weiterbildung für eine Strategie zur Gestaltung des Lernens im Lebenslauf, Berlin 2008

Bundesregierung und Regierungschefs der Länder (Hrsg.):
Aufstieg durch Bildung – Die Qualifizierungsinitiative für Deutschland. Dresden 2008. http://www.bmbf.de/pub/beschluss_bildungsgipfel_dresden.pdf

DIHK (Hrsg.):
Kluge Köpfe – vergeblich gesucht. Ergebnisse einer DIHK Unternehmensbefragung 2007. Berlin 2007

Döring, O./Freiling, T.:
Betriebliche Weiterbildung. Aktuelle Tendenzen und zentrale Zukunftsaufgaben. In: Gnahs, D./Kuwan, H./Seidel, S. (Hrsg.): Weiterbildungsverhalten in Deutschland, Band 2. Bielefeld 2008, S. 79–87

Famulla, G.:
Der Dritte Bildungsweg – Qualifizierte Berufstätige studieren ohne Abitur. In: Deutscher Wirtschaftsdienst (Hrsg.), Abschnitt 3.2.10, 15. Ergänzungslieferung. Köln 1997

Fuchs, J./Weber, B.:
Demografischer Wandel: ein altbekanntes Menetekel. In: IAB-Forum, Nr. 2, Nürnberg 2007, S. 4–9

Hanft, A./Knust, M. (Hrsg.) (2007):
Internationale Vergleichsstudie zur Struktur und Organisation der Weiterbildung an Hochschulen. BMBF-Studie. Abschlussbericht, Oldenburg

Heublein, U./Schmelzer, R./Sommer, D./Wank, J.:
Die Entwicklung der Schwundquoten und Studienabbruchquoten an den deutschen Hochschulen. Statistische Berechnungen auf der Basis des Absolventenjahrgangs 2006. HIS Projektbericht Mai 2008, Hannover 2008

Koppel, O.:
Ingenieurarbeitsmarkt in Deutschland – gesamtwirtschaftliches Stellenangebot und regionale Fachkräftelücke. In: IW-trends, Nr. 2, Köln 2008

OECD:
Bildung auf einen Blick – OECD-Indikatoren, Paris 2007

OECD:
Bildung auf einen Blick – OECD-Indikatoren, Paris 2008

Rese, A.:
Arbeitsgestaltung in der New Economy. In: Kiel, U./Kirner, E. (Hrsg.): Formen innovativer Arbeitsgestaltung in Unternehmen und öffentlichen Einrichtungen, München/Mehring 2002, S. 167–190

Sekretariat der Ständigen Konferenz der Kultusminister der Länder in der Bundesrepublik Deutschland:
Synoptische Darstellung der in den Ländern bestehenden Möglichkeiten des Hochschulzugangs für beruflich qualifizierte Bewerber ohne schulische Hochschulzugangsberechtigung auf der Grundlage hochschulrechtlicher Regelungen. Bonn 2006

Teichler, U./Wolter, A.:
Studierchancen und Studienangebote außerhalb des Mainstreams in Deutschland. Hamburg: Hamburger Universität für Wirtschaft und Politik 2004 (HWP-Magazin Spezial, Nr. 2/04)

Erfolgsmodell „duales Studium“

Miriam Weich, Hochschule Bayern

1 Das duale Studium in Bayern – „hochschule dual“

In „hochschule dual“ agieren die bayerischen Hochschulen für angewandte Wissenschaften – Fachhochschulen und die bayerische Wirtschaft sehr erfolgreich als enge Bildungspartner. Ziel ist, in Bayern flächendeckend attraktive duale Studiengänge auf einheitlich hohem Niveau anzubieten und Kontakte zwischen Hochschulen, Unternehmen und Studieninteressenten zu vermitteln. Entwickelt werden interdisziplinär und fachlich breit angelegte Studiengänge mit umfangreichen Praxisanteilen, in denen Studierende ein hochwertiges, zugleich anwendungsbezogenes und wissenschaftliches Qualifikationsprofil erlangen. Mittlerweile firmieren unter der Marke und Dachorganisation „hochschule dual“ über 140 duale Studienangebote. Mehr als 400 kleine, mittelständische und große Unternehmen bilden im Verbund mit 17 bayerischen Hochschulen aus. Weit mehr als tausend leistungsmotivierte junge Menschen absolvieren derzeit in Bayern ein duales Studium vorwiegend im technischen und kaufmännischen Bereich – mit deutlich steigender Tendenz.[1] „Wer sich [für das duale Studium] entscheidet, erhält umfangreiche Fachkenntnisse und erlebt darüber hinaus die unternehmerische Wirklichkeit. Für die bayerischen Unternehmen ist das duale Studium ein unverzichtbares Standbein in der Nachwuchssicherung“, fasst Bertram Brossardt, Hauptgeschäftsführer der Vereinigung der Bayerischen Wirtschaft (vbw), die Vorteile des dualen Studiums für Studierende und Unternehmen zusammen.[2]

2 Eckpunkte von „hochschule dual“

Das duale Studium der Marke „hochschule dual“ zeichnet sich durch ein reguläres akademisches Hochschulstudium aus, in das zusätzliche Praxisanteile

1 Auf der Informationsplattform www.hochschule-dual.de können sich Studieninteressenten und Unternehmen umfassend über die einzelnen Angebote informieren. In einer Datenbank lässt sich mit wenigen Klicks ein Überblick über 140 duale Studienangebote gewinnen. Zielgerichtet kann nach dem passenden Studiengang und den kooperierenden Unternehmen gesucht werden. Ein Jobportal veröffentlicht aktuelle Stellenausschreibungen für die Praxistätigkeiten im dualen Studium.

2 Pressemitteilung vbw, VBM, BayME vom 29.10.2008

integriert sind. Die Studierenden durchlaufen abwechselnd Hochschulphasen und Arbeitsphasen im Unternehmen. Die Theorie-Praxis-Verzahnungen können in Abhängigkeit von Hochschule, Studienfach und Modell variieren. Allen dualen Studienangeboten gemeinsam ist jedoch, dass die Qualität des herkömmlichen akademischen Hochschulstudiums zu 100 Prozent gewährleistet ist. Dual Studierende besuchen zumeist dieselben Vorlesungen und Seminare wie nicht dual Studierende und absolvieren dieselben Prüfungen an der Hochschule. Neben umfangreichem betrieblichem Know-how und dem Training wichtiger Schlüsselqualifikationen in der Praxis erhalten sie eine hochschultypisch breite und wissenschaftlich fundierte Theorieausbildung, die ihnen einen hohen Grad an Abstraktionsfähigkeit vermittelt und so die Voraussetzungen für die Einarbeitung in immer wieder neue komplexe Aufgabenfelder schafft.

Von Vertretern der Wirtschaft und Wissenschaft aufgestellte Qualitätsstandards stellen das hohe Niveau der „hochschule dual"-Studiengänge sicher. Sie regeln vor allem den Umfang von Praxiszeiten, die Vergütung sowie die Betreuung der dual Studierenden. Als Determinanten für das Gütesiegel „hochschule dual" geben sie den Rahmen vor, innerhalb dessen die Hochschulen gemeinsam mit ihren Wirtschaftspartnern vor Ort regional abgestimmte duale Studiengänge anbieten und weiterentwickeln.

3 Die dualen Studienmodelle in „hochschule dual"

Grundsätzlich lassen sich in „hochschule dual" bei der Kombination aus akademischer und berufspraktischer Ausbildung zwei Studienmodelle unterscheiden: das Verbundstudium und das Studium mit vertiefter Praxis.

3.1 Das Verbundstudium

Das Verbundstudium zeichnet sich durch eine in das Hochschulstudium integrierte Lehre aus.

Das bedeutet: Parallel zum Studium absolvieren Studierende eine Berufsausbildung im Unternehmen, erwerben umfangreiches Praxis-Know-how und bauen sich wichtige firmeninterne Netzwerke auf. Die Berufsausbildung beginnt meist schon 12 bis 13 Monate vor Start des Hochschulstudiums, wird während des Hochschulstudiums in den vorlesungsfreien Zeiten von jeweils ein bis zwei Monaten und im sechsmonatigen Praxissemester fortgeführt und endet mit dem

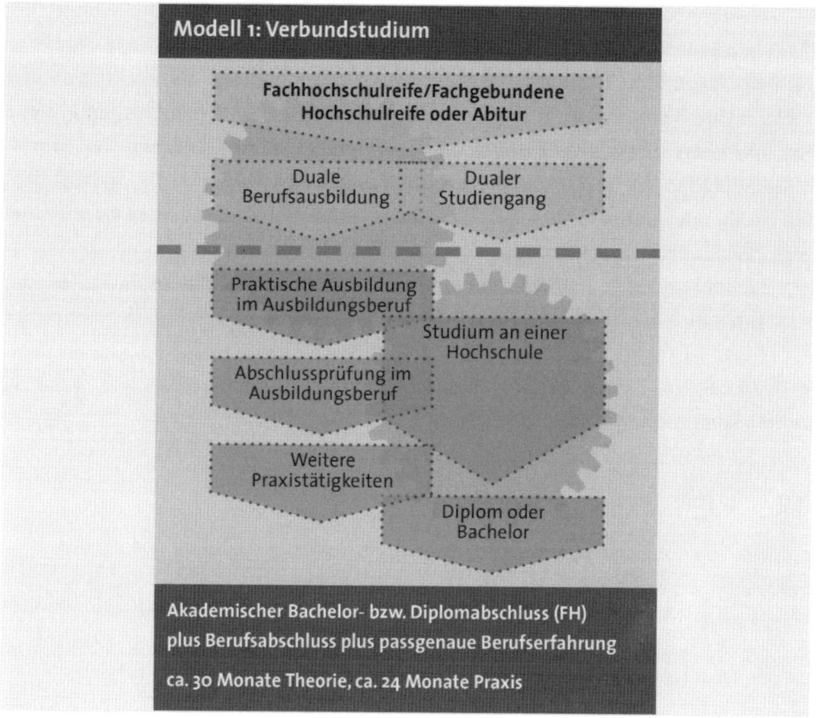

Abb. 1: Das Verbundstudium

Ablegen der regulären Berufsabschlussprüfung bei der zuständigen Kammer in der Regel im dritten Ausbildungsjahr.[3] Nach bestandener Kammerprüfung folgen in den vorlesungsfreien Zeiten weitere Praxistätigkeiten im Betrieb, die auf die spätere Berufstätigkeit ausgerichtet sind und einen fließenden Übergang vom Studium in den Beruf gewährleisten. Das duale Studienprogramm endet mit einer betriebsnahen Bachelor-/Diplomarbeit im Unternehmen.[4]

---

[3] Unterschiedliche Maßnahmen dienen je nach Studiengang der Vorbereitung auf die Berufsabschlussprüfung. Hierzu gehören: Eigenstudium, Berufsschulunterricht, firmeninterne Seminare oder überbetriebliche Lehrlingsunterweisungen.

[4] Je nach Studiengang und Hochschule werden auch Verzahnungsmodelle angeboten, in denen sich Theorie- und Praxisphasen für bestimmte Zeitabschnitte tageweise abwechseln. Ebenso gibt es Modelle mit kürzeren Vorpraxisphasen von 3 bis 6 Monaten, die in einem Urlaubssemester während des Studiums eine sechsmonatige Praxisphase zusätzlich zum sechsmonatigen Praxissemester vorsehen.

Damit haben die Studierenden innerhalb von dreieinhalb bis fünf Jahren zwei Abschlüsse in der Tasche – einen regulären Berufsabschluss und einen regulären akademischen Hochschulabschluss (Bachelor oder Diplom) – und ersparen sich viel Zeit im Vergleich zum additiven Weg, zunächst eine Berufsausbildung und im Anschluss daran ein Studium zu absolvieren. Art und Umfang der Praxiseinsätze, Höhe der Vergütung, Urlaubsanspruch usw. werden zu Beginn des dualen Studienprogramms zwischen Unternehmen und Studierenden vertraglich geregelt. Zugangsvoraussetzungen für das Verbundstudium sind:

- (fachgebundene) Fachhochschulreife, fachgebundene Hochschulreife oder allgemeine Hochschulreife,
- (Berufs-)Ausbildungsvertrag mit einem Unternehmen und
- gegebenenfalls das Erfüllen weiterer Zulassungsbedingungen wie Numerus clausus, Eignungstests oder Ähnlichem.

3.2 Das Studium mit vertiefter Praxis

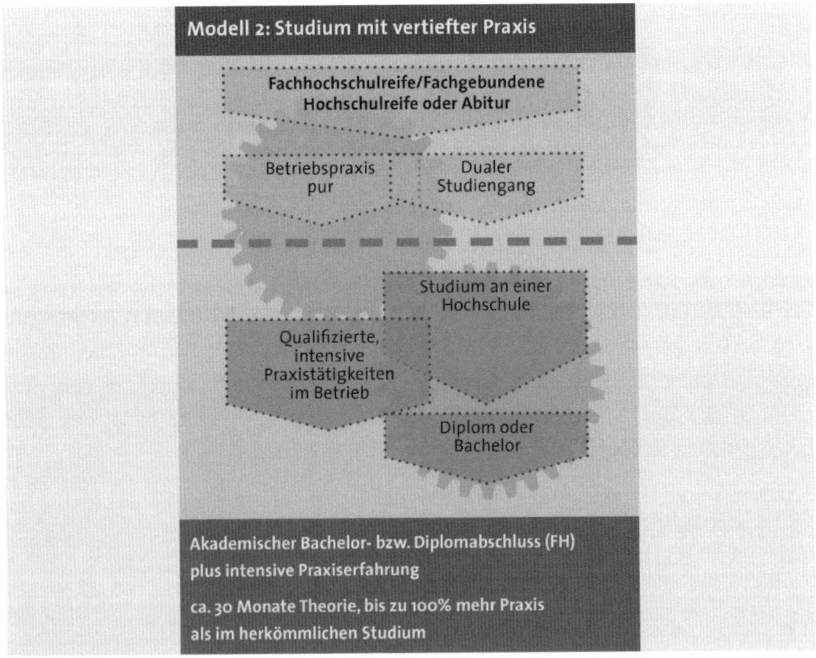

Abb. 2: Studium mit vertiefter Praxis

Studierende, die sich für ein Studium mit vertiefter Praxis entscheiden, durchlaufen direkt ab Studienbeginn oder ab einem späteren Studienzeitpunkt (ab ca. 3. Semester) parallel zum Hochschulstudium intensive Praxisphasen in einem Unternehmen. Dort führen sie Projektarbeiten zu betrieblichen Fragestellungen durch. Die regulären Hochschulsemester umfassen jeweils ca. viereinhalb Monate Theorieausbildung, die Praxiseinsätze erstrecken sich jeweils in den vorlesungsfreien Zeiten zwischen den Hochschulsemestern auf ca. ein bis zwei Monate, im Praxissemester auf ca. sechs Monate im Block. Im Unterschied zum Verbundstudium ist keine Berufsausbildung mit Kammerabschluss vorgesehen. Nach dreieinhalb bis vier Jahren (7 bzw. 8 Semestern) erwerben die Studierenden einen regulären akademischen Hochschulabschluss (Bachelor bzw. Diplom) und profitieren von einem im Vergleich zum herkömmlichen Studium um bis zu 100 Prozent größeren Praxisanteil.

Art und Umfang der Praxiseinsätze, Höhe der Vergütung und Urlaubsanspruch werden ab Förderbeginn zwischen Unternehmen und Studierenden vertraglich geregelt. Zugangsvoraussetzungen für das Studium mit vertiefter Praxis sind:

- (fachgebundene) Fachhochschulreife, fachgebundene Hochschulreife oder allgemeine Hochschulreife,
- Praktikanten- oder Ausbildungsvertrag mit einem Unternehmen und
- gegebenenfalls das Erfüllen weiterer Zulassungsbedingungen wie Numerus clausus, Eignungstests oder Ähnlichem.[5]

4 Das duale Studium – ein Gewinn für beide Seiten

Das duale Studium ist eine klassische „Win-win-Situation“. Beide Seiten – Unternehmen und Studierende – profitieren von der charakteristischen engen Theorie-Praxis-Verzahnung.

[5] Eine Sondervariante des Studiums mit vertiefter Praxis ist das *Stipendiatenmodell*. Dieses Modell, das derzeit von der Georg-Simon-Ohm-Hochschule in Nürnberg, der Hochschule München und der Hochschule Augsburg angeboten wird, ermöglicht den Unternehmen, herausragende Studierende frühzeitig in das Unternehmen einzubinden. Dabei koordiniert die Hochschule Kontakte zwischen interessierten Unternehmen und solchen Studierenden, die sich im regulären Studium bereits durch hervorragende Leistungen hervorgetan haben (frühestens ab dem 3. Semester). Die Unternehmen schließen mit den von ihnen ausgewählten Kandidatinnen und Kandidaten einen Fördervertrag für die Dauer von einem bis zweieinhalb Jahren. Die Bindung zwischen Unternehmen und Studierendem ist damit kürzer als im herkömmlichen Studium mit vertiefter Praxis. In dieser Zeit lernen die potenziellen Nachwuchskräfte die Arbeitsabläufe und Prozesse im Unternehmen intensiv kennen. Der Praxisanteil in der Förderphase liegt in der Regel bei über 60 Prozent.

4.1 Die Sicht der Unternehmen

In einer an TNS Infratest Sozialforschung in Auftrag gegebenen Studie „Bedarf an dualen Studienangeboten in der bayerischen Wirtschaft“ (2007) werden das Mehr an Praxiserfahrung (89 Prozent) sowie die Leistungsmotivation und Zielorientierung der Absolventen (86 Prozent) als wichtigste Vorteile des dualen Studiums genannt. Darüber hinaus sehen die Unternehmen zahlreiche weitere Vorteile.

Aus Sicht der Unternehmen sprechen insbesondere folgende Gründe für ein duales Studium:

- Unternehmen erhalten durch das Instrument des dualen Studiums leistungsmotivierte, hoch qualifizierte junge Menschen, die parallel zum wissenschaftlichen Studium eine firmenadäquate Ausbildung genießen und umfassende Praxiserfahrungen sammeln.
- Kosten- und zeitintensive Einarbeitungs- oder Traineeprogramme werden eingespart.
- Die frühzeitige Integration der Nachwuchskräfte ins Unternehmen sorgt für eine enge Firmenbindung. Dem Fach- und Führungskräftemangel im eigenen Unternehmen wird gezielt vorgebeugt.
- Eine über das gesamte Studium erstreckte Kennenlernphase bietet Unternehmen genügend Zeit, die optimale Einsetzarbeit der AbsolventInnen im Unternehmen herauszufinden. Die Praxisausbildung gestalten die Unternehmen selbst. Durch Auswahl von Wahlfächern, Studienmodulen und Studienschwerpunkten kann partiell auch auf die akademische Ausbildung Einfluss genommen werden.
- Unternehmen unterstützen ihre dual Studierenden beim Training wichtiger Schlüsselqualifikationen sowie beim Aufbau eines umfassenden Netzwerks im Unternehmen. Die schnelle Übernahme von Verantwortung wird gefördert, ein gutes Standing im Unternehmen ermöglicht.
- Der Kontakt des Unternehmens zur Hochschule wird intensiviert, der Wissens- und Technologietransfer vertieft, ein positives Image der betrieblichen Aus- und Weiterbildung geschaffen.
- Nicht zuletzt: Die Gefahr, sehr gute Auszubildende an ein Studium zu verlieren, wird verringert. Durch das Angebot eines dualen Studiums kann der Abwanderung von Leistungsträgern gezielt vorgebeugt werden.

Ein optimaler Einsatz der dual Studierenden setzt allerdings eine gute Betreuung im Unternehmen voraus. Dual Studierende lassen sich aufgrund des spezifischen Studienablaufs nicht immer automatisch in den regulären betrieblichen Ausbildungsrhythmus eingliedern. In der Regel muss ein eigener zeitlicher und inhaltlicher Ausbildungsplan mit passendem Mentoring entwickelt und umgesetzt werden.

4.2 Die Sicht der Studierenden

Auch dual Studierende haben handfeste Gründe, sich für ein duales Studium zu entscheiden. In Gruppendiskussionen, die TNS Infratest Sozialforschung im Auftrag von „hochschule dual“ im Jahr 2007 an unterschiedlichen Hochschulstandorten durchgeführt hat, wurden dual Studierende zu ihren Erfahrungen mit dem dualen Studium befragt. Die große Mehrheit (88 Prozent) zeigt sich zufrieden mit dem Ausbildungsprogramm und würde sich wieder für ein duales Studium entscheiden. Als Gründe für die Wiederwahl werden am häufigsten der hohe Praxisbezug im Studium sowie die finanzielle Unterstützung genannt.

Insgesamt sprechen aus Sicht der Studierenden und Studieninteressenten folgende Gründe für ein duales Studium:

- Man erhält die Möglichkeit, das an der Hochschule erworbene Wissen zeitnah und regelmäßig in der betrieblichen Praxis anzuwenden und zu vertiefen. Der Erfolg in der Praxis motiviert und spornt an.
- Die Tätigkeit im Unternehmen trägt erheblich zum Verständnis der im Studium vermittelten Inhalte bei. Häufig treten Wiedererkennungseffekte auf.
- Man kann sich das Studium zu großen Teilen finanzieren. Mindestens für die Praxisphasen wird eine monatliche Vergütung von ca. 600 bis 900 Euro gewährt. Immer mehr Unternehmen übernehmen die finanzielle Förderung auch für die Hochschulphasen und/oder bezahlen die Studienbeiträge der Hochschulen von aktuell max. ca. 500 Euro pro Semester zzgl. Verwaltungsgebühren.
- Im Unternehmensumfeld werden frühzeitig wichtige Schlüsselqualifikationen wie Teamfähigkeit, selbstständiges und eigenverantwortliches Arbeiten, Kommunikationsfähigkeit, Belastbarkeit, Flexibilität, Durchsetzungsvermögen, Fähigkeiten der Konfliktbewältigung trainiert. Auf die Arbeitswelt wird man so optimal vorbereitet.
- Die Arbeitsplatz- und Karrierechancen sind sehr gut: Die Übernahmequote liegt zwischen 90 und 100 Prozent.

- Im Unternehmen selbst eröffnen sich schnellere Aufstiegsmöglichkeiten, da die Einarbeitungszeiten wegfallen bzw. in die Zeit des Studiums verlagert werden.
- Zudem: Wählt man ein Verbundstudium, erhält man in kürzester Zeit einen Doppelabschluss und spart mindestens ein Jahr im Vergleich zum additiven Weg „Erst Studium, dann Lehre“.

Zweifellos klingen die zahlreichen Vorteile des äußerst praxisnahen akademischen Studiums sehr verlockend. Dennoch ist das duale Studium nicht für jedermann geeignet. Nur wer sich als leistungsmotiviert, fleißig und belastbar beschreibt, sollte ein duales Studium aufnehmen. In dem zeitintensiven Studium wird auf die herkömmlichen Semesterferien verzichtet und auf wenige Urlaubstage im Jahr zurückgegriffen. Ist die bewusste Entscheidung für ein Hochschulstudium im Verbund mit einer Firma aber erst einmal gefallen, bieten sich hervorragende Zukunftsperspektiven.

Aktuelle Informationen über „hochschule dual“ im Internet unter www.hochschule-dual.de.

Neue Formen der Kooperation zwischen Wirtschaft und Hochschule im Bereich wissenschaftlicher Weiterbildung: Die Bayerische Akademie für Management und Technik (BAMT)

Thomas Freiling, Forschungsinstitut Betriebliche Bildung (f-bb)
Ingrid Schmidt, Bildungswerk der Bayerischen Wirtschaft (bbw)

Wissenschaftliche Weiterbildung befindet sich gegenwärtig in einem Ausdifferenzierungsprozess, der sich grob über zwei Entwicklungslinien charakterisieren lässt: zum einen durch die sich abzeichnenden Entwicklungen an den deutschen Hochschulen im Zuge der Bologna-Reform[1], zum anderen durch die absehbare Entwicklung des Bedarfs von Unternehmen an qualifizierten Fach- und Führungskräften. Eingangs soll dieser Prozess kurz skizziert werden, bevor am Beispiel der Bayerischen Akademie für Management und Technik (BAMT) gGmbH Formen der synergiestiftenden Kooperation zwischen Hochschule und Wirtschaft erläutert werden.

Wissenschaftliche Weiterbildung: Neues Aufgabenfeld der Hochschulen

Die deutsche Hochschullandschaft befindet sich mitten in einem Wandlungsprozess mit einschneidenden Veränderungen, der sie vor enorme Herausforderungen stellt. Die Umwälzungen auf internationaler Ebene (Bologna-Reform), zunehmende Flexibilisierung und Profilbildung durch die Überprüfung und Veränderung von Studiengängen sowie das Werben um motivierte Studieninteressenten gehören zu den wesentlichen neuen Herausforderungen.

[1] Die 1999 von 29 europäischen Bildungsministern unterzeichnete Bologna-Erklärung verfolgt bis zum Jahr 2010 die Schaffung eines europäischen Hochschulraums und die Herbeiführung eines einheitlichen Standards in Bezug auf Mobilität, Berufsfähigkeit der europäischen Bürger sowie auf die internationale Wettbewerbsfähigkeit des europäischen Hochschulsystems. Die Erklärung sieht unter anderem vor, dass die außerhalb der Hochschule erworbenen Qualifikationen in Anlehnung an national und international bekannte Punktesysteme (Credit-Point-Systeme) durch Leistungspunktesysteme erfasst und auf ein Hochschulstudium angerechnet werden sollen.

Die wissenschaftliche Weiterbildung gehört zu den bedeutsamen, für die Hochschulen neuen und verbindlichen Aufgabenfeldern. Mit der Novellierung des Hochschulrahmengesetzes (HRG) von 1998 wurde der Weiterbildung der Status einer Kernaufgabe zugeschrieben, die im Aufgabenkatalog der Hochschulen als dritte Säule neben Forschung und Lehre etabliert werden soll.

Neben ihrer formalrechtlichen Verankerung im HRG ergibt sich der Stellenwert der hochschulischen Weiterbildung aus verschiedenen weiteren Sachverhalten (Willich/Minks 2004):

- Hochschulabsolventen sind mit Abstand die weiterbildungsaktivste Gruppe. Im Jahr 2003 lag laut „Berichtssystem Weiterbildung" die Beteiligung von Personen mit abgeschlossenem Hochschulstudium an beruflicher Weiterbildung der Erwerbstätigen bei 51 Prozent, von Meistern und sonstigen Fachschulabsolventen bei 46 Prozent, von Personen mit abgeschlossener Berufsausbildung bzw. Lehre bei 30 Prozent und von Personen ohne abgeschlossene Berufsausbildung bei lediglich 18 Prozent (Kuwan u.a. 2006, S. 110).
- Technologischer Fortschritt und der Wandel zu einer Dienstleistungsgesellschaft (Tertiarisierung) sind wesentliche Faktoren für den Rückbau von Arbeitsplätzen mit niedrigen Qualifikationsanforderungen. Bedingt durch den erkennbaren Trend zur allgemeinen Höherqualifizierung muss sich der Anteil der Hochschulabsolventen an der Gesamtbevölkerung und analog dazu der Kreis möglicher Nachfrager hochschulischer Weiterbildung zukünftig noch vergrößern.
- Kontinuierliche Weiterbildung von Hochschulabsolventen trägt nicht nur dazu bei, fehlendes Wissen aus der Erstausbildung zu kompensieren, sondern trägt vor allem auch der Einsicht Rechnung, dass ein Erststudium längst keine für die berufliche Karriere ausreichende und in sich geschlossene Ausbildung darstellt. Der Weiterbildungsbedarf der Unternehmen und ihrer Mitarbeiter wächst, je stärker sich die Anforderungen „lebenslangen Lernens" im Bewusstsein des Einzelnen und im institutionellen Gefüge der Unternehmen verfestigen.

Wissenschaftliche Weiterbildung: Sicherung des Fachkräftebedarfs von Unternehmen

Hoch qualifizierte Mitarbeiterinnen und Mitarbeiter sind angesichts kurzlebiger Produktzyklen und eines stetigen Innovationsdrucks die zentrale Voraussetzung für eine langfristige Sicherung der Wettbewerbsfähigkeit. Die Beschäftigten haben zunehmend anspruchsvollere und komplexere Arbeitsaufgaben zu bewältigen. Doch wird es für Unternehmen immer schwieriger, geeignetes Personal zu rekrutieren. Ein Grund dafür liegt im demografischen Wandel. Beispielweise wird bis zum Jahr 2020 allein in Bayern der Anteil der 55- bis 64-Jährigen an der Gesamtbevölkerung um bis zu 62 Prozent steigen (Conrads u.a. 2006, S. 7). Damit steht den Unternehmen künftig ein geringeres und zudem strukturell gealtertes Erwerbspersonenpotenzial zur Verfügung. Verstärkt wird diese Tendenz durch die Verlängerung der gesetzlichen Erwerbstätigkeitsphase.

In einer Studie hat das „Institut zur Zukunft der Arbeit" errechnet, dass die Zahl der verfügbaren Fach- und Führungskräfte bis zum Jahr 2050 in Deutschland um fast ein Viertel niedriger sein wird als heute. In absoluten Zahlen ausgedrückt sind das ca. eine Million Fach- und Führungskräfte weniger als bisher (Schneider/Stein 2006, S. 13).

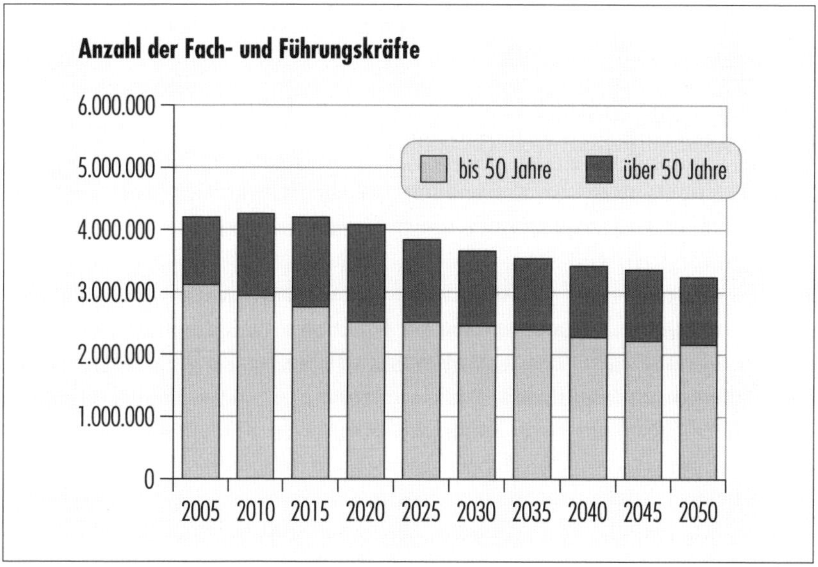

Abb. 1: Entwicklung des Fach- und Führungskräftepotenzials bis zum Jahr 2050 (Quelle: Schneider/Stein 2006, S. 13)

Der Fachkräftebedarf ist allerdings branchen- und berufsgruppenspezifisch sehr unterschiedlich ausgeprägt. Beispielsweise werden in bundesdeutschen

Unternehmen nach Angaben des Vereins Deutscher Ingenieure (VDI) gegenwärtig knapp 100 000 Ingenieure gesucht.[2]

Als Innovationsträger laufen Ingenieure Gefahr, vom aktuellen Stand ihres Fachgebiets abgekoppelt zu werden, wenn im Unternehmen keine systematische Personalentwicklung stattfindet. Einstellungshindernis bei arbeitslosen oder älteren Ingenieuren ist nicht selten die fehlende Aktualität des Fachwissens. Häufig wird auch eine zu ausgeprägte Spezialisierung zur beruflichen Sackgasse.[3]

Die skizzierten Entwicklungen machen deutlich, welche Relevanz lebenslanges Lernen besitzt und welche Rolle der beruflichen Weiterbildung – insbesondere der wissenschaftlichen Weiterbildung – zur Sicherung des Fachkräftebedarfs zukommt und in Zukunft verstärkt zukommen wird. Anbieter wissenschaftlicher Weiterbildung sind gefordert, in einem überschaubaren Zeitraum sehr praxisbezogen auf die konkreten Arbeitsanforderungen gerichtetes Wissen zu vermitteln, das zugleich den Stand aktueller wissenschaftlicher Erkenntnisse widerspiegelt. Über Kooperationen zwischen Wirtschaft und Hochschule ergeben sich Lösungsansätze, die die skizzierten Problemlagen aufgreifen und bearbeiten.

Kooperation von Wirtschaft und Hochschule im Feld der wissenschaftlichen Weiterbildung

In Deutschland ist die Kooperation zwischen Hochschule und Wirtschaft längst nicht so weit fortgeschritten wie in anderen Ländern, z.B. den USA oder Japan. Im Vergleich wird deutlich, dass bei Weitem nicht alle Möglichkeiten einer effektiven Zusammenarbeit ausgeschöpft sind. Entsprechende Untersuchungen nennen explizit neben Kooperationen mit KMU oder der Vermittlung von Hochschulabsolventen auch das Feld der Weiterbildung (Kemmet 2005, S. 2). Kooperationsmöglichkeiten im Bereich der Weiterbildung beziehen sich konkret auf die gemeinsame Gestaltung und Durchführung von Weiterbildungsangeboten bzw. auf die Mitwirkung von Wirtschaftsvertretern an Weiterbildungsangeboten mit Hochschulen.

Für Wirtschaft und Hochschule ergeben sich über Kooperationen im Feld wissenschaftlicher Weiterbildung unterschiedliche Synergieeffekte: Wirtschaftsunternehmen können vom wissenschaftlichen Know-how der Hochschulen profitie-

[2] Vgl. Pressemeldung VDI vom 07.07.2008 unter www.vdi.de abgerufen am 27.10.2008.

[3] Zum Fachkräftebedarf im Bereich der Ingenieure siehe auch den Beitrag von Galiläer im vorliegenden Band.

ren (Know-how-Transfer über Weiterbildung). Für die Hochschulen bietet die wissenschaftliche Weiterbildung die Möglichkeit, Kontakt zum Praxisfeld zu halten, Problem- und Fragestellungen aus der Praxis aufzunehmen und in Forschungsfragen und -themen zu überführen. Durch die Verbindung von Wirtschafts- und Hochschulsystem via Weiterbildung können so Synergieeffekte genutzt und wichtige Potenziale für den wissenschaftlichen Technologie- und Wissenstransfer erschlossen werden (Freiling/Imhof 2007, S. 6).

Neue Wege: Public-Private Partnership zwischen Hochschulen und Unternehmen

Ein Beispiel, wie die Zusammenarbeit zwischen Wirtschaft und Hochschule im Bereich wissenschaftlicher Weiterbildung über die Bündelung vorhandener Kompetenzen und die Generierung von Synergieeffekten funktionieren kann, ist die „Bavarian Academy of Management and Technology – Bayerische Akademie für Management und Technik gGmbH“ (BAMT) zur gemeinsamen Entwicklung und Vermarktung von Zertifikatsangeboten und weiterbildenden Masterstudiengängen.

Das Bildungswerk der Bayerischen Wirtschaft (bbw) und fünf Hochschulen des südbayerischen Hochschulnetzwerks „Greater Munich Area“ (München, Landshut, Ingolstadt, Augsburg und Rosenheim) gehen mit der gemeinsam gegründeten Akademie neue Wege. Ziel ihrer Public-Private Partnership ist es, durch die enge Kooperation von Wirtschaft und Hochschule eine wirtschaftsnahe wissenschaftliche Qualifizierung von Fach- und Führungskräften zu ermöglichen und dem absehbaren und – wie oben gezeigt – in einigen Bereichen bereits manifesten Fachkräftemangel durch eine lückenlose berufliche Weiterbildung entgegenzuwirken. Die Akademie versteht sich als Partner der Unternehmen und Hochschulen bei der Entwicklung bedarfsgerechter Lösungen zur Sicherstellung eines qualifizierten Fach- und Führungskräftenachwuchses.

Die Akademie versteht sich als Plattform für den Kompetenztransfer zwischen anwendungsorientierter Wissenschaft und wissenschaftsbasierter Praxis in Wirtschaft und Gesellschaft. Die Partner bündeln ihre unterschiedlichen, sich ergänzenden Kompetenzen und bringen diese in die neue Gesellschaft mit ein: fundierte Marktkenntnisse, professionelles Weiterbildungsmanagement und ein praxisnahes wissenschaftliches Fundament. So lassen sich Synergieeffekte sinnvoll nutzen.

Oberste Prämisse ist die Praxisnähe der Angebote. Besonderheit und Novum dieser institutionellen Zusammenarbeit ist die gemeinsame Entwicklung der Produkte. In sogenannten Entwicklungstandems arbeiten Experten der Unternehmensgruppe des Bildungswerks der Bayerischen Wirtschaft (bbw) und der beteiligten Hochschulen zusammen (Abb. 2).

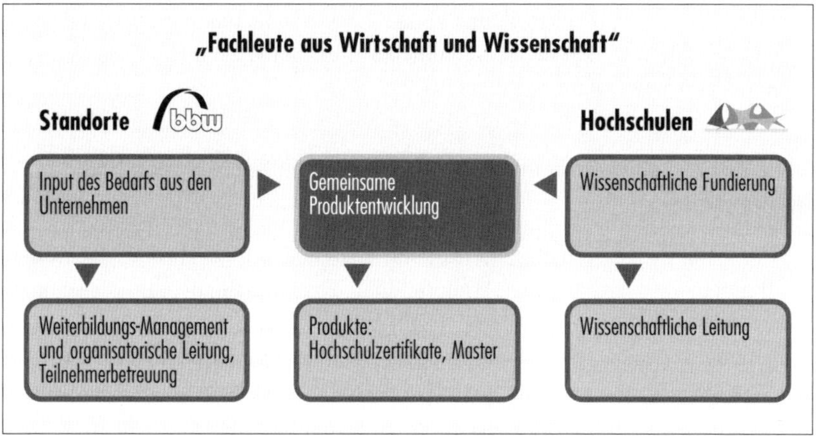

Abb. 2: Entwicklungsprozess der Akademieprodukte

Die Kooperation umfasst neben der Analyse von Weiterbildungsbedarfen die Entwicklung der Produkte und der Weiterbildungssatzungen bzw. Prüfungsordnungen, die Auswahl geeigneter Lehr- und Lernmethoden zur anwendungsorientierten Wissensvermittlung sowie die Vermarktung der Angebote.

Eine wirtschaftsnahe wissenschaftliche Qualifizierung von Fach- und Führungskräften setzt die Umsetzung des Gelernten in die Praxis voraus. Der Know-how-Transfer wird durch Experten und Expertinnen sowohl aus der Wirtschaft als auch der Wissenschaft sichergestellt. In der Kombination entsteht der Mehrwert: Lehrinhalte orientieren sich an den Herausforderungen der Praxis; Problemstellungen werden aus interdisziplinärer Perspektive betrachtet. Über Projektarbeit werden Lösungen entwickelt, die wiederum in den betrieblichen Alltag transferiert werden.

Um die erforderliche Aktualität der Inhalte zu gewährleisten, werden zudem Dozenten der beteiligten Hochschulen und Institute sowie Lehrbeauftragte aus Unternehmen, Verbänden, Bildungsforschung und Consulting eingebunden.

Kernpunkt der Weiterbildungen ist die Abkehr von punktuellen Angeboten hin zu integrierten Bildungskonzepten. Die Angebote orientieren sich am inhaltlichen Profil der Akademie: Sowohl managementorientierte als auch technikorientierte Themen werden in ihrer Kombination zur Deckung der Weiterbildungsbedarfe der Wirtschaft als zukunftsweisend angesehen.

Merkmale der Produkte der BAMT sind:

- *Marktorientierung* durch gemeinsame Bedarfsfestlegung mit Branchenvertretern, Verbänden, Unternehmensnetzwerken und Unternehmen,
- *Zielgruppenorientierung* durch berufsbegleitende Teilnahme und vielfältige Lernkonzepte,
- *Bedarfsorientierung* über eine gemeinsame Entwicklung der Produkte durch Wirtschaft und Hochschulen,
- *internationale Anerkennung* durch den Ausweis von Credit Points gemäß dem European Credit Transfer System (ECTS) sowie
- *Orientierung am aktuellen Stand der Wissenschaft.*

Angebote werden in den Themenfeldern Gesundheit und Soziales, Vertrieb und Marketing, Personal/Führung/Management und Technik und IT sukzessive entwickelt und beziehen sich auf ein breites Spektrum an Zertifikatsangeboten bis hin zu weiterbildenden Studiengängen:

- Hochschulzertifikatsangebote vermitteln kompakt in kürzerer Zeit Handlungskompetenzen unter Berücksichtigung wissenschaftlicher Erkenntnisse. Voraussetzung der Teilnahme an den sieben bis neun Monate dauernden Zertifikatsangeboten ist eine Hochschulzugangsberechtigung, ein Hochschulabschluss oder auch eine mehrjährige berufliche Tätigkeit. An den Zertifikatsangeboten können somit auch Personen teilnehmen, die kein Abitur haben, sondern eine Vielzahl an beruflich erworbenen Kompetenzen mitbringen.
- Ein länger ausgerichtetes (weiterbildendes) Masterstudium vertieft das in einem Erststudium erworbene Grundlagenwissen. Der Masterabschluss berechtigt zur Promotion. Teilnehmen können Personen, die bereits einen ersten Hochschulabschluss mitbringen und ihre akademischen Grundlagen vertiefen wollen. Die weiterbildenden Masterstudiengänge dauern ca. zwei Jahre.

Alle Abschlüsse werden im Rahmen des European Credit Transfer System (ECTS) mit Leistungspunkten versehen. Die erbrachten Studienleistungen sind dadurch international anerkannt und anrechenbar. ECTS-Punkte tragen zur stärkeren Flexibilisierung der Bildungswege bei. Einmal Erworbenes muss nicht erneut erlernt und nachgewiesen werden. Der modulare Aufbau der Angebote ermöglicht eine flexible Planung des eigenen Bildungsprozesses. Die über ein Hochschulzertifikat erworbenen Leistungen sind z. B. auf einen später besuchten Bachelor- oder Masterstudiengang anrechenbar.

Die Angebote der Bayerischen Akademie für Management und Technik

Bei den bisherigen Angeboten der BAMT handelt es sich um die Zertifikatsangebote „Sales Manager“, „IT-Sicherheit“ sowie um einen weiterbildenden Masterstudiengang „Sozialmanagement“.

- Das *Zertifikatsangebot „Sales Manager“* richtet sich an Fach- und Führungskräfte vorwiegend mit technischem oder ingenieurwissenschaftlichem Fachhintergrund, die in vertriebsnaher Verantwortung stehen oder in kundenorientierte Aufgaben wechseln. Die Teilnehmenden werden gezielt auf die Ziele und Aufgaben in Vertrieb und Marketing vorbereitet. Die Inhalte beziehen sich neben betriebswirtschaftlichen Fragestellungen z.B. auf Themen wie Vertriebsmarketing, Beschaffungsmarketing, Marketingkommunikation und Projektmanagement.
- Das *Zertifikatsangebot „IT-Sicherheit“* zielt auf Beschäftigte aus allen Bereichen eines Unternehmens mit direktem oder auch indirektem Bezug zur IT-Sicherheit. Es soll sie dazu befähigen, Sicherheitsrisiken bei der Nutzung moderner IT-Systeme professionell zu analysieren sowie Sicherheitskonzepte und -verfahren aufzubauen und zu bewerten. Die Teilnehmenden werden befähigt, selbstständig Systeme zur IT-Sicherheit zu planen und in der Praxis umzusetzen. Neben Grundlagen zur IT-Sicherheit werden vertiefend Themenbereiche wie Border Security, Internal Security, Kommunikationssicherheit und räumliche Sicherheit behandelt.
- Der *weiterbildende Masterstudiengang „Sozialmanagement“* richtet sich primär an Personen aus Tätigkeitsfeldern der sozialen Arbeit oder vergleichbaren Feldern. Er befähigt zur Übernahme von Führungs- und Leitungsfunktionen in Dienstleistungsorganisationen der Sozialwirtschaft – in der freien Wohlfahrtspflege, bei öffentlichen Trägern und privatwirtschaftlichen Organisationen bzw. auch in selbstständiger sozialunternehmerischer Tätigkeit.

Die Zertifikats- und Masterangebote sind in ihrer Struktur ähnlich gestaltet. Die Teilnahme ist speziell auf Berufstätige zugeschnitten, da die Präsenzphasen wochenendnah stattfinden. So können Berufstätigkeit und Weiterbildung ideal miteinander verknüpft werden.

Das Beispiel der Bayerischen Akademie für Management und Technik (BAMT) zeigt eindrucksvoll die Potenziale auf, die neue institutionelle Formen der Zusammenarbeit zwischen Hochschule und Wirtschaft im Bereich wissenschaftlicher Weiterbildung bieten. Durch die enge Kooperation von Wirtschaft und Wissenschaft können Weiterbildungsangebote anwendungsnah und bedarfsgerecht entwickelt und umgesetzt werden – ein wichtiger Beitrag zur zukunfts- und anforderungsgerechten Qualifizierung von Fach- und Führungskräften.

Literatur

Conrads, R..; Ebert, A.; Huber, A.; Kistler, E.; Staudinger, Th.:
Arbeit und Arbeitsmarkt im demographischen Wandel – Perspektiven im Freistaat Bayern und den Regionen. Hrsg. IG Metall Bezirk Bayern. München 2006

Freiling, T.; Imhof, S.:
Angebote wirtschaftsnaher akademischer Weiterbildung. In: Kreklau, C.; Siegers, J. (Hrsg.): Handbuch der Aus- und Weiterbildung, Heft 183. Erg. Lfg. Kap. 4242. Köln 2007, S. 1–20

Kemmet, C.:
Kooperation zwischen Hochschule und Wirtschaft. In: Kreklau, C.; Siegers, J. (Hrsg.): Handbuch der Aus- und Weiterbildung, Kap. 2431, München 2005

Kuwan, H.; Bilger, F.; Gnahs, D.; Seidel, S.:
Berichtssystem Weiterbildung IX. Integrierter Gesamtbericht zur Weiterbildungssituation in Deutschland, Bonn/Berlin 2006

Schneider, H.; Stein, D.:
Personalpolitische Strategien deutscher Unternehmen zur Bewältigung demografisch bedingter Rekrutierungsengpässe bei Führungskräften. In: IZA Research Report, H. 6. Bonn 2006

Willich, J.; Minks, K. H.:
Die Rolle der Hochschulen bei der beruflichen Weiterbildung von Hochschulabsolventen. HIS Kurzinformationssystem, A7, November 2004. Hannover 2004

Verbund Ingenieur Qualifizierung, eine Initiative zur Qualifizierung technischer Fach- und Führungskräfte

Ursula Baumeister, Verbund IQ

Verbund IQ: Von der Initiative zum Unternehmen

Die Verbund Ingenieur Qualifizierung gemeinnützige GmbH entstand im Dezember 2000 als eines von drei Projekten im Rahmen der Initiative „Mensch und Technik“ der Vereinigung der Bayerischen Wirtschaft e. V. (vbw) und des Verbandes der Bayerischen Metall- und Elektroindustrie e. V (VBM). Weitere Projektpartner waren das Bildungswerk der Bayerischen Wirtschaft (bbw) e. V. und die Georg-Simon-Ohm-Hochschule für angewandte Wissenschaften – Fachhochschule Nürnberg. Jeder der Partner war zu einem Drittel als Gesellschafter beteiligt.

Ziel der Public-Private Partnership war die Förderung der beruflichen Weiterbildung und die wissenschaftliche Begleitung von beruflicher Weiterbildung für technische Fach- und Führungskräfte. Hintergrund der Zusammenarbeit war neben dem zunehmenden Bedarf der gesetzliche Auftrag zur Weiterbildung an die bayerischen Hochschulen und die damit verbundene Anforderung, entsprechende Angebote und Strukturen zu entwickeln.

Wegen ihres „praxisorientierten und vor allem am Bedarf der regionalen Wirtschaft orientierten Weiterbildungsportfolios“ zeichnete der Stifterverband für die deutsche Wissenschaft die Bemühungen von Ohm-Hochschule und Verbund IQ bereits im Frühjahr 2004 im Rahmen des Wettbewerbs „Hochschulen im Weiterbildungsmarkt“ aus, dessen Ziel es war, Best-Practice-Geschäftsmodelle für die Entwicklung und Vermarktung von Hochschulweiterbildungsangeboten zu identifizieren, auszuzeichnen und öffentlich zu präsentieren.

Nachdem Verbund IQ zunächst durch Fördermittel des VBM und des Bayerischen Wirtschaftsministeriums gefördert wurde, steht das Unternehmen seit Beginn des Jahres 2007 wirtschaftlich auf eigenen Füßen. Der Verband hat sich plangemäß aus dem Unternehmen zurückgezogen. Gesellschafter sind nunmehr das Bildungswerk der Bayerischen Wirtschaft (bbw) e. V. und die Georg-Simon-Ohm-Hochschule für angewandte Wissenschaften – Fachhochschule Nürnberg.

Vor Gründung von Verbund IQ spielte Ende der 90er-Jahre der Weg in eine wissensbasierte Gesellschaft eine ebenso wichtige Rolle für die Weiterbildungsdiskussion wie die demografische Entwicklung der „Alterung der arbeitenden Bevölkerung" (Coomans 2001) und der sich verstärkende Fachkräftemangel. Neben der Idee einer „Greencard" und dem „Megatrend Frauen" (Horx 2002) standen das Upgrading von Technikern auf Ingenieurniveau und die Bewahrung von Employability und Flexibilität älterer Ingenieure durch Qualifizierung im Mittelpunkt der Suche nach neuen Möglichkeiten. Die Beschäftigungsfähigkeit wurde als „Flaschenhals für die Erhöhung der Beschäftigtenquote" wahrgenommen (Coomans 2001, S. 51). Auf dem Weg von der Industriegesellschaft zur wissensbasierten Gesellschaft wurden Weiterbildung und lebenslangem Lernen wachsende Bedeutung zugesprochen: „(...) der Erhalt und die Erweiterung von Wissen in Form beruflicher Kompetenz und die Investition in ‚Humanressourcen' (werden) als Zukunftsvorsorge unabdingbar" (Willich et al. 2002, S. 2).

Während das Lernen in Schulungen und Fortbildungen an Bedeutung gewinnen werde, so die Prognose, werde die Bedeutung von Abschlussdiplomen abnehmen. Als Antwort auf den Anpassungsdruck am Arbeitsmarkt wurde die Notwendigkeit lebenslangen Lernens hervorgehoben. Vor diesem Hintergrund „(...) würden interne Schulungen eines der wichtigsten Hilfsmittel für die Wettbewerbsfähigkeit von Firmen werden, und zwar sowohl durch eine größere Bindung der Mitarbeiter an das Unternehmen als auch durch Erhöhung ihrer Produktivität" (Coomans 2001, S. 51).

Die Mitarbeiterauswahl werde dann ausschließlich nach deren Lernmobilität erfolgen. Dieses Szenario wurde durchaus auch als bedrohlich erlebt. In den zitierten Arbeiten von Willich und Coomans wurde daher auch der Ruf nach Institutionalisierung, Zertifizierung und Steuerung der Weiterbildungsangebote laut.

Vor diesem Hintergrund bot Verbund IQ Qualifizierungen für Techniker und Ingenieure an. Das hochkarätige akademische Know-how der Professoren der Georg-Simon-Ohm-Hochschule für angewandte Wissenschaften wurde den Firmen in der Region Mittelfranken zunächst im Rahmen von maßgeschneiderten Inhouse-Konzepten zur Verfügung gestellt. Mit der Kernkompetenz der Hochschule in der technisch-akademischen Ausbildung trat und tritt Verbund IQ als die technische Weiterbildungsmarke der Hochschule authentisch auf. Gewünschter Nebeneffekt der Initiative war die Stärkung der Bindung zwischen regionaler Wissenschaft und Wirtschaft.

Zusammenarbeit mit Firmenkunden

Verbund IQ konzentrierte sich in der Anfangsphase im Rahmen von Inhouse-Seminaren und bei zielgruppenspezifischen fachlichen Personalentwicklungsprozessen vor allem auf das *Upgrading* von Technikern bzw. die Aufrechterhaltung des *State of the Art* bei Ingenieuren und Technikern bei der Anpassung an neue Aufgabenfelder.

Denn gerade bei älteren Arbeitnehmern können nachhaltiges Personalmanagement mit Anforderungswechseln und Beteiligung an Weiterbildungsmaßnahmen dem „Veralten der beruflichen Qualifikationen, Lernentwöhnung, sinkende[r] Flexibilität und Innovationsfähigkeit" (Weimer et al. 2001, S. 30) entgegenwirken.

Verbund IQ stellt den Kontakt zu einzelnen Know-how-Trägern her, strukturiert und betreut professionell die Arbeit an maßgeschneiderten, bedarfsspezifischen und möglichst arbeitsplatznahen Konzepten der Qualifizierungen „on demand" und übernimmt das Weiterbildungsmanagement. Die thematische Breite und fachliche Tiefe des Angebots kann Verbund IQ nur durch das Know-how der Professoren der Hochschule bieten. Mit dem Zugriff auf die Labore der Hochschule besteht zudem die Möglichkeit, das theoretische Wissen praktisch zu testen. Themen wie Aeroakustik, Baugruppentechnologie, Bleifrei löten, Elektromagnetische Verträglichkeit, Feldbusse in verteilten Systemen, Innovation und Ideenfindung, Leistungselektronik, Metallurgische Grundlagen für Aluminiumlegierungen, Projektmanagement, Schall- und Vibrationsdämpfung, Sensoren und Aktoren sowie die Hardwarebeschreibungssprache VHDL (Very High Speed Integrated Circuit Hardware Description Language) werden dabei ebenso angeboten wie klassische Soft-Skill-Themen für die jeweilige Zielgruppe.

Die technischen Trainings sind dabei möglichst nahe an der täglichen Arbeit angesiedelt, sodass sich theoretische Fragestellungen an aktuellen Praxisprojekten im Unternehmen aufzeigen lassen. Als ideales Beispiel kann das Konzept einer Schulung in der Hardwarebeschreibungssprache VHDL gelten, die von Verbund IQ für ein Unternehmen durchgeführt wurde. Ein aktuelles Projekt wurde in Teilprojekte abgegrenzt. In Gruppen erarbeiteten die Teilnehmer dann die Programmierungen für die einzelnen Komponenten. Der Entwicklungsleiter des Unternehmens resümierte nach der Erarbeitung erster Projektergebnisse: „Nach dem dreitägigen Seminar, das dem Motto ‚Praxis statt Theorie' folgte – also aktives Programmieren im Workshop-Stil enthielt –, konnten die Teilnehmer (...) die ersten Ergebnisse vorweisen. In diesem knapp bemessenen Zeitrahmen ist es uns gelungen, eine Schnittstelle zwischen einem Prozessor und einem FPGA[1] mit einer entsprechenden Test-Bench in VHDL zu realisieren. Somit konnten wir prüfen, ob der neu programmierte FPGA ordnungsgemäß mit dem Prozessor kommunizieren konnte. In drei Tagen ist wahnsinnig viel vermittelt worden."

Themen, für die starke Inhouse-Nachfrage besteht, bietet Verbund IQ auch überbetrieblich an, sodass auch kleinere Firmen ohne entsprechende Mitarbeiterzahlen geeignete Mitarbeiter in Qualifizierungen entsenden können.

Kolloquien

Das Besondere einer hochschulnahen Weiterbildung kommt bei seminarförmigen Angeboten weniger zur Geltung als bei speziellen akademischen Organisationsformen wie beispielsweise Kolloquien. Kolloquien, die sich darauf konzentrieren, praktische Fragestellungen aus unterschiedlichen Blickwinkeln zu diskutieren, und die möglichst auch mit Anschauungsbeispielen aus der Praxis arbeiten, werden von Verbund IQ als geeignete Methode für verschiedene Themenfelder wie z.B. Brandschutz und Kanalsanierung eingesetzt. Das Zusammenbringen verschiedener Interessengruppen unter Veranstaltungspartnern, Referenten und Teilnehmern sowie die Möglichkeit, Fragestellungen unter neutraler akademischer Leitung von allen Seiten zu beleuchten, bürgt für ein breites Spektrum von Informationen und bietet die Chance, in alle Richtungen Diskussionspartner zu finden und Netzwerke zu bilden.

Kolloquien bieten zudem den Vorzug, dass Teilnehmer nach Aufgabe und Funktion im Unternehmen bzw. der Abteilung und nicht nach ihrer formalen Qualifikation partizipieren können, während im Inhouse-Bereich die Teilnehmer zumeist aus relativ in sich abgeschlossenen Abteilungen oder Aufgabenbereichen kommen.

Weiterbildende Studiengänge Master und Zertifikat

Sind für Arbeitgeber in erster Linie die Inhalte einer Qualifizierung und das am Arbeitsplatz umsetzbare Wissen ausschlaggebend für die Beurteilung der Qualität einer Weiterbildung, zählt für den Teilnehmer als Nachfrager von Bildung vor allem auch die Zertifizierung der Abschlüsse mit Blick auf die Verwertbarkeit für die berufliche Karriere.

---

1 Ein FPGA ist ein programmierbarer integrierter Schaltkreis (IC) der Digitaltechnik. Die englische Abkürzung steht für Field Programmable Gate Array.

Mit den berufsbegleitenden technischen Masterstudiengängen, die Verbund IQ seit 2004 für die Ohm-Hochschule Nürnberg anbietet, organisiert und betreut, entwickelt Verbund IQ ein Konzept, das sich speziell an Endkunden von Weiterbildung wendet. Zielgruppe der Angebote sind überwiegend Ingenieure. Zugangsvoraussetzung sind ein erster Studienabschluss auf dem Niveau eines Diplomingenieurs oder Bachelors und eine mindestens zweijährige einschlägige Berufserfahrung.

Angeboten werden bisher ein Masterstudiengang „Facility Management", ein Masterstudiengang „Software Engineering und Informationstechnik" sowie ein Zertifikatsstudiengang „Facility Management"[2]. Ein weiterer Masterstudiengang „Integrierte Stadtentwicklung" wird 2009 folgen.

Alle angebotenen Masterstudiengänge sind reine „Weiterbildungsmaster", zu denen es keine Entsprechung als konsekutive Angebote gibt. Sie wenden sich an erfahrene Berufspraktiker und reagieren mit ihrem Angebot auf Veränderungen des Arbeitsmarktes.

- Der Studiengang „Facility Management" – an dem neben der Nürnberger auch die Münchener Hochschule für angewandte Wissenschaften beteiligt ist – ist nach den Richtlinien des Verbandes der Facility Manager konzipiert und bildet für ein Berufsbild aus, dessen Branche sich noch formiert. Die Ausbildung ist eher generalisierend und vermittelt gemäß dem Berufsbild technisches wie betriebswirtschaftliches Know-how.
- Der Studiengang „Software Engineering und Informationstechnik" bildet Ingenieure in der Softwareentwicklung aus und bietet vor allem Know-how für Mitarbeiter z.B. aus der Hardwareentwicklung, die im Softwarebereich tätig sind.
- Der Masterstudiengang „Integrierte Stadtentwicklung" bewegt sich an den Grenzen zwischen Sozialraumentwicklung und Stadtplanung und wird den Studierenden das notwendige interdisziplinäre Wissen und Denken vermitteln.

[2] Um die Lerninhalte auch Nichtakademikern zugänglich machen zu können, wurde im Jahr 2006 ein Zertifikatstudiengang entwickelt. Gegenüber dem Masterstudiengang wurde das Prüfungsniveau herabgesetzt, einzelne Präsenzphasen und Lehrbriefe wurden reduziert. Das Angebot wird jedoch nur in geringem Umfang wahrgenommen, weshalb die Teilnehmer in den Masterstudiengang integriert sind. In der Regel stellt sich bei den Beratungsgesprächen heraus, dass die Interessenten einen Hochschulabschluss erlangen wollen. Vier von den fünf Zertifikatsstudenten, die schließlich den Zertifikatsstudiengang wahrnahmen, wurde die Weiterbildung vom Arbeitgeber finanziert (80 %). Im Masterstudiengang sind dies ca. 20 %.

Während Verbund IQ selbst vor allem für die Dienstleistungsaspekte zuständig ist und das Weiterbildungsmanagement betreibt, liegen alle hoheitlichen Aufgaben – wissenschaftliche Leitung, Prüfungskommission und inhaltliche Gestaltung – bei der kooperierenden Hochschule. Die Masterstudiengänge der Verbund IQ verfügen damit über alle Charakteristika hoheitlicher Angebote: Die Studiengänge sind genehmigt durch das Bayerische Staatsministerium für Wissenschaft, Forschung und Kunst und geregelt durch Gesetze und Verordnungen des Landes Bayern und der beurkundenden Hochschule. Darüber hinaus unterliegen die Studiengänge der Akkreditierung durch eine Akkreditierungsagentur. Die Zulassung der Studierenden ist geregelt durch eine Studienprüfungsordnung mit Zulassungsordnung. Der Abschluss ist zertifiziert und staatlich anerkannt als Master; der Absolvent erhält zum Abschluss neben einem Hochschulzeugnis auch eine Urkunde über einen Master-Degree sowie ein Europass Diploma Supplement mit Ausweis der ECTS und der Note. Diese Einbindung in die rechtlichen Rahmenbedingungen des staatlichen (bayerischen) Bildungsauftrags sichert den Studierenden die Akzeptanz der erworbenen Abschlüsse. Sie bindet das Angebot aber auch an die entsprechenden Zulassungs- und Durchführungsprozesse. Die Markt- und Kundenorientierung muss daher durch einen erhöhten Aufwand in der Begleitung und inhaltlichen Gestaltung und zuweilen auch gegen den zumindest anfänglichen Widerstand mancher beteiligter Beschäftigter der Hochschule gewährleistet werden.

Teilnehmerstruktur

Die Erfahrungen aus den Studiengängen von Verbund IQ zeigen, dass akademische Weiterbildungsangebote durchaus auch für ältere Berufstätige mit langjähriger Berufserfahrung attraktiv sind. Im Schnitt sind die Teilnehmer zwar 37 bzw. 31 Jahre alt, doch sind nicht wenige weit über 40. Gerade sie bestätigen die befruchtende Wirkung der Weiterbildung für den Berufsalltag nach vielen Jahren beruflicher Praxis und sehen das Studium als „nützliche und sinnvolle Erfahrung“.

Einen "Megatrend Frauen“ wird man an den Studierendenzahlen allerdings so lange nicht ablesen können, wie die Quote weiblicher Studierender in den technischen Erststudiengängen nicht ansteigt. Derzeit beträgt dieser Anteil im Studiengang Facility Management 22 % und im Studiengang Software Engineering lediglich 7 %. Bemerkenswert ist, dass Facility Management, das auch einen Zugang für betriebswirtschaftliche Absolventen bietet, zu einem Drittel von Frau-

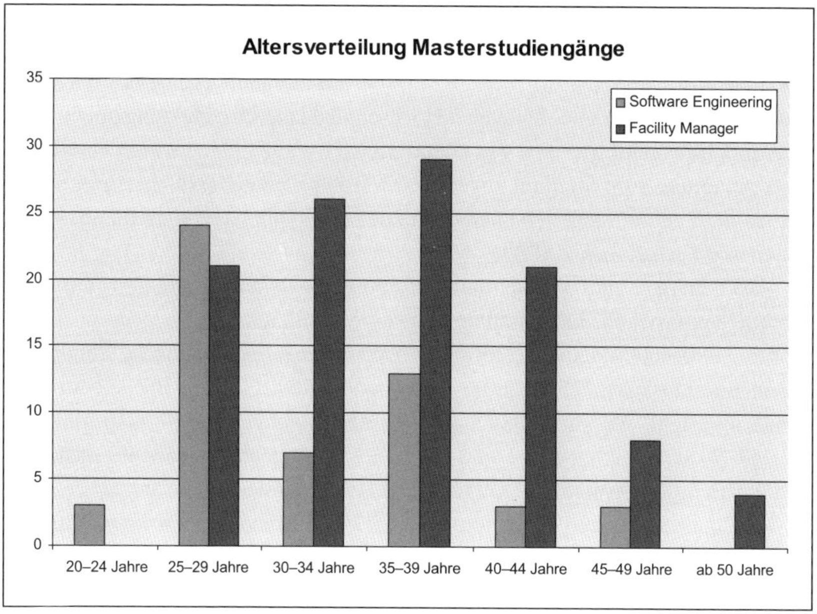

Abb. 1: Teilnehmerstruktur der Studierenden

en studiert wird, die aus betriebswirtschaftlichen Erstausbildungen kommen und die die technische Grundausbildung im Studiengang bewältigen.

Ausblick

Rein rechtlich steht Technikern und Meistern das Studium an bayerischen Hochschulen offen.[3] In Numerus-clausus-Fächern ist die Quote auf 2 % der Studierenden beschränkt. Ein großes Hindernis ist für die Interessenten vor allem die fehlende Klärung der Anrechnung berufspraktischer Kompetenzen auf das Studium. Initiativen wie die des Projekts ANKOM zur „Anrechnung beruflicher Kompetenzen auf Hochschulstudiengänge“ (Stamm-Riemer et al. 2008) sind deshalb ein wichtiger Schritt zu mehr Durchlässigkeit.

[3] In Bayern ist der Zugang zu Fachhochschulen für Bewerber mit Meisterprüfung oder Fortbildungsprüfung nach BBiG/HWO möglich. Zusätzlich wird das Bestehen einer Eingangsprüfung nach einem halbjährigen Propädeutikum an der Fachhochschule verlangt. Die Aufnahme erfolgt in das erste Fachsemester. http://www.kmk.org/hschule/Synopse2006.pdf

Gerade in der Startzeit des Masterstudiengangs Facility Management, als der Studienabschluss „Master“ noch nicht so bekannt war, mussten zahlreiche Interessenten aufgrund der staatlichen Zugangsbestimmungen wegen eines fehlenden Erststudiums und der evtl. fehlenden Hochschulzugangsberechtigung abgewiesen werden. Gravierend war dies vor allem in einem Falle, als zwar der Mitarbeiter einer Abteilung zum Studium zugelassen werden konnte, nicht aber sein Vorgesetzter, der über umfangreiche und profunde berufspraktische Kenntnisse, Fähigkeiten und Fertigkeiten verfügte.

Für Techniker und Meister wird ein berufsbegleitendes Studium aus wirtschaftlichen Gründen interessanter sein als ein Vollzeitstudium. Und auch hier gibt es politische Signale: So fordert beispielsweise der Bayerische Landtag in einem Beschluss vom 25.06.2008: „Berufsbegleitende Teilzeit-Bachelorstudiengänge schaffen!“ Die notwendigen Rahmenbedingungen für berufsbegleitende Teilzeit-Bachelorstudiengänge sind damit allerdings noch lange nicht geschaffen. Die erwartete Implementierungsdauer liegt bei mindestens vier Jahren.

Im Hochschulbetrieb steht vielfach nicht der Gedanke der Förderung im Mittelpunkt, sondern der Gedanke der Auswahl. Dies geschieht mit Verweis auf das Image der Hochschulabschlüsse oder die Qualität der Ausbildung. Aber die von einigen Hochschulprofessoren unterstellte mangelnde Abstraktionsfähigkeit von Technikern, Meistern und Fachwirten, die diese an einem regulären Studienangebot scheitern lasse, hat auch etwas mit der mangelnden Bereitschaft zu tun, die Lehrangebote und -methoden auf diese Klientel auszurichten. Um es aus Marketingperspektive zu formulieren: Die aktuelle Hochschulausbildung ist ein Verkäufermarkt. Kundenorientierung scheint auf den ersten Blick ein Fremdwort. Allerdings muss berücksichtigt werden, dass die Masse der Studierenden der klassischen Ausbildungsschiene folgt und die eher knappen Ressourcen der Hochschulen es nicht wirklich erlauben, individuelle Konzepte für „marginale“ Nutzergruppen zu initiieren. Anpassung an den Lernbedarf und Orientierung an den Lernpotenzialen der Kunden ist damit begrenzt auf Parallelstrukturen, die sich in Nischen platzieren und mit entsprechenden Kosten verbunden sind.

Literatur

Coomans, Géry:
Die Alterung der arbeitenden Bevölkerung in Europa: Fragen und Prioritäten. In: Bullinger, Hans-Jörg (Hrsg.): Zukunft der Arbeit in einer alternden Gesellschaft. Stuttgart: 2001, S. 48–62

Horx, Mathias:
Von der Angestelltenkultur zum Selbständigkeitspostulat – und was kommt danach? Der Megatrend Frauen und seine Auswirkungen auf die Arbeitskulturen. Vortrag auf dem Kongress Weiterbildung 21 der Bildungsmesse. Köln 2002

Stamm-Riemer, Ida; Loroff, Claudia; Minks, Karl-Heinz; Freitag, Walburga (Hrsg.):
Die Entwicklung von Anrechnungsmodellen. Zu Äquivalenzpotenzialen von beruflicher und hochschulischer Bildung. Hannover: HIS Hochschul-Informations-System 2008

Weimer, Stefanie; Mendius, Hans Gerhard; Kistler, Ernst:
Demographischer Wandel und Zukunft der Erwerbsarbeit am Standort Deutschland. In: Bullinger, Hans-Jörg (Hrsg.): Zukunft der Arbeit in einer alternden Gesellschaft. Stuttgart: 2001, S. 25–31

Willich, Julia; Minks, Karl-Heinz; Schaeper, Hildegard:
Was fördert, was hemmt die Teilnahme an beruflicher Weiterbildung? Die Rolle von Familie, Betrieb und Beschäftigungssituation für die Weiterbildung von jungen Hochqualifizierten. Hannover: HIS Hochschul-Informations-System 2002

Kooperation von Wirtschaft und Hochschule: Der weiterbildende Masterstudiengang Organisations- und Personalentwicklung

Birgit Schulte, Forschungsinstitut Betriebliche Bildung (f-bb)
Nicolas Engel, Friedrich-Alexander-Universität Erlangen-Nürnberg

Der Masterstudiengang Organisations- und Personalentwicklung wird seit 2006 als eine Public-Private Partnership des Forschungsinstituts Betriebliche Bildung (f-bb) und des Instituts für Pädagogik der Universität Erlangen-Nürnberg angeboten. Er richtet sich an Hochschulabsolventen unterschiedlicher Disziplinen mit Berufserfahrung, die aktuell mit Fragen der betrieblichen Aus- und Weiterbildung, Personalentwicklung oder Organisationsentwicklung betraut sind (z.B. Personalreferenten, Führungskräfte, Personen mit Verantwortung für Veränderungsprozesse). Im Studiengang erlangen sie vertiefte Kenntnisse in ihrem Arbeitsbereich und erhalten nach zwei Jahren berufsbegleitendem Studium und erfolgreichem Abschluss den international anerkannten Master of Arts (M.A.) verliehen.

Die Verbindung von Wissenschaft und Wirtschaft, die Begegnung von Theorie und Praxis ist Kennzeichen des Studiengangs. Auf Arbeitnehmerseite schafft er damit Anreize, sich praxisnah auf akademischem Niveau weiterzubilden. Auf Arbeitgeberseite sollen Anreize geschaffen werden, diese Weiterbildungsaktivitäten zu unterstützen.

Inhaltlich, didaktisch-methodisch und organisatorisch wird die Integration von akademischem und berufspraktischem Kontext insbesondere durch drei Charakteristika des Studienganges gewährleistet:

- die inhaltliche Ausrichtung auf der Basis ermittelter Bedarfe
- die Verbindung von berufspraktischer und akademischer Expertise bei der Auswahl der Dozenten, der Vermittlung der Studieninhalte und der Durchführung eines Praxisprojektes
- die Organisationsweise als berufsbegleitendes Blended-Learning-Angebot, das E-Learning mit Selbst-, Präsenz- und Projektlernen verbindet.

1 Ausgangslage: Organisations- und Personalentwicklung – empirischer Bedarf

Zur Konzeption des Studienganges wurde von den beteiligten Instituten zunächst der Qualifizierungsbedarf empirisch ermittelt. Bei der Bedarfsermittlung wurden zahlreiche Unternehmen einbezogen und ihre Vertreter interviewt, zusätzlich wurde auf empirische Studien zurückgegriffen, um die Bedarfslage in Unternehmen zu ermitteln und das Themenspektrum festzulegen. Die Ergebnisse der Recherchen zeigten folgendes Bild:

In der Organisations- und Personalentwicklung sind eine Reihe von Quereinsteigern mit einem fachfremden Erststudium (wie z.B. Sozial- oder Ingenieurwissenschaftler) tätig, die sich die notwendigen Kenntnisse im Arbeitsprozess erwerben. In einer Untersuchung der FH Hildesheim, in der Personalverantwortliche in 150 der größten deutschen Unternehmen befragt wurden, ermittelten die Forscher Defizite in der Qualifikation von Arbeitnehmern im Bereich der Fachkenntnisse, der Praxisorientierung, aber auch im Bereich der Schlüsselqualifikationen und belegten so den wissenschaftlichen Weiterbildungsbedarf auch empirisch (Pletke 2004). Konkret wurden in den einzelnen Bereichen folgende Defizite festgestellt:

- *Fachkenntnisse:* Personalbeurteilung, Personalführung, Personalentlohnung, Personalentwicklung, Personalauswahl und -beurteilung, Personalcontrolling, rechtliche Rahmenbedingungen (individuelles und kollektives Arbeitsrecht)
- *Praxisorientierung:* geringer Einsatz von Praxisprojekten in/mit Unternehmen (z.B. Fallstudien, Planspiele)
- *Sozialkompetenzen:* Konfliktlösungskompetenz und Gesprächsführung/Kommunikation
- *Methodenkompetenz:* Problemlösefähigkeit, Planungs- und Organisationsfähigkeit, Projektmanagement.

Der in der zitierten Untersuchung festgestellte Bedarf wird erneut durch die Verbandsumfrage des Wuppertaler Kreises zu den Trends in der Weiterbildung 2008 bestätigt (Wuppertaler Kreis 2008).

Die Anforderungen an die Beschäftigten der Personalplanung und -entwicklung sind hoch, und die Komplexität ihrer Aufgaben steigt. Dies erfordert von Arbeitnehmern die Kenntnis adäquater aktueller Methoden und Strategien sowie die Fähigkeit zu wissenschaftlicher Distanz, um Maßnahmen und Methoden kompetent beurteilen und auswählen zu können. Ihre Rolle als Business-Partner setzt bei ihnen zudem Kompetenzen im Bereich organisationaler *und* personalwirtschaftlicher Methoden und Analyseverfahren voraus.

Zudem ändern sich aktuell die Bezugskontexte von Personalarbeit: Die europäische Integration und die Globalisierung der Märkte erfordert es, zunehmend auch im internationalen Rahmen zu denken, wenn es um die Qualifikation von Führungskräften und Mitarbeitern geht. Darüber hinaus gilt es, Personalentwicklung und Weiterbildung der Unternehmen zunehmend auf künftige Entwicklungen in der Bevölkerungsstruktur und der Qualifikationsstruktur künftiger Arbeitnehmer auszurichten.

Der Masterstudiengang Organisations- und Personalentwicklung greift in seiner inhaltlichen Gestaltung die genannten Defizite und die künftigen Herausforderungen der Personalarbeit auf. Die im Studiengang vorgesehenen zehn Pflichtmodule zur Organisations- und Personalentwicklung vermitteln theoretische und praktische Kenntnisse in den Bereichen Grundlagen der Organisations- und Personalentwicklung, Qualifikationsplanung und Personalentwicklung, Methoden und Instrumente der Personalentwicklung, Konzepte der Organisationsentwicklung, Umsetzung von Organisationsentwicklungsprozessen, betriebliches Bildungsmanagement, Instrumente der Mitarbeiterführung, flexibles Personalmanagement, Arbeitsrecht sowie Führungs- und Managementkompetenzen, die in praktischen Übungen erlernt werden. Zusätzlich werden zwei aus vier Wahlmodulen (Management von Organisationen, Ausbildungsmanagement, Beratung und Weiterbildungsmanagement) gewählt.

Darüber hinaus wird bei den Studierenden der Blick für Lernprozesse in Organisationen geschärft. Nicht nur die Herausbildung von Handlungskompetenz im Sinne einer gezielten Unterstützung von Lernprozessen auf den Ebenen Individuum, Team und Organisation ist Ziel des Studiums. Es geht auch um die Steigerung der Analyse- und Reflexionsfähigkeit der Studierenden. Durch die empirische Basis zur Ermittlung des aktuellen Bedarfs und die Einbindung von Experten aus der Wirtschaft bietet der Masterstudiengang ein Angebot, das durch seine Passgenauigkeit den Anreiz zu und den Ertrag von wissenschaftlicher Weiterbildung aufseiten der Arbeitnehmer und Arbeitgeber erhöht.

2 Didaktisch-methodischer Ansatz

Die Public-Private Partnership verbindet nicht nur inhaltlich Theorie und Praxis miteinander, auch didaktisch-methodisch werden beide Bereiche durch die Einbeziehung akademischer und berufspraktischer Expertise miteinander verknüpft:

Das Dozententeam des Studienganges setzt sich sowohl aus Experten zusammen, die im Bereich der Wissenschaft – an Hochschulen oder außeruniversitären Einrichtungen – forschen und lehren, als auch aus Experten aus der freien Wirtschaft, die in leitenden oder Schlüsselpositionen in renommierten Unternehmen unterschiedlicher Branchen (z.B. Dienstleistung, Produktion) tätig sind – 58 % der Dozenten kommen aus Unternehmen. Von den während des Studiums vorgesehenen 25 Präsenztagen im Rahmen der Pflichtmodule werden 11 allein von Dozenten aus nicht universitären Einrichtungen durchgeführt. Drei der zusätzlich angebotenen Wahlmodule werden von Experten aus der Praxis und Instituten angewandter Forschung gestaltet.

Beim inhaltlichen Aufbau der einzelnen Module wurde durch die Studiengangskoordinatoren vor allem auf eine ausreichende Explikation der Inhalte anhand von konkreten Beispielen aus der betrieblichen Praxis geachtet. Die Studieninhalte werden integriert vermittelt und können so aufgrund der spezifischen Kompetenzen der Dozenten aus Wirtschaft und Wissenschaft sowohl aus der wissenschaftlich abstrakten als auch der unternehmerisch praktischen Perspektive dargestellt werden. Exemplarisch hierfür steht das Modul „Konzepte der Organisationsentwicklung“ und seine Teilmodule: Nach einer fachlichen Einführung in die „Konzepte der Organisationsentwicklung“ konzentrieren sich die beiden Teilmodule „Unternehmenskultur und Lernkultur“ und „Umsetzung von Organisationsentwicklungs-Konzepten in der Praxis“ auf spezifische Teilbereiche, die von Führungskräften aus der Unternehmensberatung und Organisationsentwicklung unter Einbindung konkreter Unternehmensbeispiele aufgearbeitet werden.

Spezielle Bedeutung kommt unter dem Aspekt der Verbindung beruflich-praktischen und theoretisch-wissenschaftlichen Wissens auch der als Prüfungsleistung durchzuführenden Projektarbeit zu: Im Rahmen des Studiums ist für die Studierenden die Durchführung und Dokumentation eines Projektes aus dem Bereich Organisations- und Personalentwicklung vorgesehen. Die Studierenden wählen selbstständig Thema und Fragestellung, die sich thematisch einem der Studiengangsmodule zuordnen lässt. Ziel ist, die im Rahmen des Studiums erworbenen Kenntnisse anzuwenden und dadurch zu vertiefen. Das Projekt ist im Idealfall im eigenen betrieblichen Kontext eingebettet und schafft so Synergieeffekte zwischen Studieninhalten und Arbeitsinhalten im eigenen Unternehmen. Die Planung und Durchführung des Projekts wird durch einen Dozenten betreut und bildet die Grundlage für die Masterarbeit, die am Ende des vierten Semesters vorgelegt wird.

3 Organisatorische Umsetzung als berufsbegleitendes Angebot

Der Masterstudiengang wird über zwei Jahre in einer Kombination aus Selbstlern-, Präsenz- und Projektphasen als berufsbegleitendes Programm angeboten. Die Präsenzveranstaltungen nehmen verteilt auf zwei Jahre insgesamt einen Zeitraum von ca. 30 Tagen ein, die an ca. zehn Terminblöcken, jeweils von Donnerstag bis Samstag, stattfinden. Die Seminare umfassen einen kompletten Tag, an dem die Themen unter Einsatz verschiedener didaktischer Methoden (Vortrag, Kleingruppenarbeit, Rollenspiel und Analyse von Fallbeispielen) behandelt werden.

Neben den Präsenzphasen sind ausgiebige Selbstlernphasen für die Studierenden vorgesehen, in denen sie die Inhalte des Studiengangs aufbereiten oder sich auf die Veranstaltungen vorbereiten. In diesen Phasen arbeiten die Studierenden gemäß ihren individuellen Lernbedürfnissen bei freier Zeiteinteilung. Zur Strukturierung der Selbstlernphasen erhalten die Studierenden im Vorfeld Studienunterlagen mit zusätzlichen Literaturangaben, einem begleitenden Skript und vorbereitend Praxisfragen. Ergänzend werden E-Learning-Programme angeboten, über die sich die Teilnehmer durch weiter gehende Informationen auf die Veranstaltungen vorbereiten können.

Durch den Veranstalter werden zusätzlich Strukturierungshilfen zur freiwilligen Selbststrukturierung in Form von Lerntagebüchern zu den einzelnen Modulen zur Verfügung gestellt. Lernpartnerschaften ohne formalen Charakter werden initiiert, um den Studierenden den Austausch in der Gruppe zu erleichtern.

Neben den Selbstlernphasen zur Vor- und Nachbereitung der Präsenzphasen sowie der Erstellung der Prüfungsnachweise beginnen die Studierenden bereits im Laufe des ersten Studienjahres mit der Planung und Durchführung ihres Praxisprojekts. Dieses führen sie selbstständig unter tutorieller Begleitung durch die Dozenten und Studiengangskoordinatoren durch.

Schematisch dargestellt zeigt die folgende Grafik die Verschränkung dieser einzelnen Phasen im zeitlichen Ablauf des Studienganges.

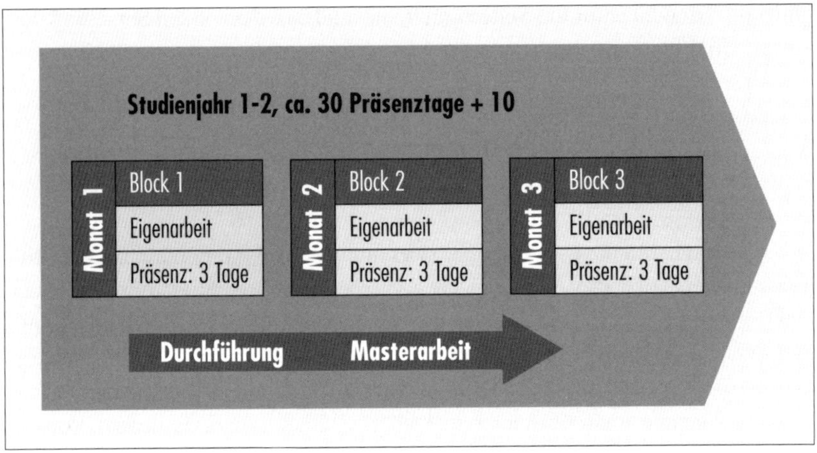

Abb. 1: Schematische Darstellung der Kombination aus Präsenz-, Projekt- und Selbstlernphasen in der Organisation des Studienganges

4 Zusammenfassung

Der Masterstudiengang Organisations- und Personalentwicklung stößt thematisch in eine Lücke im akademischen Weiterbildungsangebot, denn das Themenfeld wird bundesweit nur selten angeboten. Der Hochschulkompass der Hochschulrektorenkonferenz[1] zeigt, dass von den Universitäten derzeit bundesweit nur drei weiterführende Studiengänge mit Masterabschluss zum Thema „Organisationsentwicklung" angeboten werden; ähnlich verhält es sich beim Thema „Personalentwicklung". Studiengänge mit der Kombination der Themen „Organisations- und Personalentwicklung" mit Masterabschluss lassen sich kaum identifizieren. Um diese Lücke zu schließen, wurden die Inhalte des Masterstudiengangs Organisations- und Personalentwicklung bedarfsgerecht auf die Anforderungen zugeschnitten, denen Arbeitnehmer gegenüberstehen, die im Bereich Aus- und Weiterbildung, Personalentwicklung und Organisationsentwicklung tätig sind. Durch seine Ausrichtung am Bedarf der betrieblichen Praxis schafft der Studiengang neue Anreize zur Teilnahme an akademischer Weiterbildung.

[1] http://www.hochschulkompass.de/

Der Nutzen ist für beide Seiten – Teilnehmende und Unternehmen – groß. Der berufsbegleitende Masterstudiengang bietet eine Verknüpfung von Studium und Berufstätigkeit. Durch das Lernen an Fallstudien, in Projektarbeit und mit Dozenten aus Hochschulen und Unternehmen ist während des gesamten Studiums ein unmittelbarer Praxisbezug gegeben. Gearbeitet wird an konkreten Fragestellungen aus den Unternehmen, sodass betriebliche Fragen der Organisations- und Personalentwicklung gelöst und in den betrieblichen Alltag rücktransferiert werden können. Durch das Blended-Learning-Arrangement wird für die Teilnehmenden selbstbestimmtes flexibles Lernen bei gleichzeitiger Betreuung und Unterstützung möglich. Mit diesem Angebot bietet sich Arbeitnehmern die Möglichkeit, eine nachweisbare und international anerkannte Zusatzqualifikation zu erwerben. Die steigende Attraktivität des Studiengangs zeigt sich nicht zuletzt auch in der Verdreifachung der Anmeldungen und Interessebekundungen seit dem erstmaligen Markteintritt des Angebots im Jahr 2006.

Literatur

Pletke, M./Fleig, M./May, U.:
Gravierende Mängel in der personalwirtschaftlichen Hochschulausbildung. In: Personalwirtschaft, 31. Jg., Nr. 12. Köln 2004, S. 40–42

Wuppertaler Kreis:
Trends in der Weiterbildung von Führungskräften. Verbandsumfrage 2008 bei den Mitgliedsinstituten des Wuppertaler Kreises. Köln 2008. http://www.wkr-ev.de (24.11.2008)

Autorinnen und Autoren

Dr. Christoph Anz, Leiter Bildungspolitik, BMW Group, BMW AG, München

Dr. Ursula Baumeister, Geschäftsführerin, Verbund IQ gGmbH, Nürnberg

Prof. Dr. Michael Braun, Stellvertretender Vorsitzender Hochschule Bayern e.V., Präsident der Georg-Simon-Ohm-Hochschule Nürnberg

Bertram Brossardt, Hauptgeschäftsführer, BayME – Bayerischer Unternehmensverband Metall und Elektro e.V., VBM – Verband der Bayerischen Metall- und Elektro-Industrie e.V., München

Nicolas Engel M.A., Wissenschaftlicher Mitarbeiter, Institut für Pädagogik der Friedrich-Alexander-Universität Erlangen-Nürnberg

Gabriele Fietz, Wissenschaftliche Mitarbeiterin, Forschungsinstitut Betriebliche Bildung (f-bb), Nürnberg

Dr. Thomas Freiling, Wissenschaftlicher Mitarbeiter, Forschungsinstitut Betriebliche Bildung (f-bb), Nürnberg

Dr. Lutz Galiläer, Wissenschaftlicher Mitarbeiter, Forschungsinstitut Betriebliche Bildung (f-bb), Nürnberg

Prof. Dr. Ernst A. Hartmann, Leiter des Instituts für Innovation + Technik, VDI/VDE Innovation + Technik GmbH, Berlin, Leiter der BMBF-Initiative Anrechnung beruflicher Kompetenzen auf Hochschulstudiengänge (ANKOM)

Dr. Marjaliisa Hentilä, Institutsleiterin, Finnland-Institut in Deutschland, Berlin

Ministerialrat Günter Liebl, Referatsleiter, Bayerisches Staatsministerium für Unterricht und Kultus, München

Herbert Loebe, Hauptgeschäftsführer, Bildungswerk der Bayerischen Wirtschaft e.V. (bbw), München

Dr. Christof Prechtl, Geschäftsführer und Leiter der Abteilung Bildung, BayME – Bayerischer Unternehmensverband Metall und Elektro e.V., VBM – Verband der Bayerischen Metall- und Elektro-Industrie e.V.

Ingrid Schmidt, Standortleiterin, Bildungswerk der Bayerischen Wirtschaft e.V. (bbw), bfz Landshut

Birgit Schulte M.A., Wissenschaftliche Mitarbeiterin, Forschungsinstitut Betriebliche Bildung (f-bb), Nürnberg

Prof. Dr. Eckart Severing, Geschäftsführer, Forschungsinstitut Betriebliche Bildung (f-bb), Nürnberg

Michael Stammberger, Ausbildungsleiter, Brose Fahrzeugteile GmbH & Co. KG, Coburg

Miriam Weich, Projektreferentin „hochschule dual", Hochschule Bayern e.V., München